Rudolf Steiner **Anthropsophie und Rosenkreuzertum**

Rudolf Steiner

Anthroposophie und Rosenkreuzertum

Ausgewählte Texte

Herausgegeben und kommentiert von Andreas Neider

RUDOLF STEINER VERLAG

1. Auflage 2007

Einbandgestaltung	bb communication, Aesch
Umschlagfoto	bb communication, Aesch
Layout und Satz	typoboesch.ch
Schrift	FF DIN, Stempel Garamond, Linotype Syntax Sans
Papier	Schleipen Werkdruck
Druck und Bindung	Druckhaus Nomos, Sinzheim

Printed in Germany
ISBN 978-3-7274-5376-2
www.steinerverlag.com

Inhalt

Vorwort

Erstmals werden in diesem Band die wesentlichen Aussagen, Vorträge und Aufsätze Rudolf Steiners zum Rosenkreuzertum zusammengestellt, um damit einen Einblick in die Zusammenhänge der Anthroposophie mit der wohl bedeutsamsten esoterischen Strömung des christlichen Abendlandes zu geben. Mit dieser repräsentativen Auswahl an Texten Rudolf Steiners soll aber auch deutlich gemacht werden, daß das Rosenkreuzertum für die Entstehung und Weiterentwicklung der Anthroposophie von entscheidender Bedeutung ist, oder, um es noch deutlicher auszudrücken, die Anthroposophie dem spirituellen Wirken des Rosenkreuzertums ihre Entstehung und Weiterentwicklung verdankt.

Rudolf Steiners Zugang unterscheidet sich von sonstigen, eher historischen Darstellungen vor allem dadurch, daß er die Individualität des Christian Rosenkreutz, die üblicherweise nicht als eine geschichtliche Persönlichkeit angesehen wird, bis in einzelne Details und sogar über verschiedene Erdenleben hinweg als eine der maßgeblichsten esoterisch-inspirierenden Persönlichkeiten der europäischen Geistesgeschichte und der anthroposophischen Bewegung in das Zentrum seiner Ausführungen stellt. Dabei wird auch das entscheidende Grundprinzip rosenkreuzerischer Wirksamkeit deutlich, nämlich die Verbindung von spirituellem Leben mit irdischer Praxis und die Inspiration des irdischen Geisteslebens durch die sogenannten Verstorbenen, was sich nicht zuletzt an Rudolf Steiners eigenem Lebensgang zeigen läßt.

Außerdem bemüht sich dieser Band aber auch darum, die Frage zu klären, wer und was sich hinter der Bezeichnung «Rosenkreuzertum» in Rudolf Steiners Augen verbirgt, denn auch diese Frage ist von der historischen Forschung, sofern sie sich diesem Thema überhaupt zugewendet hat, nicht eindeutig geklärt.[1]

Dabei gilt es auch zu klären, in welches Verhältnis Rudolf Steiner die Anthroposophie zum Rosenkreuzertum rückt, denn erst aus dem Verständnis der Differenz der beiden läßt sich auch ihr tieferreichender Zusammenhang erst richtig verstehen.

Im Zentrum des vorliegenden Auswahlbandes stehen aber die Charakterisierungen der Individualität des Christian Rosenkreutz, weil sich aus dem Verständnis dieser Aussagen Rudolf Steiners meiner Ansicht nach bisher noch ungeahnte Perspektiven für eine Weiterentwicklung der Anthroposophie selbst ergeben können. Insofern möchte dieser Band seinen Leserinnen und Lesern nicht nur Informationen vermitteln, sondern vor allem Inspirationen für das weitere Studium der Anthroposophie und die eigene Arbeit. Dabei habe ich mich bemüht, die zum Teil komplexen Zusammenhänge durch erklärende Fußnoten so zu ergänzen, daß der Leser dadurch zu einem umfassenden Verständnis gelangen kann.

Dank sagen möchte ich an dieser Stelle vor allem dem vor Weihnachten 2006 verstorbenen Frank Teichmann, dessen Beschäftigung mit der Thematik des Rosenkreuzertums mir in der Erarbeitung dieses Buches Wegleitung und Inspirationsquelle zugleich war.

Pfingsten 2007 Andreas Neider

1 Am aufschlußreichsten dazu ist das bereits 1972 erschienene Buch der englischen Historikerin Frances A. Yates *Aufklärung im Zeichen des Rosenkreuzes* (erste deutsche Auflage Stuttgart 1975, heute leider vergriffen), das die rosenkreuzerische Strömung aus der historischen Forschung heraus zum ersten Mal wirklich ernst genommen hat. Am umfassendsten hat sich in jüngster Zeit der 2002 in der Bibliotheca Philosophica Hermetica in Amsterdam von Carlos Gilly herausgegebene Band *Rosenkreuz als europäisches Phänomen im 17. Jahrhundert* dem Rosenkreuzertum zugewandt. Gilly stellt dabei den historischen Ansatz von Yates in Frage. Siehe hierzu die nachfolgende Einführung in den vorliegenden Band.

Einführung

Anthropsophie und Rosenkreuzertum – Zusammenhänge und Differenzen

Rudolf Steiner begann im Jahre 1907 ausführlicher über das Rosenkreuzertum zu sprechen, das zu Beginn des 17. Jahrhunderts mit der Veröffentlichung der drei Rosenkreuzerschriften historisch in Erscheinung getreten war.[2] Interessanterweise tat er dies nicht nur vor Mitgliedern der Theosophischen Gesellschaft, sondern zugleich auch in öffentlichen Vorträgen, woraus zu ersehen ist, daß es ihm nicht nur ein internes Anliegen war, sondern auch um die richtige Darstellung der Verhältnisse in der Öffentlichkeit ging.

Der erste Text unserer Auswahl stammt aus einem Vortrag, den Rudolf Steiner unmittelbar im Anschluß an den Kongreß der Theosophischen Gesellschaft in München zu Pfingsten 1907 gehalten hat. Dieser Kongreß war der erste dieser Art, der von der von Rudolf Steiner geleiteten Deutschen Sektion der Theosophischen Gesellschaft ausgerichtet wurde. Rudolf Steiner und Marie von Sivers nahmen diese Gelegenheit zum Anlaß, ihre eigentlichen Anliegen zum Ausdruck zu

[2] Im Druck erschienen in Kassel zuerst 1614 die *Fama Fraternitatis*, dann 1615 in Frankfurt die *Confessio Fraternitatis* und 1616 in Straßburg die *Chymische Hochzeit des Christian Rosenkreutz*. Als Autor gilt jeweils Johann Valentin Andreä aus Tübingen. Alle drei Schriften kursierten aber bereits vor Drucklegung als Manuskripte. Für die *Chymische Hochzeit* wird als Entstehungsdatum das Jahr 1604 genannt. Eine Ausgabe mit neuhochdeutscher Übersetzung der drei Schriften, herausgegeben von Gerhard Wehr, ist 1984 bei Diederichs unter dem Titel *Die Bruderschaft der Rosenkreuzer* erschienen.

bringen, nämlich die Ausprägung eines eigenständigen mitteleuropäischen Geistesweges innerhalb der Theosophischen Gesellschaft und die Gestaltung desselben durch künstlerische Formen, sowohl durch die bildende wie auch durch die dramatische Kunst.[3] Bereits die Einladung zu diesem Kongreß brachte aber auch einen Zusammenhang mit dem Rosenkreuzertum zum Ausdruck, fand sich doch auf der Einladungskarte und auf Programmheft und Teilnehmerkarten ein von acht Rosen umgebenes Kreuz. Es war dies historisch gesehen das erste Mal, daß ein Rosenkreuz in dieser Form dargestellt wurde.

[3] Ausführlich dokumentiert ist dieser Kongreß in GA 284.

Umschlag des Programmheftes für den Münchner Kongreß 1907 der Theosophischen Gesellschaft.

Weiterhin hatte Rudolf Steiner für die Gestaltung des Kongreßsaales neben einer roten Verkleidung der Wände nach eigenen Entwürfen apokalyptische Siegel gestalten lassen, von denen das siebte, ohne direktes Vorbild, die Rosenkreuzerworte in ihrer abgekürzten Form «E. D. N. I. C. M. P. S. S. R.» zitierte.

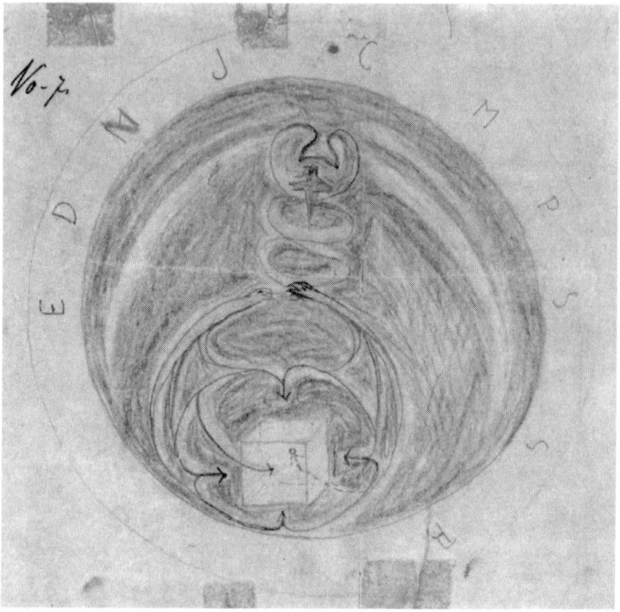

Entwurf Rudolf Steiners für das siebente Siegel.

Diese Buchstaben sind die Abkürzung derjenigen Worte, von denen die erste der drei Rosenkreuzerschriften, die *Fama fraternitatis*, berichtet, daß sie in der Grabkammer des Christian Rosenkreutz gefunden wurden. Sie sind in lateinischer Sprache verfaßt und lauten:

Ex deo nascimur
In christo morimur
Per spiritum sanctum reviviscimus.[4]

Der Eröffnungsvortrag des Kongresses[5] beschrieb zunächst «Die Einweihung des Rosenkreuzers». In ähnlicher Form hatte Rudolf Steiner dieses Thema bereits öffentlich dargestellt, wie der ab S. 42 wiedergegebene Vortrag zeigen wird. In München wies er aber mit der berühmten Aussage, daß die Geschichte ein Fortschritt der Menschheit im Bewußtsein der Freiheit sei, zunächst auf den Philosophen Hegel hin.[6] Dieser hatte den für Rudolf Steiner zentralen Entwicklungsgedanken als erster philosophisch genau dargestellt. Den Zuhörern konnte dieser Entwicklungsgedanke aber direkt zur Anschauung werden, weil Rudolf Steiner für den Kongreß eine Reihe von sieben Säulen entworfen hatte, deren Kapitäle eine zu der planetarischen Entwicklung unserer Erde in Beziehung stehende Metamorphosenreihe darstellte.[7]

Im Anschluß an den Kongreß folgte aber der hier im Auszug abgedruckte Vortrag, der zugleich einen Zyklus

4 Rudolf Steiner hat die ursprünglichen Worte an zwei Stellen abgeändert, statt «jesu» fügte er «christo» ein und das Wort «spiritum» ergänzte er durch «sanctum». Den gesamten Kontext dieser Worte ersieht man am besten, wenn man die vollständige Lebensgeschichte des Christian Rosenkreutz, wie sie in der *Fama fraternitatis* berichtet wird, studiert. Dies sei dem Leser nachdrücklich empfohlen. – Erst sehr viel später, nämlich bei der Weihnachtstagung 1923, hat Rudolf Steiner diese Worte explizit auch in deutscher Sprache verwendet. Darauf kommen wir am Ende dieses Buches noch zurück.

5 Vortrag vom 19.5.1907, in GA 284.

6 Dieses Zitat findet sich in der Einleitung zu Hegels Vorlesungen über die *Philosophie der Geschichte,* Werke Band 12, Frankfurt/Main 1986, S. 32.

7 Vgl. dazu GA 284.

von 14 Vorträgen mit dem Titel «Die Theosophie des Rosenkreuzers» eröffnete. Und darin macht Rudolf Steiner nun deutlich, daß es ihm nicht um eine historische Aufarbeitung dessen zu tun ist, was im äußeren Sinne seit dem Beginn des 17. Jahrhunderts als Rosenkreuzertum in Erscheinung getreten ist. Vielmehr geht es ihm von Anfang an um die Individualitäten, die für ihn selbst offensichtlich eine zentrale Bedeutung haben, nämlich den sonst nicht als historische Persönlichkeit geltenden *Christian Rosenkreutz* und den mit dem Rosenkreuzertum untergründig in Zusammenhang stehenden Goethe.[8] Insofern werden wir im folgenden nur ganz knapp auf die äußeren Daten der Entwicklung des Rosenkreuzertums eingehen.

Die Veröffentlichung der sogenannten «Manifeste der Rosenkreuzer» durch *Johann Valentin Andreä* (1586–1654), *Fama Fraternitatis, Confessio und Chymische Hochzeit,* zwischen 1614 und 1616 hatte europaweit für Aufsehen gesorgt, weil hier von einer «Generalreformation» die Rede war, wie sie allerseits erhofft und erstrebt wurde. Machen wir uns die historische Situation zunächst deutlich: Zu Beginn des 17. Jahrhunderts herrschte praktisch in ganz Europa eine heillose Zerstrittenheit zwischen Katholizismus und Protestantismus, die zur Ursache immer weitergehender Bürgerkriege wurde und dann in Mitteleuropa von 1618–1648 zum Dreißigjährigen Krieg führte. Aber auch in England, Frankreich, den Niederlanden, Spanien und Italien herrschte ständiger Aufruhr. Überall war gleichzeitig der Aufbruch der modernen Naturwissenschaften im

8 Da wir im Zusammenhang dieser Auswahl auf Goethes Beziehungen zum Rosenkreuzertum nur am Rande eingehen können, sei dazu verwiesen auf das Buch *Goethe und die Rosenkreuzer,* Stuttgart 2007, von Frank Teichmann.

Gange, soziale Umwälzungen und vertiefte Naturerkenntnis waren also an der Tagesordnung.

Schaut man genauer hin, so entdeckt man, daß praktisch alle führenden Geister dieses Zeitalters in engerer Berührung mit dem Rosenkreuzertum waren. So verfaßte in England *Francis Bacon* (1561–1626) unter dem Einfluß der Rosenkreuzermanifeste seine Utopie *Nova Atlantis,* in der er die Zusammenführung von vertiefter Naturerkenntnis und sozialem Heil beschreibt. Ein ähnliches Bestreben lag bei *Johann Amos Comenius* (1592–1670) vor, wenn er versuchte, die Erziehung neu zu gestalten. Auch er stand unter dem direkten Einfluß der Manifeste Andreäs und sah sich sogar als dessen Schüler. Andreä selber wiederum war seinerseits stark beeinflußt von den italienischen Denkern um *Giordano Bruno* (1548–1600). So ist vor allem der Einfluß *Campanellas* (1568–1639) auf die Manifeste historisch nachweisbar. Aber auch der Franzose *René Descartes* (1596–1650) stand unter dem Einfluß dieser Manifeste, hielt er sich deshalb doch von 1619 bis 1620 in Deutschland auf, um Spuren der Rosenkreuzer zu suchen, die er aber nicht finden konnte, denn sie blieben im Unsichtbaren und wurden deshalb auch «Die Unsichtbaren» genannt. Zurück in Paris wurde Descartes sogleich verdächtigt, selber Rosenkreuzer zu sein. Er wies jedoch auf seine «Sichtbarkeit» hin und «widerlegte» damit den Verdacht!

Daß Giordano Bruno im Jahre 1600 für seine Anschauungen auf dem Scheiterhaufen sterben und 1633 *Galileo Galilei* (1564–1642) seine naturwissenschaftlichen Einsichten widerrufen mußte, ist ein deutliches Zeichen für den Gegenwind, der diesen Geistern von Seiten der katholischen Kirche, der Inquisition und des Jesuitismus entgegenschlug.

Ein weiteres Moment ist dann 1619 die politische Bestrebung, auf die die englische Historikerin Frances A. Yates in ihrem bemerkenswerten Buch Aufklärung im Zeichen des Rosenkreuzes im Jahre 1972 hingewiesen hat,[9] der mit den Manifesten laut gewordenen «Generalreformation» Geltung zu verschaffen. Dies erfolgte durch die Inthronisierung des in Heidelberg ansässigen pfälzischen Kurfürsten Friedrich V. (1596–1632) zum böhmischen König, eingefädelt durch *Christian I. von Anhalt* (1568–1630). Friedrich hatte sein Schloß zu einer alchemistischen Wunderkammer ausgebaut, ähnlich wie der Deutsche Kaiser *Rudolf II.* (1552–1612) um diese Zeit in Prag. Friedrich war verheiratet mit *Elisabeth* (1596–1662), der Tochter des englischen Königs *Jakob I.* (1566–1625), der den rosenkreuzerischen Manifesten ebenfalls nahe stand. Die mit dem böhmischen Königtum Friedrichs von der Pfalz, des «Winterkönigs», verknüpften Hoffnungen wurden jedoch bereits nach dem Winter 1619/1620 durch einen katholischen Feldzug und die berühmte «Schlacht am Weißen Berge» zunichte gemacht. Hieran hatte der dem Rosenkreuzertum entgegenstrebende Jesuitismus entscheidenden Anteil. René Descartes wurde übrigens nach dem Tode Friedrichs V. 1632 zum Berater der Tochter Elisabeths, die mit den rosenkreuzerischen Manifesten ebenfalls stark verbunden gewesen war.

So sehen wir, wie damals tatsächlich bei zahlreichen führenden Geistern ein Streben nach vertiefter Naturerkenntnis und sozialer Erneuerung herrschte, aber auch, wie es scheiterte. Nicht nur, daß der 1618 aufgrund der religiösen Zerrüttung Mitteleuropas ausbrechende Dreißigjährige Krieg dem «Winterkönig» das Genick brach, auch die Erkenntnisbemühun-

[9] Vgl. Anm. 1, S. 8.

gen eines Bacon, Comenius oder Descartes verliefen in vollkommen andere Richtungen. Descartes schuf durch sein «Cogito» die Grundlage für die neuzeitliche Spaltung von Subjekt und Objekt, Bacon lieferte die Grundlagen für die neuzeitliche materialistische Naturwissenschaft und Technik, und Comenius fesselte den Schulunterricht an die unmittelbare sinnliche Anschauung. Andreä selbst distanzierte sich aufgrund des religiösen Gesinnungskampfes von seinen Manifesten, und die Bewegung verschwand aus dem historisch sichtbaren Bereich.

Erst durch *Goethes* mehr im Unsichtbaren verlaufende Bezüge zum Rosenkreuzertum kommt dieses wieder zum Vorschein, und in Goethes Märchen wird der Zusammenhang von Naturerkenntnis und sozialer Erneuerung dann auch deutlich zum Ausdruck gebracht. Ähnliches ließe sich vor allem in *Wilhelm Meisters Wanderjahren* und natürlich im *Faust* zeigen.

An diese Bestrebungen des Rosenkreuzertums also wollte Rudolf Steiner anknüpfen, aber eben nicht im Sinne einer äußeren Sukzession, sondern im Sinne eines im Geistigen verbundenen spirituellen Strebens. Es war ihm besonders wichtig, einerseits auf die innere Sukzession, andererseits aber auf die Differenzen zwischen Anthroposophie und Rosenkreuzertum hinzuweisen. Was das genau heißt, sollen die hier nun folgenden Textauszüge zeigen.

Der erste stammt, wie schon gesagt, aus dem im Anschluß an den Münchner Kongreß gehaltenen Vortragszyklus über «Die Theosophie des Rosenkreuzers» und macht auf die Art der Sukzession aufmerksam, der zweite wurde vier Jahre später gehalten, 1911 – ein Jahr, in dem, wie wir noch sehen werden, Rudolf Steiner insbesondere auf *Christian Rosenkreutz* detailliert zu sprechen kam. Hier nun macht er auf eine notwendige Differenzierung zwischen Anthroposophie und Rosenkreuzertum aufmerksam.

Was hier vorgebracht werden soll, das wird in der Ankündigung «Theosophie nach rosenkreuzerischer Methode» genannt. Damit ist gemeint die eine uralte und immer neue Weisheit in einer unserer Gegenwart angemessenen Methode, in einer Methode, die man eigentlich, so wie sie sich hier in der Art der Darstellung ausdrücken wird, seit dem vierzehnten Jahrhundert kennt. Doch will ich in diesen Vorträgen nicht von einer Geschichte des Rosenkreuzertums sprechen.

Sie wissen alle, daß man heute in den Elementarschulen eine gewisse Geometrie lehrt, zu der zum Beispiel der Pythagoräische Lehrsatz gehört. Das Elementare dieser Geometrie lernt man ganz unabhängig davon, wie die Geometrie selbst zustande gekommen ist, denn was weiß der Schüler, der heute die ersten Elemente der Geometrie lernt, von Euklid! Und dennoch ist es die Euklidische Geometrie, die da gelehrt wird. Erst viel später, wenn man schon das Sachliche, den Inhalt kennt, lernt man vielleicht in der Geschichte der Wissenschaften die Gestalt, die Form kennen, in welcher das, was heute in den Elementarschulen allgemein zugänglich ist, ursprünglich in der Menschheitsentwicklung auftrat. So wenig den Schüler, der heute die elementare Geometrie lernt, die ursprüngliche Art angeht, wie Euklid die Geometrie der Menschheit gegeben hat, so wenig soll es uns kümmern, wie im Laufe der Geschichte sich das sogenannte Rosenkreuzertum entwickelt hat. Und wie der Schüler echte, wahre Geometrie aus der Sache heraus lernt, so wollen wir diese rosenkreuzerische Weisheit aus sich selbst heraus betrachten.

Wer die Geschichte und namentlich die äußere Geschichte des Rosenkreuzertums kennt, wie sie in der Literatur niedergelegt ist, der weiß übrigens sehr wenig von dem wirklichen Inhalt der rosenkreuzerischen Theosophie. Was rosenkreuzerische Theosophie ist, das lebt seit dem vierzehnten Jahrhundert als etwas, was unabhängig von seiner Geschichte wahr ist, ebenso wie die Geometrie wahr ist und erkennbar, unabhängig von der Geschichte der Geometrie und ihrem allmählichen Auftreten. Es soll deshalb nur flüchtig auf einiges hingedeutet werden, was aus der Geschichte heraus zu wissen ist.

Im Jahre 1459 war es, als eine hohe spirituelle Individualität, verkörpert in der menschlichen Persönlichkeit, die vor der Welt den Namen Christian Rosenkreutz trägt, als Lehrer zunächst eines kleinen Kreises eingeweihter Schüler auftrat. 1459 wurde Christian Rosenkreutz innerhalb einer streng in sich abgeschlossenen spirituellen Bruderschaft, der Fraternität Roseae crucis, zum Eques lapidis aurei, zum Ritter des goldenen Steines erhoben. Immer klarer wird es uns im Laufe der Vorträge werden, was das bedeutet.[10] Jene hohe spirituelle Individualität, die in der äußeren Persönlichkeit des Christian Rosenkreutz den physischen Plan betrat, wirkte immer wieder als Führer und Lehrer der rosenkreuzerischen Strömung in «demselben Körper», wie man im Okkultismus sagt. Auch die Bedeutung des Ausdrucks «immer wieder in demselben Körper» werden wir schon im Laufe der nächsten Stunden kennenlernen, wenn wir über das Schicksal des Menschen nach dem Tode sprechen werden.[11]

Nun war diese Weisheit, von der wir hier sprechen, bis weit in das achtzehnte Jahrhundert hinein beschlossen in einer engbegrenzten Bruderschaft, die strenge Regeln

[10] Vgl. dazu auch den S. 154 ff. abgedruckten Aufsatz zur *Chymischen Hochzeit* des Christian Rosenkreutz.

[11] Vgl. dazu weiter unten das Kapitel über «Das rosenkreuzerische Zusammenwirken von Lebenden und Verstorbenen».

hatte, durch die sie sich von der exoterischen Außenwelt abschloß.

Im achtzehnten Jahrhundert hatte diese Bruderschaft die Mission, auf einem spirituellen Wege etwas Esoterisches einfließen zu lassen in die Kultur Mitteleuropas, und deshalb sehen wir, wie innerhalb einer exoterischen Kultur mancherlei aufleuchtet, was zwar äußerlich exoterisch ist, was aber nichts anderes ist als ein äußerer Ausdruck esoterischer Weisheit. Es haben sich im Laufe der Jahrhunderte mancherlei Leute bemüht, jene Weisheit, die wir die rosenkreuzerische nennen, irgendwie durchschauen zu können; es ist ihnen nicht gelungen. So hat sich Leibniz vergebens bemüht, der Quelle rosenkreuzerischer Weisheit nahezukommen. Wie Blitzlichter leuchtete aber diese rosenkreuzerische Weisheit in einer exoterischen Schrift auf, welche erschien, als Lessing seiner Vollendung auf dem physischen Plan entgegenging. Es ist *Lessings Erziehung des Menschengeschlechts.*[12] Man muß diese Schrift nur zwischen den Zeilen lesen, dann wird man in ihrem eigentümlichen Ausklange – zwar nur als Esoteriker – erkennen, daß sie ein äußerer Ausdruck rosenkreuzerischer Weisheit ist.

Insbesondere großartig leuchtete diese Weisheit auf in demjenigen Menschen, der die Kultur des damaligen Europas um die Wende des achtzehnten Jahrhunderts, und zwar die internationale Kultur, widerspiegelte: in *Goethe.* Als Goethe in verhältnismäßig frühen Jahren seines Lebens einer rosenkreuzerischen Quelle nahekam, empfing er etwas von einer höchst merkwürdigen hohen Initiation. Es kann leicht mißverstanden werden, wenn man von einer Initiation Goethes spricht; daher geziemt es sich vielleicht gerade hier, darauf hinzuweisen, wie es

[12] Gotthold Ephraim Lessing (1729–1781), *Die Erziehung des Menschengeschlechts,* 1780.

sich mit dieser eigentümlichen Art der Initiation verhält. Es war in der Zwischenzeit, als er von der Universität Leipzig fortging, bis er nach Straßburg ging. Da geschah etwas höchst Merkwürdiges. Er hatte ein tief in seine Seele eingreifendes Erlebnis, das sich äußerlich in der Tatsache ausdrückte, daß er in der letzten Leipziger Zeit dem Tode recht nahestand. Auf seinem schweren Krankenlager hatte er ein wichtiges Erlebnis, eine Art von Initiation. Goethe war sich dieser zunächst nicht bewußt, sie wirkte als eine Art poetischer Strömung in seiner Seele, und es war ein höchst merkwürdiger Vorgang, wie sich diese Strömung hineinarbeitete in seine verschiedenen Produktionen. Solch einen Lichtblitz finden wir in dem Gedicht *Die Geheimnisse*,[13] das die intimsten Freunde Goethes als eine seiner tiefsten Schöpfungen bezeichnet haben, und es ist in der Tat so tief angelegt, daß Goethe niemals die Kraft wiederfinden konnte, zu diesem Fragmente den Schluß zu gestalten. Die damalige Kulturströmung hatte noch nicht die Macht, äußerlich die ganze Tiefe des Lebens auszugestalten, die in diesem Gedichte pulst. Dies Gedicht ist aufzufassen als eine der tiefsten Quellen der Seele Goethes, es ist ein Buch mit sieben Siegeln für alle Goethe-Kommentatoren. Dann aber arbeitete sich diese Initiation immer weiter heraus, und Goethe konnte endlich, nachdem er sich dieser Initiation mehr und mehr bewußt geworden war, jene merkwürdige Prosadichtung entstehen lassen, die wir als *Das Märchen von der grünen Schlange und der schönen Lilie* kennen. Es ist eine der tiefsten Schriften der Weltliteratur; wer sie in richtiger Weise zu interpretieren vermag, der weiß viel von der rosenkreuzerischen Weisheit.

[13] Siehe hierzu Rudolf Steiners Vortrag «Die Geheimnisse. Ein Weihnachts- und Ostergedicht von Goethe», Köln, 25. Dezember 1907 in GA 98.

Damals aber, als einfließen sollte die rosenkreuzerische Weisheit in die allgemeine Kultur, geschah es, daß auf eine Weise, über die ich hier nicht weiter zu sprechen brauche, eine Art Verrat mit rosenkreuzerischer Weisheit begangen wurde, so daß gewisse Vorstellungen rosenkreuzerischer Weisheit exoterisch hinausdrangen in die große Welt. Dieser Verrat auf der einen Seite und auf der anderen Seite die Notwendigkeit, daß die Kultur des Abendlandes eine Zeitlang, während des neunzehnten Jahrhunderts, auf dem physischen Plan unbeeinflußt bleibe von der Esoterik, diese zwei Dinge führten die Notwendigkeit herbei, daß die Quellen rosenkreuzerischer Weisheit und vor allem auch der große Begründer, der seit jener Zeit immer auf dem physischen Plan war, scheinbar zurücktraten, so daß man in der ersten Hälfte und auch in einem großen Teil der zweiten Hälfte des neunzehnten Jahrhunderts nicht viel von der rosenkreuzerischen Weisheit entdecken konnte. Erst in unserer Zeit ist es wieder möglich geworden, die Quellen rosenkreuzerischer Weisheit zu erschließen und sie einfließen zu lassen in die allgemeine übrige Kultur, und wenn wir diese Kultur betrachten werden, so werden sich uns die Gründe ergeben, warum das so sein mußte.

Wir wissen, daß die Rosenkreuzer-Einweihung so recht ihren Anfang genommen hat etwa um die Zeit des dreizehnten Jahrhunderts herum, und daß sie dazumal von denjenigen Individualitäten, welche die tieferen Geschicke der menschlichen Entwicklung zu lenken haben, als die für die fortgeschrittenere menschliche Seele richtige Einweihung anerkannt werden mußte. Schon daraus muß aber eigentlich ersichtlich sein, daß die Einweihung des Rosenkreuzers überhaupt mit der Fortentwicklung der menschlichen Seele rechnet, und daß sie daher ganz besonders berücksichtigen muß, daß diese Entwicklung der menschliche Seele seit dem dreizehnten Jahrhundert auch wieder ihren Fortgang genommen hat; daß also die Seelen, welche heute der Initiation zugeführt werden sollen, nicht mehr auf dem Standpunkte des dreizehnten Jahrhunderts stehen können. Auf dieses möchte ich insbesondere deshalb hinweisen, weil in unserer heutigen Zeit so sehr die Sehnsucht besteht, alles mit irgendeiner Marke, mit irgendeinem Schlagworte zu belegen. Aus dieser Unsitte heraus – nicht aus irgendeinem berechtigten Grunde – ist eine Bezeichnung gerade unserer anthroposophischen Strömung entstanden, die nach und nach zu einer Art von Kalamität führen könnte. So richtig es ist, daß innerhalb unserer Strömung das, was das Prinzip des Rosenkreuzertums genannt werden muß, voll gefunden werden kann, so daß man innerhalb unserer anthroposophischen Strömung eindringen kann in die Quellen des Rosenkreuzertums, – so wahr es auf der einen Seite ist, daß sich diejenigen, welche durch die Mittel unserer heutigen anthroposophischen Vertiefung eindringen in die Quellen des Rosenkreuzertums, sich Rosenkreuzer nennen können, so sehr muß es aber auch auf der anderen Seite betont werden, daß namentlich Außenstehende kein Recht dazu haben, die Art der anthroposophischen Strömung, die wir vertreten, die Rosenkreuzerströmung zu nennen, einfach aus dem Grunde, weil damit – ob es bewußt oder unbewußt geschieht – unsere Strömung mit einer ganz falschen Marke bezeichnet wird. Wir stehen nicht mehr auf dem Standpunkte, auf dem die Rosenkreuzer vom dreizehnten Jahrhundert durch die folgenden Jahrhunderte hindurch gestanden haben, sondern wir rechnen mit dem Fortschritt der menschlichen Seele. Deshalb darf das, was in meiner Schrift *Wie erlangt man Erkenntnisse der höheren Welten?* als der geeignetste Weg hinauf in die geistigen Sphären gezeigt ist, auch nicht ohne weiteres verwechselt werden mit dem, was man als Rosenkreuzerweg bezeichnen kann.

So kann man also durch unsere Strömung in das wahre Rosenkreuzertum eindringen, darf aber die Sphäre unserer Geistesströmung, die ein viel weiteres Gebiet als das der Rosenkreuzer umfaßt, nämlich das der gesamten Theosophie, nicht als eine rosenkreuzerische bezeichnen; es muß unsere Strömung schlechthin als die «Geisteswissenschaft von heute», als die anthroposophisch orientierte Geisteswissenschaft vom zwanzigsten Jahrhundert bezeichnet werden. Und insbesondere Außenstehende würden sich – mehr oder weniger unbewußt – einer Art von Mißverständnis unterziehen, wenn sie unsere Richtung schlechtweg als die «rosenkreuzerische» bezeichneten. Das aber muß uns eigen sein als eine im eminenten Sinne rosenkreuzerische Errungenschaft seit dem Aufgehen des modernen okkulten Geisteslebens im dreizehnten Jahrhundert, daß alle heutige Initiation im tiefsten Sinne des Wortes schätzen und anerkennen muß als ein Selbständiges im menschlichen Innern, das, was wir als das allerheiligste Willenszentrum des Menschen bezeichnen, wie schon gestern angedeutet worden ist. Und weil durch die okkulten Methoden, die gestern gekennzeichnet worden sind,[14] der Wille des Menschen gleichsam überwältigt wird, geknechtet wird und in eine ganz bestimmte Richtung hineingeführt wird, deshalb muß vom wahren Okkultismus diese Richtung energisch abgewiesen werden.

Bevor wir uns nun auf eine Charakteristik des Rosenkreuzertums und auf eine Charakteristik der Initiation von heute überhaupt einlassen, wollen wir zunächst dasjenige nennen, was wieder entscheidend geworden ist dafür, daß selbst die Rosenkreuzer-Initiation vom dreizehnten,

[14] In dem gemeinten Vortrag (5.10.1911, GA 131) hatte Rudolf Steiner die Gesinnungsart des Jesuitismus beschrieben und sie als dem Rosenkreuzertum entgegenstehende Strömung gekennzeichnet.

vierzehnten, fünfzehnten – auch noch vom sechzehnten, siebzehnten Jahrhundert wieder modifiziert werden mußte gegen unsere Zeit hin. Das Rosenkreuzertum der vorigen Jahrhunderte konnte nämlich noch nicht mit einem Geisteselement rechnen, das seither in die Menschheitsentwicklung eingezogen ist, und ohne das man heute nicht mehr auskommen kann schon in den Grundelementen aller jener Geistesströmungen, die auf dem Boden des Okkultismus erwachsen, also in irgendeiner theosophischen Geistesströmung. Aus Gründen, die uns innerhalb dieser Vorträge noch genauer vor die Seele treten werden, gehörte viele Jahrhunderte hindurch zu den äußeren exoterischen Lehren des Christentums nicht dasjenige, was heute schon im Ausgangspunkte unserer geisteswissenschaftlichen Erkenntnis liegen muß: die Lehre von Reinkarnation und Karma, von den wiederholten Erdenleben. Diese Lehre von *Reinkarnation und Karma* ist daher auch noch nicht im eminentesten Sinne in die ersten Stufen der Rosenkreuzer-Initiation etwa gleich im dreizehnten Jahrhundert eingezogen. Man konnte weit kommen: bis zur vierten, fünften Stufe des Rosenkreuzertums hinauf – man konnte durchmachen, was unter den Stufen der Rosenkreuzer-Initiation genannt wird das rosenkreuzerische Studium, die Aneignung der Imagination, die Aneignung der okkulten Schrift, die Auffindung des Steines der Weisen, und auch schon etwas erleben von dem, was man den mystischen Tod nennt – bis zu dieser Stufe konnte man kommen und konnte außerordentlich hohe okkulte Erkenntnisse gewinnen, brauchte aber noch nicht volle Klarheit zu erlangen über die so aufhellenden Lehren von Reinkarnation und Karma.

Gegenwärtig aber müssen wir uns darüber klar sein, daß durch das fortgeschrittene Denken der Menschheit innerhalb dieses Denkens Gedankenformen hereingetreten sind, durch die wir, wenn wir nur konsequent das denken, was heute schon leicht exoterisch, äußerlich gedacht werden kann, unbedingt zu der Anerkennung der wiederholten Erdenleben und damit auch zur Anerkennung der Karma-Idee kommen können. Was in meinem zweiten Rosenkreuzerdrama *Die Prüfung der Seele* von Straders Munde gesagt wird, daß der konsequente Denker heute, wenn er nicht mit allem brechen will, was die Gedankenformen der letzten Jahrhunderte gebracht haben, zuletzt bei der Anerkennung von Karma und Reinkarnation anlangen muß – das ist etwas, was durchaus in den Tiefen des heutigen Geisteslebens wurzelt.[15] Und weil es sich langsam vorbereitet hat und in den Tiefen unseres Geisteslebens wurzelt, deshalb tritt es auch nach und nach im abendländischen Geistesleben wie selbständig hervor. Merkwürdig selbständig stellt sich – allerdings nur bei einzelnen hervorragenden Denkern – die Notwendigkeit ein, die wiederholten Erdenleben anzuerkennen. Man braucht nur auf manches aufmerksam zu machen, was entweder willkürlich oder unwillkürlich von unserer heutigen Literatur ganz vergessen wird, was zum Beispiel in so wunderbarer Weise aufgetreten ist bei Lessing in der Erziehung des Menschengeschlechts. Sehen wir doch, wie Lessing, der große Geist des achtzehnten Jahrhunderts, der auf dem Gipfelpunkt seines Lebens die Summe seiner Gedanken zieht und die *Erziehung des Menschengeschlechts* schreibt, wie durch eine Eingebung auf den Gedanken der wiederholten Erdenleben kommt. So stellt

[15] Die hier gemeinte Stelle lautet wörtlich «Und hundertmal wohl fragt' ich mich: / Was kann Naturerkenntnis lehren, / Wie wir sie jetzt schon überschauen können? – – – Es gibt da kein Entweichen – – –: / Des Erdenlebens Wiederholung, / Sie kann und darf kein Denken leugnen, / Das nicht mit allem brechen will, / Was Forscherfleiß erkannt in langer Zeiten Lauf.» Rudolf Steiner *Vier Mysteriendramen* (1910–13), GA 14, zweites Drama (1911) *Die Prüfung der Seele*, viertes Bild, S. 187.

sich wie durch eine innere Notwendigkeit die Idee der wiederholten Erdenleben in das moderne Leben hinein. Und diese Idee muß berücksichtigt werden; anders allerdings als in unserer Naturgeschichte oder in unserem modernen Bildungsleben dergleichen berücksichtigt wird. Denn da berücksichtigt man es nach dem bekannten Rezept, daß man alten Leuten, wenn sie gescheit gewesen sind, schon etwas verzeihen muß. Und wenn man auch Lessing in seinen früheren Schöpfungen anerkennen kann, so glaubt man doch annehmen zu müssen, daß er in seinen späteren Jahren etwas schwächlich geworden ist, wenn er da auf die Idee der wiederholten Erdenleben gekommen ist. Aber auch sonst tritt uns in der neueren Zeit diese Idee sporadisch entgegen. Ein Psychologe des neunzehnten Jahrhunderts, Droßbach, hat – wie es nur möglich war im neunzehnten Jahrhundert – von dieser Idee gesprochen.[16] Ohne Okkultismus, rein durch Betrachtung dessen, was die Natur darbietet, suchte Droßbach auf seine Art als Psychologe die Idee der wiederholten Erdenleben festzustellen. Und weiter: Eine kleine Gesellschaft hat um die Wende der ersten und zweiten Hälfte des neunzehnten Jahrhunderts, als die fünfziger Jahre herankamen, einen Preis ausgeschrieben für die beste Schrift über die Unsterblichkeit der Seele.[17] Das war eine ganz merkwürdige Tat im deutschen Geistesleben. Sie ist wenig bekannt geworden. Ein kleiner Kreis schreibt einen Preis aus für die

[16] Maximilian Droßbach, 1810–1884. 1849 erschien seine Schrift *Wiedergeburt, oder: Die Lösung der Unsterblichkeitsfrage auf empirischem Wege nach den bekannten Naturgesetzen.*

[17] Droßbach hatte ohne Nennung seines Namens für die beste Durchführung der in seiner obengenannten Schrift niedergelegten Gedanken einen Preis von 40 Dukaten in Gold ausschreiben lassen. Dadurch wurde die Abfassung der Widenmannschen Schrift *Gedanken über die Unsterblichkeit als Wiederholung des Erdenlebens*, Wien 1851, veranlaßt, welcher der Preis zufiel.

beste Schrift über die Unsterblichkeit der Seele! Und siehe da, die preisgekrönte Schrift von Widenmann[18] beschäftigte sich damit in der Weise, daß sie die Unsterblichkeit der Seele im Sinne der wiederholten Erdenleben auffaßt – allerdings noch unvollkommen, wie es sein mußte in den fünfziger Jahren des vorigen Jahrhunderts, wo die Gedankenformen noch nicht so weit ausgebaut waren.

So könnte man Verschiedenes anführen, wo diese Idee der wiederholten Erdenleben hereinsprang als etwas, was sich wie ein Postulat, wie eine Forderung des neunzehnten Jahrhunderts ausnahm. Daher konnte auch in meiner kleinen Schrift *Reinkarnation und Karma* und dann auch in der *Theosophie* mit den Gedankenformen der Naturwissenschaft – ausgestaltend diese Gedankenformen mit Bezug auf die menschliche Individualität im Gegensatz zur tierischen Gattung – aufgebaut werden die Idee von den wiederholten Erdenleben und vom Karma.[19]

So dringen ganz sporadisch diese Ideen durch diese Geister. Und richtig ist es, daß trotz des mangelhaften Gedankenganges diese Ideen herausspringen – und nicht nur bei diesen, sondern auch noch bei anderen Geistern. Denn das ist der große Umschwung, den die menschliche Seelenentwicklung vom achtzehnten bis zum zwanzigsten

[18] Gustav Widenmann, 1812–1876. Vergleiche hierzu C. S. Picht «Das Auftauchen der Reinkarnationsidee bei dem schwäbischen Arzt und Philosophen Gustav Widenmann um 1850» und «Die Darstellung der Reinkarnationsidee bei dem schwäbischen Arzt und Philosophen Gustav Widenmann (1812–1876)», abgedruckt in: *Anthroposophie, Monatsschrift für freies Geistesleben*, 14. Jahrgang 1931/32.

[19] Der zuerst 1903 in der Zeitschrift *Lucifer – Gnosis* publizierte Aufsatz «Reinkarnation und Karma, vom Standpunkt der modernen Naturwissenschaft notwendige Vorstellungen» erschien ab 1909 in vielen Auflagen als selbständige Schrift; heute in GA 34. *Theosophie* (GA 9) erschien erstmals 1904.

Jahrhundert herauf genommen hat, daß wir sagen müssen: Wer heute anfängt mit dem Studium des Weltenganges, der muß sich vor allem jene Gedankenformen aneignen, die heute ganz selbstverständlich zu der Annahme, zu der Glaubhaftmachung von Reinkarnation und Karma führen. Also war zwischen dem dreizehnten und dem achtzehnten Jahrhundert das menschliche Denken noch nicht so weit, daß es durch sich selbst zur Anerkennung der Reinkarnation hat kommen können. Aber man muß immer ausgehen von dem Boden, auf dem jeweilig das menschliche Denken in seiner höchstentwickelten Form steht. Daher ist heute der Ausgang zu nehmen von dem Denken, das logisch – das heißt hypothetisch richtig – die Idee der wiederholten Erdenleben von der Naturwissenschaft aus betrachten kann. So schreiten die Zeiten vor.

Die Schulung der Rosenkreuzer

Die im zuletzt zitierten Textauszug deutlich gewordene Differenzierung, die darauf aufmerksam macht, daß innerhalb der traditionellen rosenkreuzerischen Schulung noch keine Erkenntnisse über den Zusammenhang von Reinkarnation und Karma gewonnen werden konnten, führt uns nun zu der Frage, die Rudolf Steiner jeweils im Zentrum seiner ersten Darstellungen des Rosenkreuzertums ausführlich dargestellt hat, nämlich die Frage nach der rosenkreuzerischen Schulung. Dazu folgt zunächst ein weiterer Auszug aus dem bereits erwähnten Vortrag nach dem Münchner Kongreß. Hier werden grundlegend behandelt die Frage nach dem Verständnis dessen, was der moderne Eingeweihte mitzuteilen hat, nach dem Verhältnis von Lehrer und Schüler auf dem rosenkreuzerischen Weg und dann die Frage nach dem Verhältnis dieser Schulung zum praktischen Leben.

Daran anschließend folgt eine der grundlegenden Beschreibungen des siebenstufigen rosenkreuzerischen Schulungsweges in einem öffentlichen Vortrag. Auch hier macht Rudolf Steiner wieder deutlich, daß er nicht in einem äußerlichen Sinne an das anknüpft, was sich historisch als Rosenkreuzertum niedergeschlagen hat, denn «die wahre, echte Rosenkreuzerei ist, seitdem sie besteht, stets nur Gegenstand mündlicher Mitteilung an solche gewesen, welche sich eidlich zur Geheimhaltung verpflichten mußten. Daher ist auch nichts Erhebliches in die öffentliche Literatur übergegangen.»

Das führt uns zu der Frage, warum Rudolf Steiner von dem bisherigen Prinzip der strengen Geheimhaltung abweichen konnte. Diese Tatsache hängt mit der Entwicklung des eigenständigen Denkens und der darauf beruhenden Urteilsfähigkeit in der Menschheit zusammen. Dieser Frage soll anhand des nachfolgenden Textauszuges zunächst kurz nachgegangen werden.

Sie wissen, daß Theosophie dasjenige ist, was sich in alten Zeiten als Wahrheit über die Menschheit ergossen hat, um in den Herzen überall einen Grundstock menschlicher Erkenntnis zu bilden. Je weiter wir aber zurückgehen, je geheimer werden diese Erkenntnisse gehalten. Warum? Ich werde in diesen Vorträgen darauf noch zurückkommen, warum diese universelle Weisheit einzelnen, die reif dazu befunden wurden, in geheimen Schulen und Pflegestätten mitgeteilt worden ist. Einzelnen, die nicht nur zu lernen, sondern etwas mit sich vorzunehmen hatten, was ihre ganze Seele umwandelte, so daß sie hellsichtig wurden. Dadurch erhielten sie Einsicht in höhere Welten. Und solche wurden dann hinausgeschickt, gleichsam als Sendboten, die berufen waren, die andern zu lenken und zu leiten. Nun besteht aber der Fortschritt darin, daß immer mehr Menschen da sind, die durch ihr Urteil und durch ihren Verstand fähig sind, diese Weisheit zu begreifen. Daher ist es notwendig geworden, daß immer mehr von dem öffentlich bekanntgegeben wird, was früher geheimgehalten wurde.

Im Laufe des 19. Jahrhunderts wurde durch äußere Verhältnisse, die wir noch kennenlernen werden, die Notwendigkeit herbeigeführt, eine große Menge, eine bedeutende Summe von Erkenntnissen der Geheimwissenschaft zum Heil und Fortschritt der Menschheit in die Öffentlichkeit einfließen zu lassen. Im 19. Jahrhundert sagten sich die Hüter dieses Wissens: In früheren Zeiten haben die Mitteilungen über geistige Dinge, wie sie in den Religionen oder anderswie an den Menschen herangekommen sind, genügt, um die Bedürfnisse des Menschen in bezug auf das Ewige zu befriedigen. Doch die Bedürfnisse der Menschheit ändern sich. – Und so mußten diese Hüter der Urweltweisheit erkennen, daß immer mehr Menschen in der Zukunft da sein werden, deren Seelen nicht mehr befriedigt werden können durch die alten Formen der Mitteilung geistiger Belange. Für solche nun ist es möglich, in der Theosophie Befriedigung zu finden. Es entspringt die Theosophie, diese neue Form der Mitteilung, der in der neueren Zeit beobachteten Wahrnehmung eines Menschheitsbedürfnisses. Die Hüter des geheimen Wissens haben natürlich gewußt, daß solche Zeiten kommen würden, aber erst in einem bestimmten Zeitpunkt war es nötig, die Vorbereitung zum Einfließenlassen dieser Weisheit zu treffen und sich zu sagen: Wir müssen Sorge tragen, daß diese Geheimnisse auch von dem Verstande des 19. und 20. Jahrhunderts erfaßt werden können. – Dies geschah im 13. und 14. Jahrhundert. Sehr wenige waren es damals, die dieses Zeitpunktes der Vorbereitung innerhalb Europas gewahr wurden. Es waren die ersten Rosenkreuzer, diejenigen, die sich geschart haben um eine bedeutsame Individualität, die unter dem Schlagnamen «Christian Rosenkreutz» bekannt ist. Christian Rosenkreutz, er war es, der sich im deutlichsten Sinne sagen konnte: Wir haben in den Mysterien ein Wissen, einen Weisheitsschatz erhalten von dem Übersinnlichen. Lassen wir es dabei bewenden, so dürfen wir hoffen, daß wir auch in Zukunft das machen können, was bisher geschehen ist: daß wir einzelne, in unseren Schulen herangereifte Menschen, wenn sie die Geheimnisse der Urweltweisheit gelernt und geschaut haben, hinausschicken, um andere zu belehren. Diese alte Methode der Verbreitung der Urweltweisheit soll fortgesetzt werden, aber es muß noch anderes vorbereitet werden. – Er war imstande, sich sagen zu können: Eine weit größere Menge von Menschen wird kommen, die verlangen wird nach der Urweltweisheit. Wir könnten sie in der

Form mitteilen, die wir jetzt dafür haben. Doch um sie so anzunehmen, dazu gehört ein hoher Grad des Glaubens und der Anerkennung unserer Autorität, der aber immer mehr und mehr in der Menschheit verschwinden wird. Je mehr die Urteilskraft in den Menschen wachsen wird, desto weniger werden sie den Lehrern so wie früher glauben. – Für die frühere Form der Mitteilung war Glauben und Vertrauen die Voraussetzung. Jetzt mußte man sich sagen: Es werden Leute kommen, die selbst werden prüfen wollen dasjenige, was ihnen mitgeteilt wird. Diese werden sagen: Wir wollen denselben logischen Verstand, den wir bei Betrachtung der Sinneswelt gebrauchen, anwenden bei dem, was ihr uns sagt. Zugegeben, daß zum Erforschen des Geistigen auch noch etwas anderes notwendig ist als dieser Verstand, so wollen wir doch mit demselben prüfen. – Deshalb war es im Beginn unserer Zeit[epoche] notwendig, die Urweltweisheit in neue Formen zu gießen. Das war die Arbeit der Rosenkreuzer: die Urweltweisheit so zu gestalten, daß sie nach und nach die Anpassung finden konnte an den modernen Geist und die moderne Seele.

Was ist Theosophie nach Rosenkreuzermethode? Theosophie an sich ist immer und überall dasselbe. Ein Theosoph nach Rosenkreuzerart ist heute ein Theosoph des 19. und 20. Jahrhunderts. Seine Weisheit ist in ihren Formen genau dem angepaßt, was heute die Menschen verstehen wollen und was sie haben müssen. Was ist das Spezifische unserer Zeit? Der Gang der Menschheitsentwicklung war ja so, daß die Menschen immer mehr und mehr sich befreunden mußten mit der äußeren physischen Wirklichkeit. Blicken Sie zurück in alte Zeiten, zum Beispiel auf die alte ägyptische Kultur, mit welch einfachen Mitteln und Kräften die Menschen arbeiteten, ihre Bauwerke selbst aufführten, ihre persönlichen Bedürfnisse befriedigten. Schauen Sie sich dagegen unser heutiges

Leben an, mit seinem ganzen raffinierten Aufwand von Arbeitsleistung für das physische Behagen. Welch eine ungeheure Summe von Geisteskraft und Gedankenarbeit wird da für tägliche physische Bedürfnisse verschwendet! Es war natürlich nötig, ja geradezu die Aufgabe der westlichen Welt, die äußere Kultur so zu gestalten, die äußere Natur so zu beherrschen, daß der physische Plan wirklich vom Menschengeist beherrscht wird. Eine solche Welt, wie die unsrige es geworden ist, braucht andere Mittel, um die Weisheit der Geheimschulen aufnehmen zu können, als jene alte Zeit. Wenn wir dagegen das Wissen der Chaldäer und ihre Erkenntnisse in bezug auf spirituelles Wissen vergleichen mit unserem heutigen Wissen, dann stehen allerdings die Chaldäer turmhoch über uns. Wir bewundern heute einen Kopernikus, einen Galilei, das, was die äußere Wissenschaft zu verzeichnen hat, aber das ist alles Kinderspiel gegenüber der alten Weisheit der Chaldäer. Für den heutigen Forscher ist der Planet Mars zum Beispiel ein äußerer Körper eben, dessen Gang und Bewegung man bemessen kann; die Chaldäer aber wußten dazu noch, welche Kräfte und Wesen mit dem Mars zusammenhängen, welcher göttliche Wille das alles lenkt, welcher Zusammenhang zwischen diesen Kräften und dem Menschen besteht. Das Geheimnisvolle, das Walten dieser geistigen Kräfte war ihnen kund. Deshalb ist der heutige Forscher so hilflos gegenüber dem inneren Wesen dieser alten chaldäischen Kultur. Die äußeren Mittel zu ihrer Erforschung, die hat er, die inneren aber nicht. Theosophen und Rosenkreuzer haben die spirituellen inneren Mittel, um in ihren Geist einzudringen.

Die großen Namen unserer wissenschaftlichen Autoritäten, von denen man heute liest, wie sie die Tonzylinder und -scherben ausgraben, auf denen die alte babylonische Weisheit eingeprägt ist, sie stehen dem gegenüber wie ein dreijähriges Kind vor einem elektrischen Apparat. Der

Forscher weiß nicht, was anfangen mit dem, was er da ausgräbt: so gewaltig, so weit hinausdringend war damals das spirituelle Wissen. Der äußeren Wissenschaft aber war es erst möglich, mit dem Verstande und durch die äußeren Mittel unserer Kultur das zu schaffen, was wir heute – und mit Recht – als die großen Kulturfortschritte der letzten Jahrhunderte bewundern. Eine solche Zeit aber braucht eine andere Art des Denkens, des Empfindens, um das Geistige zu verstehen. Hier darf vielleicht eine Warnung eingeflochten werden. Man spricht heute so viel von höheren oder tieferen Entwicklungsgraden. Man streitet sich herum, ob der Buddha oder der Christus größer sei. Aber das ist ganz gleichgültig. Darauf kommt es nicht an. Nicht, ob die assyrische höher oder unsere Weisheit tiefer steht, ist wichtig. Wir leben in der materialistisch gesinnten Gegenwart und wir brauchen das Einfließen des spirituellen Wissens in unsere Kultur, damit das Sehnen der Menschheit darnach befriedigt werde. Und in solcher Art, wie der heutige Mensch dieses Wissen braucht, gibt es ihm die Rosenkreuzerweisheit. Das, was hier gesagt wird, klingt vielleicht etwas gewagt, aber bitte, nehmen Sie es jetzt hin, später wird sich das alles klären. Ist doch die rosenkreuzerische Weisheit mehr mißverstanden worden als irgend etwas anderes in der Welt.

So wie die Dinge sich abspielten, geschah es, daß einst die große Individualität des Christian Rosenkreutz voraussah, welche Forderungen des Verständnisses tatsächlich von seiten der rationalistisch denkenden Menschen kommen würden, und wie es schon damals notwendig geworden war, alles geistige Wissen in eine Form zu gießen, die sich zu dem gestalten würde, was die Forderung der heutigen Zeit ist. Wir müssen uns klarmachen, daß die Rosenkreuzer es viel schwerer hatten als irgendeine ähnliche Bewegung von früher, denn ihr anfängliches Wirken im 13. und 14. Jahrhundert fiel in die Zeit des immer näher herankommenden Materialismus hinein. Alle die modernen Errungenschaften, wie Dampfmaschinen, Telegraph und so weiter mußten den Menschen vollends auf den physischen Plan herausstellen. Die Rosenkreuzer hatten zu arbeiten für ein Zeitalter, das mathematisch denken muß. Sie mußten in diesem Sinne ihre Vorbereitungen treffen, mußten daher auch am meisten mißverstanden werden. Über Rosenkreuzerei können Sie sich deshalb auch nicht unterrichten durch das, was öffentlich darüber bekanntgegeben wird. Nichts von dem, was im Rosenkreuzertum gepflegt wurde, ist eigentlich in dieser Literatur zu finden. Die tiefsten spirituellen Wahrheitsinhalte der Rosenkreuzer wurden so aufgefaßt, als ob man Spirituelles in alchimistischen Küchen mit Retorten und so weiter zubereiten könne. Durch diese Auffassung der Alchimie kam jenes materialistische Zerrbild des Rosenkreuzertums zustande, wie es heute geboten wird. Vorzubereiten hatten die Rosenkreuzer eine Wissenschaft, durch welche sie nach und nach ihre Weisheit in die Welt einfließen lassen konnten.

Es folgen nun also die grundlegenden Beschreibungen des rosenkreuzerischen Schulungsweges, die Rudolf Steiner ja am ausführlichsten in seinem schriftlichen Werk, insbesondere in den Büchern *Wie erlangt man Erkenntnisse der höheren Welten?* (GA 10) und *Die Geheimwissenschaft im Umriß* (GA 13) veröffentlicht hat. Zuerst werden die Prinzipien dieses Weges erläutert und danach seine sieben Stufen ausführlich geschildert. Die Art dieser Schulung knüpft an das im vorhergehenden Textauszug beschriebene eigenständige Denkvermögen an.

Im nächsten Kapitel folgt dann die Schilderung des Kerns der Rosenkreuzerschulung, die Rosenkreuzmeditation.

Nun möchte ich Ihnen zwei charakteristische Dinge angeben, welche die rosenkreuzerische Weisheit auszeichnen und die wichtig sind für ihre Weltmission. Das eine hängt zusammen mit des Menschen ganzer Stellung zu dieser rosenkreuzerischen Weisheit, die etwas anderes ist als die okkulte Form der christlich-gnostischen Weisheit. Wir müssen zwei Tatsachen des Geisteslebens vorläufig nur flüchtig berühren, wenn wir uns diese merkwürdige Stellung der rosenkreuzerischen Weisheit klar vor die Seele führen wollen. Die erste dieser zwei Tatsachen ist, was man die Stellung des Schülers zu dem Lehrer nennt, und zwei Dinge haben wir zu betrachten in bezug auf diese Stellung. Wir wollen besprechen erstens das, was man Hellsehen nennt, und zweitens das, was man Glauben an die Autorität nennt. In dem Worte Hellsehen – eigentlich ein unvollkommener Ausdruck – begreift man nicht allein spirituelles Schauen, sondern auch spirituelles Hören. In diesen beiden ist die Quelle einer jeglichen Weisheit, die uns über die verborgene Weisheit der Welt unterrichten will, und aus keiner anderen Quelle heraus können wirkliche Erkenntnisse der geistigen Welten kommen. Nun ist für die Rosenkreuzer-Methode ein wesentlicher Unterschied zwischen dem Auffinden der geistigen Wahrheiten und dem Begreifen derselben.

Niemand kann eine geistige Wahrheit direkt in den höheren Welten finden, der nicht einen höheren Grad spiritueller Fähigkeit – also des Hellsehens – entwickelt hat. Für das Auffinden der spirituellen Wahrheit ist das Hellsehen die notwendige Voraussetzung. Aber auch nur für das Auffinden, denn bis heute und auch bis lange in die Zukunft hinüber wird von keiner wahren Rosenkreuzerei exoterisch etwas gelehrt werden, was nicht mit dem gewöhnlichen, allgemeinen logischen Verstande begriffen werden kann. Das ist es, worauf es ankommt. Wenn gegenüber dieser rosenkreuzerischen Form von Theosophie eingewendet wird, man gebrauche zum Begreifen Hellsehen, so ist das nicht richtig. Nicht die Fähigkeit des Wahrnehmens ist es, worauf es ankommt. Wer die rosenkreuzerische Weisheit nicht mit dem Denken begreifen kann, der hat nur seinen logischen Verstand noch nicht weit genug ausgebildet. Wenn man alles in sich aufnimmt, was die gegenwärtige Kultur gibt, was man heute erlangen kann, wenn man nur Geduld und Ausdauer hat und nicht zu bequem ist, um zu lernen, dann kann man begreifen und einsehen, was der Rosenkreuzer-Lehrer lehrt. Wer irgendwie eine solche Rosenkreuzer-Weisheit anzweifelt und sagt: Ich kann sie nicht begreifen –, bei dem ist nicht daran schuld, daß er noch nicht auf die höheren Plane hinauf kann, sondern daß er seinen logischen Verstand nicht genug anstrengen will, oder daß er nicht genügend Erlebnisse des gewöhnlichen Bildungslebens herbeitragen will, um wirklich zu begreifen.

Denken Sie einmal an die ungeheure Popularisierung der Weisheit, die sich vollzogen hat seit dem Auftreten des Christentums bis zur heutigen Zeit, und versuchen Sie, sich vor Ihre Seele ein Bild des christlichen Rosenkreuzertums im vierzehnten Jahrhundert zu stellen. Denken Sie daran, wie in jener Zeit der einzelne Mensch, der draußen in der Welt lebte, den Lehrern gegenüberstand. Nur durch das gesprochene Wort konnte da gewirkt werden. Man stellt sich gewöhnlich nicht richtig vor, welche riesige Evolution sich seit jener Zeit vollzogen hat. Man braucht nur an die Errungenschaft der Buchdruckerkunst zu denken. Denken Sie an die tausend und abertausend Kanäle, durch welche vermittels dieser Erfindung in das allgemeine Kulturleben einfließen konnte, was heute in den Spitzen des Geisteslebens geleistet wird. Von dem Buche an bis zur letzten Zeitungsnotiz können Sie unendlich viele Kanäle verfolgen, durch die eine Unsumme von Vorstellungen einfließt in das allgemeine Leben. Das sind Wege, die erst seit dieser Zeit der Menschheit erschlossen worden sind, und die haben bewirkt, daß der Intellekt der abendländischen Kultur ganz andere Formen angenommen hat. Der abendländische Intellekt, der Verstand, wirkte seit jener Zeit ganz anders.

Darauf mußte die neue Form der Weisheit Rücksicht nehmen. Es mußte eine solche Form geschaffen werden, die dem standhält, was in den tausend Kanälen hineinfließt in das allgemeine Leben. Die rosenkreuzerische Weisheit ist nun eine solche, die völlig standhält jedem Einwand, der von irgendeiner populären oder noch so hohen Seite der Wissenschaft ausgehen kann. In sich selbst hat die rosenkreuzerische Weisheit die Quellen des Sich-Haltens gegenüber jedem Einwande der Wissenschaft. Ein richtiges Verständnis der modernen Wissenschaft, nicht jenes dilettantische Verstehen, das selbst bei Universitätsprofessoren zu finden ist, sondern ein Verständnis, das frei von allen den abstrakten Theorien und materialistischen Phantasien arbeitet, das streng auf dem Boden der Tatsachen steht und nicht darüber hinausgeht, ein solches Verständnis liefert Stück für Stück gerade aus der Wissenschaft heraus die Beweise für die rosenkreuzerischen spirituellen Wahrheiten.

Die zweite Seite in der rosenkreuzerischen Weisheit – in der Stellung zwischen Lehrer und Schüler – ist die, daß im wesentlichen das Verhältnis vom Schüler zum «Guru», dem orientalischen Lehrer, gegenüber den anderen Einweihungen ein anderes ist. Die Art und Weise, wie der Schüler dem Guru gegenübersteht, kann eigentlich innerhalb der rosenkreuzerischen Weisheit gar nicht mit dem Glauben an eine Autorität bezeichnet werden. Durch ein Beispiel aus dem gewöhnlichen Leben werde ich Ihnen das anschaulich machen. Der Rosenkreuzer-Lehrer will nicht anders zu seinem Schüler stehen als der kundige Mathematiker zu dem Mathematikschüler. Kann man davon sprechen, daß der Mathematikschüler seinem Lehrer aus Autoritätsglauben anhängt? Nein! Kann man davon sprechen, daß der Mathematikschüler den Lehrer nicht braucht? Ja – könnten da viele sagen, denn man hat vielleicht durch gute Bücher den Weg zum Selbststudium gefunden. Aber hier ist nur der Weg ein anderer, als wenn man sich Stuhl an Stuhl gegenübersitzt. Im Prinzip könnte man es natürlich. Ebenso könnte auch jeder Mensch, wenn er zu einer gewissen Stufe des Hellsehens aufsteigt, alle spirituellen Wahrheiten finden, aber ein jeder wird es unvernünftig finden, das Ziel auf einem Umweg zu erreichen. Ebenso unvernünftig wäre es zu sagen: Mein Inneres muß die Quelle sein für alle spirituellen Wahrheiten. – Wenn der Lehrer die mathematischen Wahrheiten kennt und sie dem Schüler überliefert, dann braucht der Schüler keinen Autoritätsglauben mehr, dann sieht er die mathematischen Wahrheiten durch ihre eigene Richtigkeit ein, und er braucht gar nichts anderes, als sie richtig einzusehen. Nicht anders ist es mit der ganzen okkulten Entwicklung im rosenkreuzerischen Sinne. Der Lehrer ist der Freund, der Ratgeber, der die okkulten Erlebnisse vorlebt und sie den Schüler leben läßt. Hat man sie einmal, dann braucht man sie ebensowenig auf Autorität hin anzunehmen, als in der Mathematik den Satz: Die drei Winkel eines Dreiecks sind 180 Grad. Alle Autorität ist in der Rosenkreuzerei keine eigentliche Autorität, sondern vielmehr das, was notwendig ist für die Abkürzung des Weges zu den höchsten Wahrheiten.

Das ist die eine Seite. Die andere Seite ist die, welche sich auf das Verhältnis der spirituellen Weisheit zur allgemeinen geistigen Kultur bezieht. In den Darstellungen, die in den nächsten Tagen hier vorüberziehen sollen, werden Sie sehen, daß die geistige Wahrheit unmittelbar in das praktische Leben einfließen kann. Nicht irgendwelches System stellen wir auf, das man nur theoretisch verwerten kann, sondern etwas, was man brauchen kann, wenn man die tiefen Grundlagen unseres gegenwärtigen Weltenwissens erkennen will, wenn man die geistigen Wahrheiten einfließen lassen will in unser alltägliches Leben. Rosenkreuzer-Weisheit muß nicht nur in den Kopf gehen, auch nicht bloß in das Herz, sondern in die Hand, in unsere manuellen Fähigkeiten, in das, was der Mensch täglich tut. Es ist kein sentimentales Mitfühlen, es ist ein Sich-Erarbeiten der Fähigkeiten, innerhalb des allgemeinen Menschheitsdienstes zu wirken. Denken Sie sich, irgendeine Gesellschaft träte auf und würde nur allein Menschenbrüderschaft zu ihrem Ziele machen, würde nichts tun, als Menschenbrüderschaft predigen. Rosenkreuzerei wäre das nicht, denn der Rosenkreuzer sagt: Denke dir einen Menschen, der das Bein gebrochen hat und vor dir auf der Straße liegt. Wenn vierzehn Menschen herumstehen und warmes Empfinden und Mitleid haben, und keiner dabei ist, der das Bein wieder einrichten kann, so sind alle vierzehn weniger wesentlich als der eine, der hinzutritt, der vielleicht gar nicht sentimental ist, der aber die Fähigkeit besitzt, ein Bein einzurichten und es auch tut. – Und das ist die Gesinnung, die den Rosenkreuzer durchflutet. Auf die werktätige Erkenntnis, auf die Möglichkeit, aus der Erkenntnis heraus einzugreifen in das Leben, darauf kommt es an. Alles Reden über Mitgefühl ist der Rosenkreuzer-Weisheit sogar etwas Gefährliches, denn ihr erscheint ein fortwährendes Betonen von Mitgefühl wie eine Art astraler Wollust. Was das niedere Wollustgefühl ist auf dem physischen Plane, das ist auf dem astralen Plan diese Art, die immer nur fühlen will und nicht erkennen. Werktätige Erkenntnis, die eingreifen kann im Leben – allerdings nicht im materialistischen Sinne, sondern heruntergeholt von den spirituellen Planen –, die befähigt uns, praktisch zu wirken. Aus der notwendigen Erkenntnis, daß die Welt vorwärtskommen soll, fließt von selbst die Harmonie, und sie fließt umso sicherer, weil sie sich von selbst ergibt, wenn man erkennt. Von demjenigen, der ein Bein einrichten kann, könnte man sagen: wenn er kein Menschenfreund ist, läßt er vielleicht den liegen, der da liegt. – Das ist bei der bloßen Erkenntnis auf dem physischen Plan möglich. Bei der spirituellen Erkenntnis aber ist dieser Einwand nicht möglich. Es kann keine spirituelle Erkenntnis geben, die nicht einfließen würde in das werktätige Leben.

Das ist es, was man als die zweite Seite der Rosenkreuzer-Weisheit bezeichnet: daß sie nur durch hellseherische Kräfte gefunden, aber durch den gewöhnlichen Menschenverstand eingesehen werden kann. Es ist damit scheinbar etwas sehr Merkwürdiges gesagt. Um Erlebnisse in der geistigen Welt zu haben, müssen Sie hellsehend werden; um das einzusehen, was der Hellseher sieht, brauchen Sie das nicht. Wer als Seher heruntersteigt aus den geistigen Welten und die Dinge erzählt, die da oben vorgehen, und damit etwas zur Kenntnis bringt, was der gegenwärtigen Menschheit notwendig ist, kann verstanden werden, wenn die Zuhörer es wollen, denn der Mensch ist so geartet, daß es ihm einleuchten kann.

Die äußere Welt ist immer wieder hingewiesen worden auf das Rosenkreuzertum durch die beiden Schriften, die vom Anfange des siebzehnten Jahrhunderts stammen. Im Jahre 1614 erschien die sogenannte *Fama Fraternitatis* und ein Jahr später die sogenannte *Confessio* – zwei Bücher, über die von gelehrter Seite viel gestritten worden ist. Und zwar nicht nur darüber, worüber bei so vielen Büchern sonst gestritten wird, ob jener Valentin Andreae, der in seinen späteren Lebensjahren ein ganz normaler Superintendent war, auch wirklich das Buch verfaßt hat –, sondern bei diesen Büchern ist auch darüber gestritten worden, ob sie von den Verfassern ernst genommen worden sind, oder ob sie nur ein Spott darüber sein sollten, daß es eine gewisse geheimnisvolle Brüderschaft des Rosenkreuzes gäbe, welche diese und jene Tendenzen und Ziele habe. Dann gibt es im Gefolge dieser Schriften eine ganze Reihe anderer, die allerlei aus dem Bereiche des Rosenkreuzertums mitteilen. Wenn Sie die Schriften von Valentin Andreae und auch andere rosenkreuzerische Schriften in die Hand nehmen, dann werden Sie, wenn Sie die eigentliche Grundlage des Rosenkreuzertums nicht kennen, in diesen Schriften nichts besonderes finden. Denn es ist überhaupt bis in unsere Zeit hinein nicht möglich gewesen, auch nur das Elementarste aus dem Bereiche dieser Geistesströmung, die seit dem vierzehnten Jahrhundert wirklich existiert hat und auch heute noch existiert, kennenzulernen. Alles, was in die Literatur übergegangen ist, was geschrieben und gedruckt worden ist, sind einzelne Bruchstücke, einzelne verlorene, durch Verrat an die Öffentlichkeit gekommene Dinge, die ungenau und in vielfacher Weise durch Scharlatanerie, Schwindel, Unverstand und Dummheit verkehrt worden sind. Die wahre, echte Rosenkreuzerei ist, seitdem sie besteht, stets nur Gegenstand mündlicher Mitteilung an solche gewesen, welche sich eidlich zur Geheimhaltung verpflichten mußten. Daher ist auch nichts Erhebliches in die öffentliche Literatur übergegangen. Erst dann, wenn man dasjenige kennt, was heute – aus gewissen Gründen, die zu erläutern jetzt zu weit führen würde – in der elementaren Rosenkreuzerei öffentlich mitgeteilt werden kann und wovon wir heute werden sprechen können, kann man in den oftmals grotesken, oft bloß komischen, oft aber auch schwindelhaften und selten stimmenden Mitteilungen der Literatur einigen Sinn finden.

Die Rosenkreuzerei ist eine der Methoden, wie man die sogenannte Einweihung erreichen kann. Was Einweihung heißt, davon ist des öfteren an dieser Stelle schon die Rede gewesen. Einweihen heißt, die in jeder Menschenseele schlummernden Fähigkeiten erwecken, durch die man hineinsehen kann in die geistigen Welten, die hinter unserer sinnlichen Welt liegen, und von denen unsere sinnliche Welt nur ein äußerer Ausdruck, eine Wirkung ist. Ein Eingeweihter ist derjenige, welcher die genau bestimmten, wissenschaftlich durchgearbeiteten Methoden der Einweihung angewendet hat, Methoden, die ebenso wissenschaftlich durchgearbeitet sind wie diejenigen der Chemie, der Physik oder anderer wissenschaftlicher Gebiete. Dasjenige, was in solchen Methoden durchgemacht wird, ist allerdings nicht etwas, was der Mensch auf etwas Äußeres anzuwenden hat, sondern was sich zunächst nur auf ihn selbst bezieht, auf das Instrument, das Werkzeug, durch das man in die geistige Welt hineinsieht. Der wirkliche Geisteskenner weiß, wie tief und wahr Goethes Ausspruch ist:

Geheimnisvoll am lichten Tag
Läßt sich Natur des Schleiers nicht berauben,
Und was sie deinem Geist nicht offenbaren mag,
Das zwingst du ihr nicht ab mit Hebeln
und mit Schrauben.

Tief, tief sind die Geheimnisse der Natur, aber nicht unergründlich tief, wie manche sagen möchten, die im höheren Sinne nur zu bequem sind, in die Geheimnisse der Natur einzudringen. Nicht unergründlich tief sind sie, sondern zu ergründen durch den Menschengeist, zwar nicht durch den Alltagsgeist, aber den Menschengeist, der verborgene Kräfte der Seele durch gewisse, streng umschriebene Methoden aus sich herausholt. Wenn der Mensch sich nach und nach vorbereitet, dann gelangt er allmählich dazu, dasjenige geoffenbart zu erhalten, was als ein Wissen nur denen zukommt, die wirklich eingeweiht sind: jenes große Geheimnis, von dem, was, um mit Goethes Ausspruch zu sprechen, «die Welt im Innersten zusammenhält». Die Enthüllung dieses Geheimnisses ist eigentlich die Frucht der wirklichen Einweihung.

Es ist hier des öfteren auseinandergesetzt worden, daß die ersten Stufen der Einweihung durchaus gefahrlos für jeden zu durchwandern sind, daß aber die höheren Stufen die größtmöglichste menschliche Hingabe an die unbedingteste Wahrheitserforschung verlangen. Wenn der Mensch sich jenen Pforten nähert, durch die er einen Einblick gewinnen kann in ganz andere Welten, dann weiß er allerdings, daß etwas von Wirklichkeit steckt hinter der oftmals gebrauchten Redensart, daß es gefährlich ist, großen Menschenmengen die heiligen Geheimnisse des Daseins mitzuteilen. Soweit es heute möglich ist und soweit es geschehen kann, die Menschen dazu vorzubereiten, allmählich den Weg finden zu können, zu den höchsten Geheimnissen der Natur und der geistigen Welt, soweit ist es auch möglich, die höheren Geheimnisse zu enthüllen. Was man die geisteswissenschaftliche Bewegung nennt, ist ein Pfad, der erschlossen ist, die Menschen dahin zu führen, daß sie den Weg zu den höheren Geheimnissen finden können. Solcher Wege zu den höheren Geheimnissen gibt es eine ganze Anzahl. Nicht als ob die letzte Weisheit, die der Mensch erringen kann, viele Gestalten annehmen könnte; das ist nicht der Fall. Die höchste Weisheit ist eine einheitliche. Wo und wann auch immer Menschen leben oder gelebt haben, wenn sie einmal zur höchsten Weisheit gekommen sind, dann ist diese höchste Weisheit für alle Menschen eine einheitliche, wie der Ausblick vom Gipfel eines Berges, wenn man ganz oben sich befindet, ein einheitlicher ist. Aber es gibt verschiedene Wege, um zum Gipfel des Berges hinaufzugelangen, und man wird denjenigen Weg wählen, welcher von dem Ausgangspunkte aus, an dem man sich befindet, der geeignetste ist. Wenn man an einem gewissen Punkte des Berges steht und einen Weg vom eigenen Standpunkte haben kann, so wird man nicht erst um den Berg herumgehen. So ist es auch mit dem Weg, der zu der höchsten Erkenntnis hinaufführt. Hier handelt es sich darum, daß die Ausgangspunkte, die man zu wählen hat, von der Menschennatur aus zu nehmen sind. Das, was hier in Betracht kommt, beachten die Menschen heutzutage viel zu wenig: Es ist die große Verschiedenheit der menschlichen Natur zu berücksichtigen. Anders organisiert als heute waren, wenn auch vielleicht nicht für die grobe Anatomie und Physiologie, aber für die feinere Geistesforschung, jene höheren Glieder des alten indischen Volkes, so daß es möglich war, bis heute eine wunderbare Geheim- oder Geisteswissenschaft zu bewahren und auch die dazugehörige Methode der Einweihung: die sogenannte Yoga-Schulung. Diese orientalische Yoga-Schulung ist der Weg, welcher zu dem Gipfel der Erkenntnis hinaufführt bei einer so organisierten Natur, wie die Angehörigen des alten indischen Volkes sie hatten. Für den heutigen Europäer würde derselbe Weg so unsinnig sein, wie wenn jemand, der an einem bestimmten Fußpunkte eines Berges steht, erst um den Berg herumgehen wollte, um einen Weg zu suchen und zu benützen. Die Natur des heutigen Europäers ist ganz anders als die orientalische Natur. Anders als heute war auch die menschliche Natur organisiert um die Zeit der Entstehung des Christentums herum, einige Jahrhunderte vorher und einige nachher.

Wenn wir daran festhalten, was eben gesagt worden ist, daß Einweihung soviel bedeutet wie innere Kräfte herauszuholen, innere Kräfte zu erwecken durch bestimmte Methoden, so daß der Mensch das Instrument wird, durch das er in die geistige Welt hineinschauen und sie erforschen kann, dann müssen wir zugeben, daß auf diese Menschennatur Rücksicht genommen werden muß.

So wie die alten heiligen Rishis, jene großen Lehrer des alten indischen Volkes, die wunderbare Methode ausgearbeitet haben, die heute noch immer für die Angehörigen des indischen Volkstums ihre Gültigkeit hat, so wie im Anfange des Christentums die christlich-gnostische Methode hinaufführen mußte in die geistigen Gebiete, so muß für den modernen Menschen, für den Menschen, der in unserer heutigen Umwelt lebt, wenn er ganz und gar dieser heutigen Welt angehört und aus dieser die Bedingungen seines Daseins schöpft, eine andere Methode die taugliche sein. Deshalb erneuern die großen Meister der Weisheit, welche die Menschengeschicke leiten, im Laufe der Jahrhunderte und Jahrtausende immer wieder und wieder die Methoden, durch die der Gipfel der Weisheit erreicht werden kann. Für die heutige Menschheit, für den Menschen, der aus den modernen Bedingungen des Daseins herausgewachsen ist, sind gerade von der rosenkreuzerischen Strömung die rosenkreuzerischen Methoden begründet worden. Sie sind also Einweihungsmethoden, die geradeso zum Gipfel der Weisheit hinaufführen wie andere Methoden, nur daß sie auf besondere, augenblicklich vorhandene Bedingungen des modernen Menschen eingehen.

Nicht sind etwa die rosenkreuzerischen Methoden unchristlich oder antichristlich. Davon kann keine Rede sein. Dasjenige, was das Christentum dem Menschen an Schulung bieten kann, das wird auch in der rosenkreuzerischen Methode geboten. Aber zu gleicher Zeit erwirbt sich derjenige, der eine Rosenkreuzerschulung durchmacht, die Fähigkeit, die geheim- und geisteswissenschaftlichen Errungenschaften in vollem Einklang zu sehen mit der ganzen modernen Bildung, mit alledem, was modernes Fühlen und moderne Anschauung von der Natur des Geistes notwendig macht. Für lange Jahrhunderte in die Zukunft hinein werden die rosenkreuzerischen Methoden die richtigen Methoden der Einweihung in das geistige Leben sein. Als sie begründet worden sind, galten für ihre Anhänger gewisse Regeln. Diese Regeln gelten im Grunde genommen auch heute noch. Weil diese Regeln streng eingehalten werden von allen denen, die wirklich Rosenkreuzer sind, deshalb ist es für Außenstehende unmöglich, den Rosenkreuzer zu erkennen. Nie erkenne einer den anderen, das ist die erste Regel, die nur in letzter Zeit eine kleine Änderung erfahren hat. Ihr sollt die Weisheit im engsten Kreise pflegen, ihr sollt aber die Resultate, die Früchte der Weisheit allen Menschen zugänglich machen. Deshalb trug der Rosenkreuzer bis vor kurzem dasjenige, wodurch er in die Tiefe der Natur hineinschaut, niemals vor das Publikum. Keine Theorie, kein Begriff, keine Idee, nichts von irgendwelchen Vorstellungen und Erkenntnissen wurde da gegeben, sondern Arbeiten wurden geleistet, welche die Kultur vorwärtsbringen und wodurch die Weisheit dem Volke in einer Weise eingeimpft wurde, daß die Außenstehenden nicht viel davon merken konnten.

Das ist der erste Grundsatz, den weiter auszuführen zu weit führen würde, und in bezug auf dessen Kern ich nur bemerken wollte, daß er heutzutage zum Teil durchbrochen wird, daß aber die höhere rosenkreuzerische Weisheit nicht verkündet werden darf. Der zweite Grundsatz bezieht sich auf die Art des Auftretens und heißt: Gehe auf in derjenigen Volksmasse und derjenigen Kulturströmung, in die du hineingestellt worden bist. Sei ein Mitglied des Volkes und Standes der Bildungs- und der Kulturstufe, in die du hineingestellt worden bist. Trage kein besonderes Kleid, wie es gewöhnlich ausgedrückt wird, trage das allgemeine Kleid, welches die anderen tragen. – Daher werden Sie als eine Art und Weise finden, daß der Rosenkreuzer da, wo er wirkt, möglichst wenig aus der Ehrsucht und aus der Selbstsucht heraus zu wirken sucht. Er wird versuchen, da und dort an Kulturströmungen anzuknüpfen, bestrebt sein, sie zu vertiefen und das Vorhandene zu gebrauchen, aber er wird immer im Auge haben etwas, was noch viel tiefer ist, was ihn verbindet mit der Zentralweisheit des Rosenkreuzertums selbst. Die anderen Grundsätze brauchen uns jetzt nicht zu beschäftigen, denn wir wollen uns jetzt mit der Rosenkreuzerschulung befassen, wie sie seit Jahrhunderten bestanden hat und noch besteht. Die Dinge, die mitgeteilt werden können, sind in gewisser Beziehung elementar, sind nur der Anfang des ganzen Systems der Rosenkreuzerschulung. Es muß aber gesagt werden, daß von dieser Schulung dasselbe gilt, was von jeder geisteswissenschaftlichen Schulung gesagt werden kann: daß die Menschen nicht literarisch suchen sollen, sondern nur dann sich praktisch mit der Sache beschäftigen möchten, wenn sie die persönliche Anleitung eines Wissenden haben. Alles, was man in dieser Beziehung sagen kann, finden Sie in der Zeitschrift *Luzifer – Gnosis* von Nr. 13 an unter dem Titel: *Wie erlangt man Erkenntnisse der höheren Welten?*[20]

Was bei der Rosenkreuzerschulung zwecks Eintretens in die geistige Welt der Schüler zu absolvieren hat, sind folgende sieben Stufen. Diese brauchen nicht etwa in der Reihenfolge, wie ich sie aufzählen werde, von dem Schüler durchgemacht zu werden. Der Lehrer wird, je nach der Individualität des Schülers, aus dem einen oder dem anderen Punkte dasjenige herausheben, was gerade für den Schüler notwendig ist, und wird so eine Art von Lehrgang, eine Art von innerem Entwicklungsgang dem betreffenden Schüler persönlich zu geben haben. Hier muß man aber die Stufen der Rosenkreuzerschulung aufzählen. Es sind sieben:

[20] Als Buch unter demselben Titel 1904/05 erschienen; heute in GA 10.

1. Was man im rosenkreuzerischen Sinne «Studium» nennt.
2. Was man als Aneignung der sogenannten imaginativen Erkenntnis bezeichnet.
3. Was man die Aneignung der okkulten Schrift nennt.
4. Was man entweder mit dem anspruchslosen Wort bezeichnet: Rhythmisierung des Lebens, oder auch, und zwar im wahrhaftigen Sinne: die Bereitung des Steins der Weisen. Das ist etwas, was es gibt, was nur nicht jenes törichte Ding ist, von dem Sie in Büchern lesen können.
5. Was man die Erkenntnis des Mikrokosmos, das heißt der eigenen menschlichen Natur nennt.
6. Was man nennt: das Aufgehen in den Makrokosmos oder in die große Welt draußen.
7. Was man nennt: die Erreichung der Gottseligkeit.

In welcher Aufeinanderfolge der Schüler diese Stufen durchmacht, das hängt ganz von seiner Individualität ab. Durchmachen aber muß er sie in der elementaren Rosenkreuzerschulung. Betrachten Sie das, was ich Ihnen bezüglich der Rosenkreuzerschulung gesagt habe und was ich jetzt noch charakterisieren werde, als eine Art Ideal. Glauben Sie nicht, daß man es von heute auf morgen ausführen kann, aber man muß das, was einem heute noch fernsteht, seinem tieferen Inhalte nach, wenigstens dem Wortlaute nach kennenlernen. Beginnen kann der Mensch zu jeder Zeit, wenn er sich bewußt ist, daß er Geduld, Energie und Ausdauer haben muß.

Der erste Punkt, das Studium, schließt ein Wort ein, das für viele pedantisch klingt. Es wird aber keine Gelehrsamkeit darunter verstanden. Um Eingeweihter zu sein, braucht man nicht gelehrt zu sein. Gelehrsamkeit hat mit geistiger Erkenntnis nicht allzuviel zu tun. Unter dem Studium, um das es sich hier handelt, ist etwas anderes zu verstehen. Dieses Studium ist aber unerläßlich, und niemand darf durch einen wirklich kundigen Lehrer der Rosenkreuzerei in höhere Stufen eingeführt werden, wenn er nicht Neigung hat, die Stufe des Studiums wirklich durchzumachen. Durch das Studium soll sich der Schüler ein völlig vernünftiges, ganz und gar logisches Denken aneignen, ein Denken, welches ihn davor bewahrt, beim Durchgang durch die folgenden Stufen – wie das leicht sein könnte – den Boden unter den Füßen zu verlieren. Es muß durchaus festgehalten werden, daß derjenige, der eintreten soll in die geistige Welt, sie vorher kennenlernen soll, da sie in manche Irrpfade hineinführen kann, welcher Gefahr er nur dann entgeht, wenn er alles Phantastische, alles Unlogische, alles, was irgendwie unvernünftig sein könnte, vor allen Dingen abgelegt hat. Ein Phantast, der sich Vorstellungen über allerlei Unwirkliches macht, ist nicht zu gebrauchen für die geistige Welt.

Das ist der eine Grund. Der andere Grund ist der, daß man, wenn man in die höheren Welten kommt, das Mannigfaltigste an Wahrnehmungen erfährt, was durch und durch verschieden ist von dem, was uns hier in der Sinnenwelt umgibt. Derjenige, welcher hineinschauen kann – wenn ihm die inneren Sinne der Seele geöffnet werden – in die uns am nächsten befindlichen geistigen Welten, die wir gewohnt sind, die astrale und geistige Welt zu nennen, in die Welten, aus denen der Mensch ebenso herausgeboren ist wie aus der physischen Welt, lernt Dinge kennen, die grundverschieden sind von den Wahrnehmungen in unserer Sinnenwelt. Wer die astrale oder geistige Welt betritt, weiß, wie grundverschieden diese Welten sind von dem, was er hier mit Augen zu sehen, mit Ohren zu hören gewohnt ist. Aber eines ist gleich durch alle drei Welten, durch die physische, astrale, geistige oder devachanische

Welt,[21] und das ist das logische Denken. Weil das logische Denken in allen drei Welten dasselbe ist, deshalb kann es hier in dieser physischen Welt schon gelernt werden, so daß wir durch dasselbe eine feste Stütze in den anderen Welten haben werden. Lernt man aber so denken, daß der Gedanke irrlichteliert, so daß man nicht unterscheiden kann Phantasiegebilde von Wirklichkeit, so daß man zum Beispiel, wie unsere Physiker heute es tun, Atome, die niemand in unserer physischen Welt gesehen hat, wie etwas Wirkliches behandelt, gibt man sich solchen Phantasien schon in der physischen Welt hin, dann ist man nicht fähig, sich hinaufzuheben in die höheren Welten. Denken Sie sich einmal, was ein Mensch, der nicht an strenge und unerbittliche Logik gewohnt ist, von den höheren Welten für Zeug erzählen könnte.

Nun handelt es sich allerdings nicht um das, was man im gewöhnlichen Sinne Denken nennt. Das gewöhnliche Denken ist nur ein Kombinieren sinnlicher Wirklichkeiten. Hier handelt es sich aber um ein Denken, das sinnlichkeitsfrei geworden ist. Gelehrte und Philosophen leugnen heutzutage ein solches Denken überhaupt. Sie können bei vielen Philosophen, die heute einen großen Namen haben, nachlesen, daß der Mensch nicht in bloßen Gedanken denken könne, sondern immer nur in solchen Gedanken denken müsse, die einen Rest von sinnlichen Bildern enthalten. Wenn ein Philosoph das sagt, dann beweist das nichts weiter, als daß er nicht in reinen Gedanken denken kann, und es ist eine unbeschreibliche Unbescheidenheit, wenn man das, was man selber nicht kann, als eine allgemeine Unfähigkeit hinstellt. Der Mensch muß imstande sein, sich Gedanken zu bilden, die nicht mehr von Wahr-

[21] Rudolf Steiner benutzte in den frühen Vorträgen noch die in theosophischen Kreisen üblichen indischen Ausdrücke. Devachan bedeutet demnach soviel wie geistige Welt.

nehmungen der Augen und Ohren abhängig sind, so daß er in einer reinen Gedankenwelt leben kann, in der Welt, die er in sich selber findet, wenn er die Aufmerksamkeit von den äußeren, sinnlichen Wirklichkeiten ablenkt. Dieses Denken nennt man in der Geisteswissenschaft und auch im Rosenkreuzertum das sich selbst erzeugende Denken. Derjenige, der nichts anderes tun will, um ein solches Studium zu absolvieren, mag die Lehrbücher der heutigen Geisteswissenschaft vornehmen. Das, was Sie da finden, sind nicht bloß sinnliche Kombinationen, sondern Gedanken, die aus höheren Welten stammen, Gedanken, die ein geschlossenes Denken darstellen, das jeder verstehen kann, so daß er nicht bei der gewöhnlichen, trivialen Art des Denkens stehenzubleiben braucht.

Um die erste Stufe der Rosenkreuzerschulung möglich zu machen, ist es nötig, daß das, was seit Jahrhunderten im engsten Kreise behütet worden ist, durch Literatur und Vorträge der Menschheit zugänglich gemacht wird. Was zugänglich gemacht wird, ist aber nichts anderes als das Einmaleins, der Anfang des großen und unermeßlichen Weltenwissens. Mit der Zeit wird immer mehr davon in die Menschheit einfließen. Seit einigen Dezennien ist der elementare Teil desselben der Menschheit enthüllt worden. Daran können Sie Ihr Denken schulen. Für diejenigen, die das gründlicher machen wollen, die also in eine solche strenge Schulung des Denkens eintreten wollen, sind meine beiden Bücher *Wahrheit und Wissenschaft* und *Die Philosophie der Freiheit*[22] bestimmt. Diese Bücher sind nicht so geschrieben wie andere Bücher, daß sie einen Satz einer bestimmten Stelle auch an eine andere Stelle des betreffenden Buches setzen könnten. Diese Bücher sind keine Gedanken-Aggregate, sondern Gedanken-Organismen. Ein Gedanke wächst wie ein Organis-

[22] GA 3 und 4.

mus, er wächst organisch aus dem anderen heraus. Diese Bücher sind also nicht so geschrieben, daß einfach ein Gedanke zum anderen hinzugefügt wird, sondern so, daß die späteren Gedanken aus den vorhergehenden herausgewachsen sind wie bei einem Organismus. So müssen in dem Leser auch die Gedanken herauswachsen, er muß spüren, wie er hingetrieben wird zu dem Denken; und dann macht er sich jene eigentümliche Art des Denkens, das sich selbst erzeugende Denken zu eigen, ohne welches man die höheren Stufen der rosenkreuzerischen Schulung nicht erlangen kann, obgleich diese gründlichere Art nicht absolut notwendig ist und man sehr gut bei der geisteswissenschaftlichen, elementaren Literatur bleiben kann, da diese den Stoff für das Studium auch abzugeben vermag.

Das zweite ist die Aneignung des imaginativen Denkens. Dasjenige, was ich imaginatives Denken nenne, sollte man sich erst aneignen, wenn man auf diese Weise strenge innere Gedankennotwendigkeit in sich aufgenommen hat, so daß man einen strengen Wissenskern besitzt. Man kann sonst leicht den Boden unter den Füßen verlieren. Was ist nun imaginatives Denken? Goethe, der in seinem rosenkreuzerischen Gedicht *Die Geheimnisse* gezeigt hat, wie tief er in die rosenkreuzerischen Geheimnisse eingeweiht war, gibt einen Hinweis in einem schönen Spruch des Chorus Mysticus im zweiten Teil des Faust, wo er das Geleitwort gegeben hat: «Alles Vergängliche ist nur ein Gleichnis.» Dies wurde überall, wo eine innere rosenkreuzerische Schulung vorhanden war, in systematischer Weise entwickelt. Der Rosenkreuzer mußte fähig werden, durch die ganze Welt zu gehen und neben der logischen Erkenntnis sich die imaginative Erkenntnis derselben anzueignen, diejenige Erkenntnis, die in allem, was um uns herum ist, ein Geistiges, ein Unvergängliches sieht. Wenn Sie einem Menschen gegenübertreten und Sie sehen auf seinem Antlitz ein heiteres Lächeln, dann werden Sie nicht dabei stehenbleiben, nur jene eigentümlichen Windungen im Gesicht, die Physiognomie, die sich Ihrem Auge darbietet, zu beschreiben. Es wird vielmehr Ihre Seele sich klar sein darüber, daß in jenem eigentümlichen Ausdruck der Heiterkeit sich das innere Leben der Seele verrät, ebensowenig wie Sie bei perlenden Tränen dabei stehenbleiben werden, sie zu untersuchen. Sie werden sich klar darüber sein, daß die Tränen der Ausdruck inneren Schmerzes, inneren Leides sind. Das Äußere ist Ausdruck des Inneren. Sie sehen in der Physiognomie bis auf den Grund der Seele. Der ganzen übrigen Natur gegenüber muß das der Rosenkreuzerschüler lernen. So wie das menschliche Antlitz und die Bewegung der Hände Ausdrucksmittel sind für das menschliche Seelenleben, so ist alles, was in der Natur vorgeht, Ausdruck eines seelisch-geistigen Lebens. Wie die Geste Ausdruck für unsere Seele ist, so wird für den Rosenkreuzer alles – nicht bloß als poetisches Bild, sondern als tiefe Wirklichkeit –, die ganze Erde um uns herum der Ausdruck seelisch-geistigen Lebens: die Steine, Pflanzen und Tiere, die Sterne, jeder Luftzug. Alles, was um uns herum ist, wird so der Ausdruck von Seelisch-Geistigem, nicht etwa in poetischer Beziehung, sondern in Wirklichkeit, wie das leuchtende Auge, die sich runzelnde Stirne, die perlende Träne physiognomische Ausdrücke innerer Seelenzustände sind. Dann erst wissen Sie, was imaginative Erkenntnis heißt, wenn Ihnen das, was Goethe in seinem Faust vom Erdgeiste sagt, nicht mehr ein poetisches Bild, sondern Wirklichkeit ist, wenn Sie bei dem heutigen materialistischen Sinn unserer Bevölkerung nicht stehenbleiben, sondern bei dem Worte des Erdgeistes Wirklichkeit zu erkennen vermögen, während man heute froh ist, wenn man ein poetisches Bild darin genießen kann:

In Lebensfluten, im Tatensturm
Wall' ich auf und ab,
Webe hin und her!
Geburt und Grab,
Ein ewiges Meer,
Ein wechselnd Weben,
Ein glühend Leben,
So schaff' ich am sausenden Webstuhl der Zeit
Und wirke der Gottheit lebendiges Kleid.

Wenn Ihnen diese Worte des Erdgeistes Wirklichkeit geworden sind und Sie es ruhig aushalten können, daß Sie von Materialisten für einen Narren gehalten werden, da Sie wissen, daß Sie eine tiefere Logik haben, da Sie wissen, daß jene phantastischer sind und nur zu wissen glauben, daß Sie aber wissen, daß Sie einer freien Wirklichkeit des Geistes gegenüberstehen, und ebenso wahr und wirklich, wie eine menschliche Seele in den Physiognomien lebt, auch in der Erdphysiognomie ein Erdgeist lebt. Wenn Sie in einer Pflanze die Heiterkeit des Erdgeistes erblicken, wenn die Erde Ihnen der Ausdruck des leiderfüllten Erdgeistes wird, wenn Ihnen die Natur so erscheint, als wenn sie zu Ihnen spräche, wie wenn sie Ihnen ihr Geheimnis wirklich mitteilte, wenn Sie das erleben, dann fangen Sie an, ihre Geheimnisse zu buchstabieren und zu verstehen, was es heißt: imaginative Erkenntnis zu erwerben. Dann kommen Sie dahin, zu verstehen, wie dies im Rosenkreuzertum und auch bei den Vorfahren des Rosenkreuzertums in dem großen okkulten Ideal des heiligen Grals hingestellt worden ist als dem reinsten und schönsten Ausdruck für das Streben nach imaginativer Erkenntnis.

Lassen Sie uns einmal einen Blick werfen auf die wahre Natur dieses Ideals vom heiligen Gral. Es tritt Ihnen in jeder Rosenkreuzerschule in der Weise vor Augen, wie ich es jetzt charakterisieren will. Ich benutze hierzu die Form eines Dialogs, der aber niemals in wirklichen Rosenkreuzerschulen gehalten worden ist. Da wurde durch lange Entwicklungsmethoden im Leben das erreicht, was ich jetzt im Dialog zusammenfassen will. Er gibt das, was das Ideal des heiligen Grals wirklich enthält.

Sieh Dir an die Pflanze, wie sie herauswächst aus der Erde. Ihre Wurzel ist in den Boden hineingesenkt, sie ist nach dem Mittelpunkt der Erde hin gerichtet, der Stengel strebt nach oben, die Blüte nach oben öffnend, darinnen die befruchtenden Organe, die den Samen zeugen werden, wodurch die Pflanze über sich selbst hinauslebt. Nicht erst Darwin, der große Naturforscher, hat davon gesprochen, daß, wenn man die Pflanze mit dem Menschen vergleicht, nicht die Blüte, sondern die Wurzel mit dem Kopfe verglichen werden müsse. Die Wurzel der Pflanze entspricht dem Kopfe des Menschen – so sagte schon der Rosenkreuzer-Okkultismus –, und dasjenige, was von der Pflanze als Blütenkelch der Sonne keusch entgegenstrebt, das ist das, was der Mensch als Befruchtungsorgane nach unten wendet. Der Mensch ist eine umgekehrte Pflanze. Er wendet die Organe, welche die Pflanze keusch nach oben dem Lichte zuwendet, schamvoll nach unten und verhüllt sie. Der Mensch ist die umgekehrte Pflanze: das ist ein Grundsatz des Rosenkreuzer-Okkultismus und des Okkultismus aller Zeiten. Die Pflanze ist mit den Befruchtungsorganen keusch der Sonne zugewendet. Der Mensch hat die Befruchtungsorgane nach dem Mittelpunkte der Erde gerichtet, den Kopf frei nach dem Sonnenraum hinaus. Zwischen beiden, mitten drinnen, steht das Tier. Die drei Richtungen, die sich durch die Pflanze, das Tier und den Menschen ergeben, bezeichnet man als das Kreuz. Die Pflanze ist der Balken, der nach unten geht, das Tier ist der Querbalken, der Mensch ist der Balken nach oben. Wenn Plato, der große eingeweihte Philosoph des Altertums, sagt, daß die Weltseele an dem Kreuze des Weltenleibes gekreuzigt ist, so bedeutet das nichts anderes, als daß der Mensch die höchste Ausgestaltung der Weltenseele darstellt, und daß die Weltenseele hindurchgegangen ist durch die drei Reiche: Pflanzenreich, Tierreich und Menschenreich. Die Weltenseele ist an dem Kreuze: Pflanzenreich, Tierreich und Menschenreich, den drei Naturreichen, gekreuzigt. – Ein wunderbar tiefes Bild von Plato, ganz aus der Geisteswissenschaft herausgesprochen.

Unzählige Male wurde dieses Bild in den Rosenkreuzerschulen wiederholt: Schaut Euch die Pflanze an mit dem Kopf nach unten, mit den Befruchtungsorganen nach oben, die sich dem Sonnenstrahl entgegenstrecken. – Diesen Sonnenstrahl nannte man die heilige Liebeslanze, welche die Pflanze zu durchdringen hat, damit der Same zum Wachsen und Reifen kommen kann. Nun sagte man dem Schüler: Richte den Blick hinauf bis zum Menschen, sieh dir die Pflanze und dann den Menschen an, vergleiche des Menschen Materie und Stoff mit denen der Pflanze. Der Mensch ist die umgekehrte Pflanze, er ist es geworden, weil er seinen Stoff, sein Fleisch durchdrungen hat mit physischer Begierde, mit Leidenschaft und Sinnlichkeit. Keusch und rein darf die Pflanze die Befruchtungsorgane der Befruchtungslanze, der hehren Liebeslanze, entgegenstrecken. Der Mensch kommt auf einen ähnlichen Standpunkt in der Zeit, wo er die Begierde vollkommen geläutert haben wird, so daß er in eine Zukunft hineinblickt, die ihm die Erfüllung des Ideals bringen wird: Du bist so keusch und rein wie der Blütenkelch der Pflanze. Dann wirst du auf der Höhe der irdischen Entwicklung angelangt sein, dann wird nicht mehr unreine Begierde deine niederen Organe durchziehen, dann wirst du die geistige Liebeslanze, deine produktive Kraft, die dann ganz geistig sein wird, entgegenstrecken dem Blütenkelch, wie der Pflanzenkelch sich öffnet der heiligen Liebeslanze im Sonnenstrahl. So geht der Mensch durch die Reiche der Natur hindurch und läutert sich hinauf bis zur Entwicklung derjenigen Organe, die heute erst in der Anlage begriffen sind. Wenn der Mensch in dem, was heilig und edel ist, etwas hervorbringt, so ist er am Anfang einer zukünftigen, produktiven Kraft, die er haben wird, wenn seine niedere Natur ihre vollständige Läuterung durchgemacht hat. Dann wird er ein neues Organ haben. Der Blütenkelch der Pflanze wird auf höherer Stufe neuerdings erstehen und wird der Lanze des Amfortas entgegengestreckt werden, wie der Blütenkelch der geistigen Liebeslanze der Sonne.

So stelle dir auf niederer Stufe dasjenige dar, was, als hohes Ideal gegeben, in Zukunft des Menschen Geschlecht sein wird, wenn alles Niedere geläutert sein wird und alles keusch und rein sich entgegenhalten wird der vergeistigten Sonne der Zukunft, wenn dieser Pflanzenkelch hindurchgegangen sein wird durch die Menschennatur, die in gewisser Beziehung höher, in gewisser Beziehung niederer stehen wird als die Pflanze, wenn er hinaufgeläutert sein wird bis zur höchsten Geistigkeit, und vorgehalten wird der vergeistigten Sonne als der heilige Kelch, der erhöhte Pflanzenkelch, der durch die Menschheit hindurchgegangen ist.

Dies wurde geistig erfaßt von dem Rosenkreuzerschüler, es ist das Geheimnis des heiligen Grals, das höchste Ideal, das vor den Menschen hingestellt werden kann. So erscheint die ganze Natur mit einem geistigen Sinn durchglüht und durchströmt. Wenn man so alles erfaßt, alles als ein Gleichnis des Geistigen sieht, dann ist man auf dem Wege, die imaginative Erkenntnis zu erwerben. Dann dringen aus den Dingen die Farben und werden selbständig, es dringen aus ihnen die Töne und werden selbständig, der Raum erfüllt sich mit einer selbständigen Farben- und Tonwelt, und in diesen kündigen sich geistige Wesenheiten an. Wir steigen von der imaginativen Erkenntnis zu der wirklichen Erkenntnis des geistigen Raumes auf. Das ist der Weg, den der Rosenkreuzer auf der zweiten Stufe seiner Schulung nimmt.

Das dritte ist die Kenntnis der okkulten Schrift. Die okkulte Schrift ist keine gewöhnliche Schrift, sondern eine solche, die mit den Naturgeheimnissen zusammenhängt. Ich möchte Ihnen gleich klarmachen, was Sie sich unter der okkulten Schrift vorzustellen haben. Ein verbreitetes Zeichen dieser Schrift ist der sogenannte Wirbel. Sie können sich denselben so vorstellen, daß Sie sich zwei Sechser ineinander verschlungen denken. Dieses Zeichen gebraucht man, um gewisse Erscheinungen, die in der ganzen natürlichen und geistigen Welt vorhanden sind, zu kennzeichnen und ihre innere Natur zu charakterisieren. Wenn Sie eine Pflanze nehmen und betrachten, so werden Sie finden, daß sie sich bis zum Samenkorn entwickelt. Wenn Sie dieses Samenkorn in die Erde legen, so entwickelt sich eine ähnliche Pflanze, die der alten gleich ist. Daß da etwas Stoffliches von der alten Pflanze in die neue übergeht, ist ein materielles Vorurteil, das durch nichts gerechtfertigt ist und von der Zukunft widerlegt werden wird. In die neue Pflanze geht lediglich die bildsame Kraft über. Die alte Pflanze erstirbt stofflich ganz und gar, und die neue Pflanze ist stofflich etwas ganz Neues. Nicht das allergeringste Stoffliche geht aus der alten Pflanze in die neue über. Diesen neuen Ansatz einer Entstehung und eines Vergehens einer Pflanze bezeichnet man dadurch, daß man zwei sich ineinander schlingende Spiralen, also einen Wirbel zeichnet, und zwar ohne eine Verbindung der beiden Linien zu bewirken.

Nun finden sich solche Wirbel sowohl in der äußeren als auch in der geistigen Natur. So sagt uns zum Beispiel die Geistesforschung, daß in der Entwicklung der Menschheit einst ein solcher Wirbel vorhanden war, als die alte atlantische Kultur in die neue nachatlantische Kultur überging. Die Geisteswissenschaft zeigt Ihnen hier etwas, was die heutige Naturwissenschaft nur in der ersten elementarsten Stufe kennt. Sie zeigt Ihnen, daß das, was heute Meer ist zwischen Europa und Amerika, ausgefüllt war mit einem Kontinente, daß sich eine uralte Kultur da entwickelt hatte, daß durch die «Sündflut» jener Kontinent überflutet wurde und verschwand. Dies zeigt uns, daß das, was uns Plato von dem Untergang der Insel Poseidonis mitteilt, auf Richtigkeit beruht, und daß sie ein Rest des uralten, atlantischen Kontinentes war. Jene Kultur verschwand in bezug auf ihre geistige Eigenschaft, und eine neue Kultur trat auf, so daß man diesen Vorgang kennzeichnen kann mit den zwei ineinander sich schlingenden Spiralen, dem Wirbel. Das Alte wird bezeichnet durch die sich hineinschlingende Spirale, das Neue durch die sich herausschlingende.

Als der Übergang von der atlantischen Kultur in die nachatlantische vor sich ging, da erschien im Frühlinge die Sonne im Sternbilde des Krebses. Sie wissen, daß die Sonne im Laufe des Jahres vorwärtsrückt. In jener alten Zeit ging sie, wie gesagt, bei Frühlingsanfang im Sternbilde des Krebses auf, dann eine Zeitlang im Sternbilde der Zwillinge, dann im Sternbilde des Stieres und dann des Widders. Die Völker haben immer dasjenige als etwas besonders Wohltätiges empfunden, was ihnen vom Himmelsgewölbe die ersten Sonnenstrahlen zusendet. Daher sehen Sie, daß man, als die Sonne anfing im Sternbilde des Widders aufzugehen, angefangen hat, den Widder zu verehren. Daher rühren die ganzen Lammsagen, die Sage vom goldenen Vließ und so weiter. Früher, bevor die Sonne im Sternbilde des Widders aufgegangen war, ging sie im Sternbilde des Stieres auf. Daher haben die Kulturen, welche den Widder-Kulturen vorangegangen sind, den Stier als heiliges Tier verehrt. Sie finden daher in jener Zeit zum Beispiel die Verehrung des ägyptischen Stieres Apis. In der Zeit des Überganges von der atlantischen in die nachatlantische Zeit haben Sie die Herrschaft des Sternbildes des Krebses gehabt. Und daher haben Sie die zwei ineinandergeschlungenen Wirbel als Zeichen des Krebses im Kalender.

Es gibt hunderte, tausende dieser Zeichen, die man nach und nach lernt. Das sind nicht willkürliche Zeichen. Wenn man sie kennt, zeigen sie einem die Wege, um hineinzukriechen in die Dinge und in den Dingen zu leben. Wie das Studium den Verstand, die imaginative Erkenntnis das Gemüt ergreift, so ergreift die Erkenntnis der okkulten Schrift den Willen. Sie zeigt uns die Wege beim Schaffen und Produzieren. Wenn daher das Studium uns Erkenntnis, die Imagination Anschauung bringt, so bringt uns die Erkenntnis der okkulten Schrift Magie, die Erkenntnis der in den Dingen schlummernden Naturgesetze, die Erkenntnis, die uns tiefer in das Wesen der Dinge hineinführt. Sie können bei vielen – meinetwegen auch bei Eliphas Lévi – viele okkulte Zeichen finden.[23] Derjenige aber, der nichts weiß von diesen Dingen, wird wenig dabei lernen können. Sie können indessen eine Andeutung darin finden, wie sie aussehen. In den Werken, die Sie darüber gedruckt finden, steht gewöhnlich Unzutreffendes. Heilig gehalten wurden von allen Völkern, von den Eingeweihten wenigstens, diese okkulten Schriftzeichen. Und wenn wir wei-

[23] Eliphas Lévi, eigentlich Abbé Alphonse Louis Constant (1810–1875). Zu seinen Hauptwerken gehören: *Dogma und Ritual der höheren Magie und Geschichte der Magie.* Vgl. Rudolf Steiners Vortrag vom 4.4.1916 in GA 167.

ter zurückgehen, finden wir strenge Bestimmungen über deren Geheimhaltung, damit diejenigen, welche solche Zeichen gebrauchen dürfen, sie nie unwürdig gebrauchen mögen. Die strengsten Strafen sind auf die Übertretung dieser Bestimmungen gesetzt.

Das vierte ist das, was man die Bereitung des Steines der Weisen nennt. Was Sie darüber in der Literatur finden, ist ziemlich unzutreffend, ja sogar meistens törichtes Zeug. Wäre der Stein der Weisen das, was da geschildert wird, so hätte jeder ein Recht, darüber zu spotten. Sie werden ein Stück davon erkennen, wenn Sie meiner Betrachtung folgen: sie wird Ihnen einen großen Einblick geben. Am Ende des achtzehnten Jahrhunderts stand in einer ernstzunehmenden mitteldeutschen Zeitschrift eine Notiz über den Stein der Weisen. Wer diese Notiz liest und etwas von der Sache versteht, der findet, daß der Schreiber irgendwo einmal etwas darüber vernommen hat. Seine Worte sind ganz richtig, aber man sieht auch, daß er seine Worte selbst nicht richtig versteht. Der Verfasser der Notiz schreibt da: Der Stein der Weisen ist etwas, was alle Menschen kennen, etwas, was die meisten Menschen oft und oft in der Hand haben, was man an vielen Orten der Erde findet und von dem nur der Mensch nicht weiß, daß es der Stein der Weisen ist. – Eine sonderbare Beschreibung ist das, wie der Stein der Weisen sein soll, und dennoch wörtlich wahr. Man muß die Sache nur richtig verstehen.

Betrachten Sie einmal den menschlichen Atmungsprozeß, denn mit einer Regulierung des Atmens hängt das zusammen, was man die Auffindung oder Bereitung des Steines der Weisen nennt. Der Mensch atmet heute Sauerstoff ein und Kohlensäure aus, also die Verbindung des Sauerstoffs mit Kohlenstoff wird ausgeatmet. Der Mensch atmet Sauerstoff, die Lebensluft, ein und Kohlensäure, ein wirkliches Gift, aus. Mit dieser Kohlensäure kann der Mensch und das Tier nicht leben. Würden die Tiere, die geradeso atmen wie der Mensch, allein auf der Erde sein und hätten sie immer so geatmet wie heute, so würden sie die Luft um sich herum verpestet haben, und weder Tier noch Mensch könnte heute noch atmen. Woher kommt es nun, daß sie aber noch atmen können? Daher, daß die Pflanze die Kohlensäure aufnimmt, den Kohlenstoff in sich behält und den Sauerstoff wieder zurückgibt, so daß Menschen und Tiere den Sauerstoff wieder zur Atmung benützen können. Es ist also ein schöner Wechselprozeß zwischen der Atmung der Tier- und Menschenwelt und der Atmung oder dem Assimilationsprozeß der Pflanzenwelt – Assimilationsprozeß, damit kein pedantischer Gelehrter etwas dagegen einwenden kann. Derjenige, der jeden Tag fünf Mark einnimmt und jeden Tag zwei Mark ausgibt, schafft einen Überschuß, bei ihm steht die Sache anders als bei demjenigen, der fünf Mark ausgibt und nur zwei Mark einnimmt. Ähnlich kann es auch bei der Atmung sein. Das Wesentliche aber hierbei ist, daß dieser Tauschprozeß zwischen Mensch und Pflanzenwelt besteht.

Dieser Tauschprozeß ist höchst merkwürdig. Betrachten wir ihn deshalb noch einmal etwas näher. In den Menschenleib geht Sauerstoff ein, aus dem Menschenleib kommt Kohlensäure heraus. Kohlensäure besteht aus Sauerstoff und Kohlenstoff. Die Pflanze behält den Kohlenstoff und gibt den Sauerstoff dem Menschen wieder zurück. Sie können in der Steinkohle, die Sie Jahrmillionen nach Entstehung der betreffenden Pflanze aus der Erde herausgraben, den Kohlenstoff, welchen die Pflanze eingeatmet hat, wieder erblicken. Der gewöhnliche Atmungsprozeß, der so verläuft, wie er eben geschildert wurde, zeigt an, wie notwendig der Mensch zu seinem Leben heute die Pflanze hat, und wie in ihm beim Atmungsprozeß etwas vorgeht, was nur ein halber Prozeß ist. Er braucht die Pflanze als etwas, was nicht in ihm ist, damit sie ihm den Kohlenstoff in Sauerstoff umwandelt.

Nun gibt es eine Rhythmisierung des Atmungsprozesses in rosenkreuzerischem Sinn, über die indessen Näheres nur von Mensch zu Mensch mitgeteilt werden kann. Es kann zwar hier darauf hingedeutet werden, aber nur so, daß von einem Eingehen in Einzelheiten Abstand genommen wird. Aber der Rosenkreuzerschüler bekam und bekommt seine bestimmte Anweisung, er mußte in einer bestimmten Weise atmen, in einem bestimmten Rhythmus und mit ganz bestimmten Gedankenformen. Dadurch wird sein Atmungsprozeß umgewandelt. Diese Umwandlung können Sie sich nur vorstellen, wenn Sie den Ausspruch berücksichtigen: Steter Tropfen höhlt den Stein. Auch bei den höchststehenden Menschen wird nicht von heute auf morgen der ganze innere Lebensprozeß umgestaltet, wenn in rosenkreuzerischer Form geatmet wird. Aber dasjenige, was bei solcher Atmung im Leibe des Menschen umgestaltet wird, geht nach einer bestimmten Richtung hin, nämlich dahin, daß der Mensch in Zukunft imstande ist, in sich selbst die Kohlensäure wieder in brauchbaren Sauerstoff umzuwandeln, so daß das, was heute draußen in der Pflanze vor sich geht: die Umwandlung der Kohlensäure in den Kohlenstoff, das, was heute die Pflanze dem Menschen abnimmt, von dem Menschen, wenn der Atmungsprozeß immer weiter und weiter wirken wird in dem Einzuweihenden, in einem eigenen Organ bewirkt werden wird, von dem Physiologie und Anatomie noch nichts wissen, das aber gleichwohl in der Entwicklung begriffen ist. Der Mensch wird also dann selbst die Umwandlung bewirken. Statt den Kohlenstoff [mit der Kohlensäure] hinauszuatmen und an die Pflanze abzugeben, wird er ihn in sich selbst verwenden und seinen eigenen Leib mit Hilfe des Kohlenstoffes, den er vorher an die Pflanze abgeben mußte, auferbauen.

Halten Sie das, was ich eben gesagt habe, zusammen mit dem, was ich von dem Ideal des heiligen Grals mitgeteilt habe: nämlich daß die reine keusche Pflanzennatur durchgegangen sein wird durch die Menschennatur, und daß diese Menschennatur in ihrer höchsten Geistigkeit wieder bei der Pflanze von heute angekommen sein wird. Den Pflanzenprozeß in sich selbst durchzumachen, wird der Mensch einst imstande sein. Seine jetzigen Stoffe, die er in sich hat, wird er immer mehr zu jenem Ideal hinbilden, daß der Körper ein Pflanzenleib und der Träger eines viel höheren und geistigeren Bewußtseins sein wird. So lernt der Schüler die Alchemie, durch die er in den Stand gesetzt wird, die Säfte und Stoffe des Menschen in Kohlenstoff umzuwandeln. Was heute die Pflanze tut, indem sie ihren Leib aus Kohlenstoff auferbaut, das wird der Mensch einst selbst tun. Er wird sich aus Kohlenstoff eine Struktur des Leibes bilden, die die Struktur des künftigen Menschenleibes sein wird.

Ein großes Geheimnis verbirgt sich hinter dem, was man die Rhythmisierung des Atmungsprozesses nennt. Jetzt verstehen Sie wohl jene Andeutung über den Stein der Weisen, die in der vorhin zitierten Notiz enthalten ist. Was lernt der Mensch also bezüglich des Aufbaues seiner späteren Leibesform? Er lernt die gewöhnliche Kohle erzeugen, die auch die Substanz des Diamanten ist, um damit seinen Leib aufzubauen. Diesen Kohlenstoff wird der Mensch bei einem erhöhten und erweiterten Bewußtsein aus sich selbst entnehmen und in sich selbst verwenden können. Er wird seine eigene Substanz, die auf der Kohlenstoffstruktur aufgebaute Pflanzensubstanz bilden können. Das ist die Alchemie, welche zur Bildung des Steines der Weisen hinführt. Der Menschenleib selbst ist jene Retorte, die in dem Sinne verwandelt wird, wie es eben hier angedeutet worden ist.

So verbirgt sich hinter der Regulierung des Atmungsprozesses, hinter dem, was man oft bezüglich des Steines der Weisen, aber meist in ganz unsinniger Weise, angedeutet findet, das, was man die Auffindung oder Bereitung des Steines der Weisen nennt. Das sind die Andeutungen, wie sie erst seit kurzem aus den Rosenkreuzerschulen in die Öffentlichkeit gedrungen sind. Vergeblich werden Sie sie in Büchern suchen. Das ist ein kleiner Teil der vierten Stufe: die Aufsuchung des Steines der Weisen.

Das fünfte besteht in dem, was man die Erkenntnis des Mikrokosmos, der kleinen Welt, nennt. Das führt uns auf das zurück, was Paracelsus gesagt hat und worauf ich schon oft hingewiesen habe: Alle Dinge, die um uns herum sind, würden, wenn wir aus ihnen einen Auszug nehmen könnten, als Extrakt den Menschen ergeben. Der Mensch hat in sich diejenigen Stoffe und Kräfte, welche als kurze Rekapitulation der ganzen übrigen Natur erscheinen, so daß, wenn wir die Natur um uns sehen, wir sagen können, was draußen in der Natur ist, ist im Großen das Urbild von dem, was in uns allen als Nachbild erscheint. Nehmen wir zum Beispiel das Licht. Was hat nun dieses Licht im Menschen bewirkt? Wenn es kein menschliches Auge gäbe, so könnte es nicht das Licht gewahr werden. Die Welt wäre finster und dunkel fur uns. Aber ebenso wie Tiere, wenn sie in finstere Höhlen einwandern, wie zum Beispiel in die Höhlen von Kentucky, das Sehvermögen verlieren, so wird auf der anderen Seite das Auge vom Lichte selbst geschaffen. Wir hätten kein Auge, wenn es kein Licht gäbe. Das Licht hat erst unsere Sehorgane aus der Haut, aus dem Organismus herausgelockt. Das Auge, hat Goethe gesagt, ist vom Licht und für das Licht, das Ohr vom Ton und für den Ton geschaffen.[24] Alle Dinge sind aus der großen

[24] Vgl. Goethe, *Entwurf einer Farbenlehre,* Einleitung zum Didaktischen Teil: «Das Auge hat sein Dasein dem Licht zu danken. Aus gleichgültigen tierischen Hülfsorganen ruft sich das Licht ein Organ hervor, das seinesgleichen werde; und so bildet sich das Auge am Lichte fürs Licht, damit das innere Licht dem äußeren entgegentrete.»

Welt, dem Makrokosmos, herausgeboren. Darin beruht das Geheimnis, daß man unter gewissen Anleitungen und Anweisungen, durch eine Vertiefung in den Körper hinein, nicht bloß die leibliche, sondern auch die geistige Welt ergründen und die uns umgebende Natur erkennen lernen kann. Wer unter gewissen Bedingungen lernt, mit gewissen Gedankenformen sich meditativ ganz in das Innere des Auges zu versenken, der lernt die innere, wesentliche Natur des Lichtes erkennen. Zwischen den Augenbrauen, an der Nasenwurzel, ist ein Punkt, der in dieser Beziehung auch von hoher Bedeutung ist. Wenn man sich in ihn vertieft, dann lernt man bedeutsame, wichtige Vorgänge in der geistigen Welt kennen, die sich abgespielt haben, als diese Partie des Kopfes sich aus der umliegenden Welt herausgebildet hat. So lernt man die geistige Zusammenfügung des Menschen kennen. Aus geistigen Wesenheiten und Kräften heraus ist der Mensch ganz und gar gebildet. Wenn er sich daher in seine Form vertieft, lernt er die Wesenheiten und geistigen Kräfte erkennen, die seinen Organismus, die seine Form aufgebaut haben.

Eine Bemerkung muß hier noch gemacht werden. Dieses Versenken ins Innere des Menschen, ebenso wie die anderen Übungen, die hinunterarbeiten in das Leibliche, durch die vom Ich aus in den physischen Leib hineingearbeitet wird – Atman kommt von Atmen –,[25] sollten nicht ohne Vorbereitung vorgenommen werden. Wenn man damit zu arbeiten anfängt, muß man eigentlich geistig schon vorgearbeitet haben. Deshalb wird in der Rosenkreuzerschulung auch streng auf Gedankenschulung gehalten. Es ist auch bei dieser Schulung für den Schüler die große Moral, ein fester innerer Wesenskern nötig. Wenn er diese nicht hat, so kann er straucheln. In jedes

[25] *Atman:* Sanskrit; eigentlich «Lebenshauch, Atem», nach der Vedischen Philosophie das Selbst, die göttliche Urkraft.

Glied kann er sich meditativ versenken, und Welten gehen ihm in seinem Inneren auf. Niemand kann die wahre Natur des Alten Testamentes kennenlernen ohne eine solche Versenkung in das eigentlich menschliche Innere, allerdings nach bestimmten Vorschriften, die ihm in der geisteswissenschaftlichen Schulung gegeben werden können. Alle diese Dinge sind aus der Geisteswissenschaft, aus Einblicken in die geistige Welt heraus geschrieben. Daher kann man sie auch nur verstehen, wenn man imstande ist, sie wieder in sich aufzusuchen. Der Mensch ist aus dem Makrokosmos herausgeboren, und er muß als Mikrokosmos die darin wirkenden Kräfte und Gesetze wieder in sich finden. Nicht als Anatom kann man den Menschen in sich kennenlernen. Nur dann kann man das, wenn man lernt, in sein eigenes Inneres zu blicken, das dann in einzelnen Gebieten leuchtend und tönend wird. Jedes Organ hat seine bestimmte Farbe und seinen bestimmten Ton, wenn das Ganze bloßgelegt wird vor der nach innen schauenden Seele. Wenn der Mensch durch die Rosenkreuzerschulung in seinem Innern kennengelernt hat, was aus dem Makrokosmos heraus geschaffen worden ist, dann kann er in sich die Dinge kennenlernen, die im Makrokosmos sind. Hat der Mensch, durch Versenkung in sein Auge oder in den Punkt über der Nasenwurzel, sein Inneres erkannt, dann kann er herausgehen und die großen Gesetze im großen Kosmos geistig erkennen. Und er lernt dann aus eigener Anschauung geistig dasjenige erkennen, was ein inspirierter Genius im Alten Testament beschrieben hat, er sieht es in der Akasha-Chronik und kann die Menschheitsentwicklung durch Jahrmillionen hindurch verfolgen.[26]

[26] «Wer sich die Fähigkeit errungen hat, in der geistigen Welt wahrzunehmen, der erkennt da die verflossenen Vorgänge in ihrem ewigen Charakter. Sie stehen vor ihm nicht wie die toten Zeugnisse der Geschichte, sondern in vollem *Leben.* Es spielt sich vor ihm in einer

Das kann man alles durch eine solche Schulung wirklich erkennen. Das ist aber eine andere Schulung als die gewöhnliche.

Man darf nicht glauben, daß Selbsterkenntnis durch planloses Hineinbrüten in sich errungen wird oder daß, wenn man hineinschaut in sich, der Gott im Inneren zu sprechen anfängt, wie das heute häufig gelehrt wird. Nein, man muß in seine Organe sich vertiefen, um dann das große Selbst der Welt erkennen zu können. Wahr ist es: durch alle Zeiten geht der Spruch «Erkenne dich selbst», aber ebenso wahr ist es, daß das höhere Selbst nicht durch das eigene Innere zu erkennen ist, sondern, wie schon Goethe, der große Seher, sagt, indem man seinen Geist zum Universum erweitert. Das geschieht auf der sechsten Stufe der rosenkreuzerischen Schulung, wenn man auf diese Weise geduldig seinen Weg geht. Nicht bequem ist der Weg. Man muß in sein Wesen untertauchen. Man kann nicht zufrieden sein mit Phrasen und Allgemeinheiten. Man muß in jedes Wesen eintauchen, es liebevoll in sich aufnehmen. Jede Bequemlichkeit muß einem fremd werden. Untertauchen muß man in die Wesen, im Konkreten, im Besonderen die Wesen kennenlernen, nicht herumreden über, was man so nennt: Harmonie mit der Welt, Einswerden mit der Weltenseele, Zusammenschmelzen mit der Welt. Solche Phrasen sind nichts wert gegenüber der Rosenkreuzerschulung, die nicht von Harmonie mit dem Unendlichen schwätzt oder sich in ähnlichen Phrasen ergeht, sondern die Kräfte in der Menschenseele lebendig werden läßt.

gewissen Weise ab, was geschehen ist. – Die in das Lesen solcher lebenden Schrift eingeweiht sind, können in eine weit fernere Vergangenheit zurückblicken als in diejenige, welche die äußere Geschichte darstellt […]» (GA 11, S. 21 f.). – Steiner nennt dieses «Weltengedächtnis» nach einem Sanskritbegriff Akasha-Chronik.

Wenn der Mensch sein Selbst so zu erweitern versucht hat, dann wird die siebente Stufe der Seele nicht mehr fern liegen. Dann verwandelt sich Erkenntnis in Gefühl, dann geht das, was in seiner Seele lebendig ist, in Empfindung über, und er hört auf, sich nur in sich selbst zu fühlen. Er fängt an, sich in jedem Wesen zu fühlen. Wenn er untergetaucht ist in jeden Stein, in jede Pflanze, in jedes Tier, dann fühlt er mit Pflanze, Stein und Tier, und es sagt, es offenbart ihm jedes einzelne Ding seine Wesenheit, nicht in Worten, nicht in Begriffen, sondern im innersten Gefühl. Dann beginnt jene Zeit, wo ihn ein allgemeines Netz von Sympathie mit den Wesen verbindet, wo er sich in alle Wesen hineinlebt. Dies Hineinleben in alle Wesen nennt man die siebente Stufe, die Gottseligkeit, das selige Ruhen in allen Wesen. Wenn der Mensch sein Selbst verbunden fühlt mit allen übrigen Wesenheiten, nicht mehr in seiner Haut lebt, sondern eingegangen ist in alle Wesen, mitfühlt mit allen Wesen, wenn er ausgebreitet ist in dem ganzen Weltenraum, so daß er zu allem sagen kann: «Das bist du», wenn er ganz Gefühl, ganz Seligkeit geworden ist, dann darf das gesagt werden, was Goethe aus der Rosenkreuzerschulung heraus in seinem Gedichte *Die Geheimnisse* ausspricht:

«Wer hat dem Kreuze Rosen zugesellt?»

Das darf aber nicht nur gesagt werden von dem höchsten Standpunkte, sondern von den ersten Schritten an, wo man dasjenige zu seinem Losungswort macht, was sich ausdrückt in dem von Rosen umschlungenen Kreuz. Das Kreuz ist der Ausdruck dafür, daß der Mensch jenes Selbst, in das man hineinbrütet und das nur das niedere Selbst ist, welches niemals das höhere Selbst gewahren kann, überwindet, daß er herausgeht aus dem niederen Selbst, aufgeht in dem Höheren, das ihn selig hineinführt in das Leben und Weben von allen Wesenheiten, wenn er einsieht, was da steht in einem Gedichte des *West-Östlichen Divan* von Goethe:

Und solang du das nicht hast,
Dieses: Stirb und werde,
Bist du nur ein trüber Gast
Auf der dunklen Erde.

Ja, wer es nicht verstehen kann, dieses Überwinden des eng begrenzten Selbst und dieses Aufgehen im höheren Selbst, wer es nicht begreifen kann, jenes Symbolum des Sterbens und des Werdens, das Verdorren des niederen Selbst und das Aufblühen der Rosen des höheren Selbst, der kann nicht jene Devise begreifen, die Goethe ausgesprochen hat und mit der wir das Sachliche des Rosenkreuzertums beschließen wollen, das Losungswort, das Zeichen der sieben Glieder, das über dem mit Rosen umwundenen Kreuz stehen muß:

Von der Gewalt, die alle Wesen bindet,
Befreit der Mensch sich, der sich überwindet.

Die Rosenkreuzmeditation

In dem vorhergehenden Vortrag hatte Rudolf Steiner den rosenkreuzerischen Schulungsweg, so, wie er in der Gegenwart zu gehen möglich ist, ausführlich beschrieben. Drei Jahre später, in dem 1910 erschienenen Grundwerk *Die Geheimwissenschaft im Umriß*, ergänzte er seine Ausführungen, die sich in dieser Schrift auch wiederfinden, um eine ausführliche Beschreibung der sogenannten «Rosenkreuzmeditation». Sie hat in der überlieferten Tradition keinerlei direktes Vorbild, wenn auch das von Rudolf Steiner im vorhergehenden Vortrag zitierte Gedicht Goethes *Die Geheimnisse* schon auf das Symbol des Rosenkreuzes hinweist.

1907 hatte Rudolf Steiner ja, wie bereits erwähnt, die Einladungskarten, Programmhefte und Eintrittskarten zum Münchner Kongreß mit einem Rosenkreuz mit acht Rosen (aus denen später sieben wurden) gestaltet. In der Rosenkreuzmeditation nun wird dieses Bild zum Gegenstand einer der zentralen Versenkungsinhalte der Anthroposophie genommen. Dabei erweitert er die Darstellung des Meditationsinhaltes der imaginativen Erkenntnisstufe, den er bis dahin, wie das Beispiel des vorhergehenden Vortrages zeigt, als das «Geheimnis des heiligen Gral» bezeichnet hatte, um eben dieses Bild des Rosenkreuzes.

Es soll nur ein Beispiel der inneren Versenkung mit einer sinnbildlichen Vorstellung veranschaulicht werden. Zunächst muß eine solche Vorstellung erst in der Seele aufgebaut werden. Das kann in folgender Art geschehen: Man stelle sich eine Pflanze vor, wie sie im Boden wurzelt, wie sie Blatt nach Blatt treibt, wie sie sich zur Blüte entfaltet. Und nun denke man sich neben diese Pflanze einen Menschen hingestellt. Man mache den Gedanken in seiner Seele lebendig, wie der Mensch Eigenschaften und Fähigkeiten hat, welche denen der Pflanze gegenüber vollkommener genannt werden können. Man bedenke, wie er sich seinen Gefühlen und seinem Willen gemäß da und dorthin begeben kann, während die Pflanze an den Boden gefesselt ist. Nun aber sage man sich auch: ja, gewiß ist der Mensch vollkommener als die Pflanze; aber mir treten dafür auch an ihm Eigenschaften entgegen, welche ich an der Pflanze nicht wahrnehme und durch deren Nichtvorhandensein sie mir in gewisser Hinsicht vollkommener als der Mensch erscheinen kann. Der Mensch ist erfüllt von Begierden und Leidenschaften; diesen folgt er bei seinem Verhalten. Ich kann bei ihm von Verirrungen durch seine Triebe und Leidenschaften sprechen. Bei der Pflanze sehe ich, wie sie den reinen Gesetzen des Wachstums folgt von Blatt zu Blatt, wie sie die Blüte leidenschaftslos dem keuschen Sonnenstrahl öffnet. Ich kann mir sagen: der Mensch hat eine gewisse Vollkommenheit vor der Pflanze voraus; aber er hat diese Vollkommenheit dadurch erkauft, daß er zu den mir rein erscheinenden Kräften der Pflanze in seinem Wesen hat hinzutreten lassen Triebe, Begierden und Leidenschaften. Ich stelle mir nun vor, daß der grüne Farbensaft durch die Pflanze fließt und daß dieser der Ausdruck ist für die reinen leidenschaftslosen Wachstumsgesetze. Und dann stelle ich mir vor, wie das rote Blut durch die Adern des Menschen fließt und wie dieses der Ausdruck ist für die Triebe, Begierden und Leidenschaften. Das alles lasse ich als einen lebhaften Gedanken in meiner Seele erstehen. Dann stelle ich mir weiter vor, wie der Mensch entwicklungsfähig ist; wie er seine Triebe und Leidenschaften durch seine höheren Seelenfähigkeiten läutern und reinigen kann. Ich denke mir, wie dadurch ein Niederes in diesen Trieben und Leidenschaften vernichtet wird und diese auf einer höheren Stufe wiedergeboren werden. Dann wird das Blut vorgestellt werden dürfen als der Ausdruck der gereinigten und geläuterten Triebe und Leidenschaften. Ich blicke nun z. B. im Geiste auf die Rose und sage mir: in dem roten Rosensaft sehe ich die Farbe des grünen Pflanzensaftes umgewandelt in das Rot; und die rote Rose folgt wie das grüne Blatt den reinen, leidenschaftslosen Gesetzen des Wachstums. Das Rot der Rose möge mir nun werden das Sinnbild eines solchen Blutes, das der Ausdruck ist von geläuterten Trieben und Leidenschaften, welche das Niedere abgestreift haben und in ihrer Reinheit gleichen den Kräften, welche in der roten Rose wirken. Ich versuche nun, solche Gedanken nicht nur in meinem Verstande zu verarbeiten, sondern in meiner Empfindung lebendig werden zu lassen. Ich kann eine beseligende Empfindung haben, wenn ich die Reinheit und Leidenschaftslosigkeit der wachsenden Pflanze mir vorstelle; ich kann das Gefühl in mir erzeugen, wie gewisse höhere Vollkommenheiten erkauft werden müssen durch die Erwerbung der Triebe und Begierden. Das kann die Beseligung, die ich vorher empfunden habe, in ein ernstes Gefühl verwandeln; und dann kann ein Gefühl eines befreienden Glückes in mir sich regen, wenn ich mich hingebe dem Gedanken an das rote Blut, das Träger werden kann von innerlich reinen Erlebnissen wie der rote Saft der Rose. Es kommt darauf an, daß man nicht gefühllos sich den Gedanken gegenüberstelle, welche zum Aufbau einer sinnbildlichen Vorstellung dienen. Nachdem man sich in solchen Gedanken und Gefühlen ergangen hat, verwandle man sich dieselben in folgende sinnbildliche Vorstellung. Man stelle sich ein schwarzes Kreuz vor. Dieses sei *Sinnbild* für das vernichtete Niedere der Triebe und Leidenschaften; und da, wo sich die Balken des Kreuzes schneiden, denke man sich sieben rote, strahlende Rosen im Kreise angeordnet. Diese Rosen seien das Sinnbild für ein Blut, das Ausdruck ist für geläuterte, gereinigte Leidenschaften und Triebe.* Eine solche sinnbildliche Vorstellung soll es nun sein, die man sich in der Art vor die Seele ruft, wie es oben an einer Erinnerungsvorstellung veranschaulicht ist. Eine solche Vorstellung hat eine seelenwekkende Kraft, wenn man sich in innerlicher Versenkung ihr hingibt. Jede andere Vorstellung muß man versuchen während der Versenkung auszuschließen. Lediglich das charakterisierte Sinnbild soll im Geiste vor der Seele schweben, so lebhaft als dies möglich ist. – Es ist nicht bedeutungslos, daß dieses Sinnbild nicht einfach als eine weckende Vorstellung hier angeführt worden ist, sondern daß es erst durch gewisse Vorstellungen über Pflanze und Mensch aufgebaut worden ist. Denn es hängt die Wirkung eines solchen Sinnbildes davon ab, daß man es sich in der geschilderten Art zusammengestellt hat, bevor man es zur inneren Versenkung verwendet. Stellt man es sich vor, ohne einen solchen Aufbau erst in der eigenen Seele durchgemacht zu haben, so bleibt es kalt und viel unwirksamer, als wenn es durch die Vorbereitung seine seelenbeleuchtende Kraft erhalten hat. Während der Versenkung soll man jedoch sich alle die vorbereitenden Gedanken nicht in die Seele rufen, sondern lediglich das Bild lebhaft

* Es kommt nicht darauf an, inwiefern diese oder jene naturwissenschaftliche Vorstellung die obigen Gedanken berechtigt findet oder nicht. Denn es handelt sich um die Entwicklung solcher Gedanken an Pflanze und Mensch, welche, ohne alle Theorie, durch eine einfache, unmittelbare Anschauung gewonnen werden können. Solche Gedanken haben ja doch auch ihre Bedeutung neben den in anderer Beziehung nicht minder bedeutsamen theoretischen Vorstellungen über die Dinge der Außenwelt. Und hier sind die Gedanken nicht dazu da, um einen Tatbestand wissenschaftlich darzustellen, sondern um ein *Sinnbild* aufzubauen, das sich als seelisch wirksam erweist, gleichgültig, welche Einwände dieser oder jener Persönlichkeit einfallen bei dem Aufbau dieses Sinnbildes. (Anm. von Rudolf Steiner)

vor sich im Geiste schweben haben und dabei *jene Empfindung* mitschwingen lassen, die sich als Ergebnis durch die vorbereitenden Gedanken eingestellt hat. So wird das Sinnbild zum Zeichen neben dem Empfindungserlebnis. Und in dem Verweilen der Seele in diesem Erlebnis liegt das Wirksame. Je länger man verweilen kann, ohne daß eine störende andere Vorstellung sich einmischt, desto wirksamer ist der ganze Vorgang. Jedoch ist es gut, wenn man sich außer der Zeit, welche man der eigentlichen Versenkung widmet, öfters durch Gedanken und Gefühle der oben geschilderten Art den Aufbau des Bildes wiederholt, damit die Empfindung nicht verblasse. Je mehr Geduld man zu einer solchen Erneuerung hat, desto bedeutsamer ist das Bild für die Seele. (In den Auseinandersetzungen meines Buches: *Wie erlangt man Erkenntnisse der höheren Welten?* sind noch andere Beispiele von Mitteln zur inneren Versenkung angegeben. Besonders wirksam sind die daselbst charakterisierten Meditationen über das Werden und Vergehen einer Pflanze, über die in einem Pflanzen-Samenkorn schlummernden Werdekräfte, über die Formen von Kristallen usw. Hier in diesem Buche sollte an einem Beispiele das Wesen der Meditation gezeigt werden.)

Ein solches Sinnbild, wie es hier geschildert ist, bildet kein äußeres Ding oder Wesen, das durch die Natur hervorgebracht wird, ab. Aber eben gerade dadurch hat es seine weckende Kraft für gewisse rein seelische Fähigkeiten. Es könnte allerdings jemand einen Einwand erheben. Er könnte sagen: Gewiß, das «Ganze», als Sinnbild, ist nicht durch die Natur vorhanden; aber alle Einzelheiten sind doch aus dieser Natur entlehnt: die schwarze Farbe, die Rosen usw. Das alles werde doch durch die Sinne wahrgenommen. Wer durch solchen Einwand gestört wird, der sollte bedenken, daß nicht die Abbildungen der Sinneswahrnehmungen dasjenige sind, was zur Wekkung der höheren Seelenfähigkeiten führt, sondern daß diese Wirkung lediglich durch die *Art der Zusammenfügung* dieser Einzelheiten hervorgerufen wird. Und diese Zusammenfügung bildet nicht etwas ab, was in der Sinneswelt vorhanden ist.[27]

> An diese Darstellung der Rosenkreuzmeditation sollen hier noch ergänzend Ausführungen Rudolf Steiners über die Symbolik der Rose in der mittelalterlichen Sage von *Flor und Blancheflor* angeschlossen werden, mit denen er auch auf den intimen Zusammenhang der Rosenkreuzer mit der mittelalterlichen Gralsströmung aufmerksam macht. Nochmals geht Rudolf Steiner hier auf die äußere Geschichte des Rosenkreuzertums und auf Goethes Verbindung zum Rosenkreuzertum in seinem Gedicht *Die Geheimnisse* ein, in dem ja das Bild des Rosenkreuzes erstmals in der Geschichte auch äußerlich auftauchte. Zugleich wird hier aber einmalig in einem öffentlichen Vortrag auch die Wesenheit des Christian Rosenkreutz im Zusammenhang mit der Sage von Flor und Blancheflor charakterisiert.

So waren im elften bis dreizehnten Jahrhundert diese Geheimnisse, die gelehrt wurden im Anschluß an das Christus-Mysterium, in dem Mysterium vom Heiligen Gral ausgedrückt. Die Ritter des Heiligen Grals waren die späteren Eingeweihten. Ihnen stand gegenüber das exoterische Christentum, während in den Mysterien immer gepflegt wurde das esoterische Christentum, das ein solches Verhältnis zum Christus suchte, so daß durch den äußeren Christus in der Seele geweckt wurde der innere Christus, der symbolisiert wird durch die Taube.

[27] Zur Art des Umgangs mit dieser Meditation und deren Vertiefung hat sich Rudolf Steiner immer wieder in esoterischen Stunden zwischen 1910–1914 geäußert. Vgl. dazu GA 266/2 und 266/3.

Der ganze Fortgang des europäischen Mysterienwesens wird noch in einer anderen Sagenwelt ausgedrückt. Aber es ist sehr schwierig, hier hineinzuleuchten. Es soll später geschehen. Heute wollen wir nur hineinleuchten, indem wir die Spiegelung aufsuchen in dem, was nach außen hindurchsickerte und erschienen ist in einer merkwürdigen Sagenwelt. Es ist eine verhältnismäßig wenig beachtete Sage, die 1230 von Konrad Fleck[28] in dichterische Form gebracht wurde. Sie gehört zu den Sagen und Mythen der Provence und schließt sich an an die Einweihung der Gralsritter oder Templeisen. Sie redet von einem alten Paar «Flor und Blancheflor». Das bedeutet ungefähr in heutiger Sprache: die Blume mit roten Blättern oder die Rose, und die Blume mit weißen Blättern oder die Lilie. Früher wurde viel mit dieser Sage verbunden. Nur skizzenhaft zusammengedrängt kann das heute gesagt werden. Man sagte sich: Flor und Blancheflor sind Seelen, in Menschen verleiblicht, die schon einmal gelebt haben. Die Sage bringt sie zusammen mit den Großeltern Karls des Großen.[29] In Karl dem Großen aber sahen die, welche mit den Sagen sich intimer beschäftigten, die Gestalt, die in gewisser Weise in Beziehung gebracht hat das innere esoterische mit dem exoterischen Christentum. Das ist in der Kaiserkrönung ausgedrückt. Geht man zu seinen Großeltern zurück, zu Flor und Blancheflor, so lebten in ihnen Rose und Lilie, die rein bewahren sollten das esoterische Christentum, wie es zurückgeht auf Dionysios den Areopagiten.[30] Nun sah man in der Rose, in Flor oder Flos

[28] Mittelhochdeutscher alemannischer Dichter, Lebensdaten unbekannt.

[29] Karl der Große (742–814), 800 zum Kaiser gekrönt.

[30] Dionysios Areopagita, nach Apg. 17,34 von Paulus bekehrt; unter seinem Namen wurde im frühen 6. Jhdt. eine Reihe von Schriften verfaßt, u. a. *Über die himmlische Hierarchie*.

das Symbolum für die menschliche Seele, die den Persönlichkeits-, den Ich-Impuls in sich aufgenommen hat, die das Geistige aus ihrer Individualität wirken läßt, die bis in das rote Blut hinein den Ich-Impuls gebracht hat. In der Lilie aber sah man das Symbolum der Seele, die nur dadurch geistig bleiben kann, daß das Ich außerhalb ihrer bleibt, nur bis an die Grenze herankommt. So sind Rose und Lilie zwei Gegensätze. Rose hat das Selbstbewußtsein ganz in sich, Lilie ganz außer sich. Aber die Vereinigung der Seele, die innerhalb ist, und der Seele, die außen als Weltengeist die Welt belebt, ist dagewesen. Flor und Blancheflor drückt aus das Finden der Weltenseele, des Welten-Ich durch die Menschenseele, das Menschen-Ich.

Das, was später durch die Sage vom Heiligen Gral geschah, ist auch hier durch diese Sage ausgedrückt. Es ist kein äußerliches Paar. In der Lilie ist ausgedrückt die Seele, die ihre höhere Ichheit findet. In der Vereinigung von Lilienseele und Rosenseele wurde das gesehen, was Verbindung finden kann mit dem Mysterium von Golgatha. Daher sagte man sich: Gegenüber der Strömung europäischer Einweihung, die herbeigeführt wird durch Karl den Großen, und durch die zusammengeschmiedet wird exoterisches und esoterisches Christentum, soll lebendig gehalten, soll rein fortgesetzt werden das rein esoterische Christentum. In den Eingeweihtenkreisen sagte man: Dieselbe Seele, die in Flos oder Flor war und die besungen wird in dem Liede, ist wiederverkörpert erschienen im dreizehnten und vierzehnten Jahrhundert zur Begründung einer neuen Mysterienschule, welche in einer neuen, der Neuzeit entsprechenden Weise das Christus-Geheimnis zu pflegen hat, in dem Begründer des Rosenkreuzertums. Da tritt uns das Geheimnis von der Rose schon in einer verhältnismäßig alten Zeit entgegen. Die Sage wird sogar schon versetzt in die Zeit vor Karl dem Großen. Und so flüchtete sich das esoterische Christentum in das

Rosenkreuzertum. Das Rosenkreuzertum hat seit dem dreizehnten und vierzehnten Jahrhundert die Eingeweihten herangebildet, welche die Nachfolger der alten europäischen Mysterien und die Nachfolger der Schule vom Heiligen Gral sind.

Mannigfaltiges ist durchgesickert von den Mysterien der Rosenkreuzer. Was aber da erzählt wird, ist vielfach wieder Karikatur dessen, was wahr ist. Tiefe Leistungen des Geisteslebens führen zurück auf das Rosenkreuzertum, von dem immer geheimnisvolle Fäden in die äußere Kultur hineinführen. So besteht zum Beispiel ein Zusammenhang zwischen der Niederschrift der *Nova Atlantis* von Bacon von Verulam und dem Rosenkreuzertum. Bacon hat damit mehr als eine Utopie hingestellt. Er will da auf höhere Stufen hinweisen, die die dumpfen, hellseherischen Fähigkeiten der alten Atlantis wieder aufleben lassen. Was aber daran geknüpft ist von der äußeren Gesellschaft der Rosenkreuzer, das ist jene Scharlatanerie und jenes Quacksalbertum, das Karikaturhafte, das nicht ausbleiben kann in unserer Zeit, seit dem Erfinden der Buchdruckerkunst.

Seitdem ist es nicht mehr möglich, Geheimnis Geheimnis sein zu lassen wie in alten Zeiten. Es kommt auf Reife oder Unreife an, leicht wird alles verzerrt, entstellt. Das kann in ungeheurer Weise geschehen mit den Lehren der anthroposophischen Bewegung! Wenn sie das wäre, was man von ihr sagt in den Kreisen, die nichts wissen von ihr und doch über sie reden, so würde sie etwas zum Davonlaufen sein! In Wahrheit aber ist sie das Element, das genährt wird, mehr als das je geschehen ist, aus den Quellen, die in den Mysterien liegen. Es ist das, was in der Tat die besten Leistungen aller Zeiten zu ihrem Wirken in der Menschheit gebracht hat. Goethes größte dichterische Taten sind genährt aus den Quellen des Rosenkreuzertums. Goethe hat nicht umsonst in den *Geheimnissen* davon gesprochen, daß ein Mensch hingeführt wird zu einem Haus, das mit einem Rosenkreuz geschmückt ist. «Wer hat dem Kreuze Rosen zugesellt?» Wer waren sie, die Eingeweihten der europäischen Mysterien, die das Geheimnis der Rosen zugesellt haben dem Geheimnis des Kreuzes? Wie Goethe in diese Geheimnisse eingedrungen war, zeigt sich auch in dem, daß um den Versammlungstisch zwölf waren, wie schon in den alten Drottenmysterien.[31] Oh, Goethe wußte alle diese Dinge! Aber die heute Goethe studieren, die gleichen dem Goethe, den sie begreifen können. Goethe durfte das nur in geheimnisvoller Weise ausdrücken; aber heute ist die Zeit, um offen zu sprechen über das, was Gegenstand der Einweihung ist. Daß das so sein darf, dieser Tatsache verdanken diese Vorträge ihr Dasein.

[31] Steiner bezeichnete die altskandinavische Priesterschaft als «Drotten».

Wer ist Christian Rosenkreutz?

Aus den bisherigen Darstellungen konnte deutlich werden, daß Rudolf Steiner in einer ganz bestimmten Art und Weise an das Rosenkreuzertum anknüpft und daß er Wert auf die Feststellung legt, daß die wahre Rosenkreuzerei stets nur mündlich an solche weitergegeben worden sei, die sich zur Geheimhaltung verpflichteten.

Oben haben wir bereits eine Antwort auf die Frage erhalten, warum Rudolf Steiner vom Prinzip der Geheimhaltung abweichen durfte. Wodurch aber war es ihm selbst möglich, über diese nur mündlich mitgeteilten Inhalte irgend etwas zu wissen? Diese Frage können wir in gewisser Weise beantworten, wenn wir uns nun den Darstellungen über Christian Rosenkreutz zuwenden, weil in ihnen das Prinzip der Vermittlung, die Art der Lehre des Christian Rosenkreutz deutlich wird.

Der nachstehend abgedruckte Vortrag und der S. 110 ff. wiedergegebene wenden sich direkt der Individualität des Christian Rosenkreutz zu. Beide Vorträge wurden Ende September 1911 in Neuchâtel gehalten, aus Anlaß der Begründung des dortigen Zweiges. Die äußeren Umstände sind durchaus dramatisch zu nennen, da kurz zuvor der Kongreß der Theosophischen Gesellschaft in Genua aus undurchschaubaren Gründen kurzfristig abgesagt worden war. Dort hätte Rudolf Steiner der damals seitens der Theosophischen Gesellschaft vorgebrachten Irrlehre von dem in einem indischen Knaben wiedergeborenen Christus aufs schärfste widersprochen und ihr seine Darstellung des Christus-Impulses entgegengehalten. Dazu aber kam es eben nicht. So konnte Rudolf Steiner, der bereits nach Genua unterwegs war, anschließend nur in kleineren Kreisen sprechen. Zu diesen Vorträgen gehörten dann auch die beiden in Neuchâtel gehaltenen über Christian Rosenkreutz.

1907 hatte er die Beziehung der Anthroposophie zum Rosenkreuzertum ausführlich dargestellt, um diese damit von der sich östlich orientierenden Theosophie Annie Besants abzugrenzen. 1911 nun ging er noch einen Schritt weiter und enthüllte die Biographie des Christian Rosenkreutz, des Begründers des echten und wahren Rosenkreuzertums. Damit konnte er nun auch auf seine eigenen Quellen geisteswissenschaftlicher Forschung aufmerksam machen – inwiefern, werden wir weiter unten noch sehen. Jedenfalls wird im ersten der Neuchâteler Vorträge die Einweihung des Christian Rosenkreutz beschrieben und zwar nicht für jene Inkarnation, die auch die Rosenkreuzerschriften beschreiben und in der die Individualität auch diesen Namen trug, sondern für eine Inkarnation im 13. Jahrhundert.

Der Name Christian Rosenkreutz ist, wie schon erwähnt, historisch nicht nachweisbar. Er tritt erstmals in der 1604 verfaßten und 1616 erschienenen dritten Rosenkreuzerschrift *Die chymische Hochzeit des Christian Rosenkreutz* auf. In der 1614 erschienenen *Fama fraternitatis* wird die äußere Biographie des Christian Rosenkreutz zum ersten Mal dargestellt. In der darauf folgenden Schrift, der sogenannten *Confessio,* wird die über hundertjährige Lebenszeit dieses Mannes mit den Jahreszahlen 1378 bis 1484 angegeben.[32] Diese Daten wurden von Rudolf Steiner immer bestätigt. Hier läßt er uns durch seine Schilderungen nun Anteil nehmen an der Vorbereitung jener in der Fama beschriebenen Inkarnation, die dann das eigentliche Rosenkreuzertum begründete. Leider stand bei diesen Vorträgen kein geschulter Stenograph zur Verfügung,

[32] Siehe Anm. 2, S. 9.

so daß die Texte nur auf den Mitschriften verschiedener Zuhörer beruhen.[33]

Es erfüllt mich mit tiefer Befriedigung, zum ersten Male hier zu sein in diesem neugegründeten Zweige, welcher den hohen Namen «Christian Rosenkreutz» trägt, wodurch es mir möglich ist, zum ersten Male genauer über Christian Rosenkreutz zu sprechen. Worin besteht das Mysterium des Christian Rosenkreutz? An einem Abend kann nicht alles über diese Persönlichkeit gesagt werden, und so werden wir heute über Christian Rosenkreutz selber, morgen abend aber über sein Werk sprechen.

Über Christian Rosenkreutz zu sprechen, setzt voraus ein großes Vertrauen in die Mysterien des geistigen Lebens, ein Vertrauen nicht nur in die Person, sondern in die großen Geheimnisse des spirituellen Lebens. Einen neuen Zweig zu gründen, setzt aber auch immer einen Glauben an das geistige Leben voraus.

Christian Rosenkreutz ist eine Individualität, welche wirkt sowohl wenn sie inkarniert ist, als auch wenn sie nicht im physischen Leibe verkörpert ist; sie wirkt nicht nur als physische Wesenheit und durch physische Kräfte, sondern vor allem geistig durch höhere Kräfte.

Wie wir wissen, lebt der Mensch nicht nur für sich, sondern im Zusammenhang mit der großen Menschheitsentwicklung. Wenn der gewöhnliche Mensch durch den Tod

[33] Für ein näheres Studium sei hier ausdrücklich auf die ausführlicheren Nachschriften der beiden Wiener Vorträge vom 8. und 9.2.1912 in GA130 verwiesen, die zwar nicht die Dichte der Neuchâteler Vorträge haben, dennoch aber manches Detail noch genauer wiedergeben. Auch in den Vorträgen Kassel, 27.1.1912, und Hamburg, 17.6.1912, im selben Band wird über das hier Gesagte gesprochen. Dort werden auch noch wichtige Einzelheiten ergänzt, die wir hier aus Platzgründen nicht alle wiedergeben können.

geht, löst sich sein Ätherleib im Weltenall auf. Aber von dem sich auflösenden Ätherleib bleibt immer ein Teil erhalten, und so sind wir durchweg umgeben von Resten der Ätherleiber Verstorbener, zu unserem Heil oder auch zu unserem Schaden. Sie wirken auf uns in gutem oder bösem Sinne, je nachdem wir selbst gut oder böse sind. Umfassende Wirkungen gehen von den Ätherleibern großer Individualitäten in diesem Sinne auf uns aus. So geht vom Ätherleibe des Christian Rosenkreutz eine große Kraft aus, die auf unsere Seele und auf unsern Geist einwirken kann. Es ist unsere Aufgabe, diese Kräfte kennen zu lernen. Und an diese Kräfte appellieren wir als Rosenkreuzer.

Im engeren Sinne nahm die rosenkreuzerische Bewegung im dreizehnten Jahrhundert ihren Anfang. Damals wirkten diese Kräfte ungemein stark, und seit diesem Zeitpunkt besteht eine Christian Rosenkreutz-Strömung, die fortan im Geistesleben immer weiter wirkt. Es gibt ein Gesetz, daß etwa alle hundert Jahre dieser geistige Kraftstrom besonders wirksam zum Ausdruck kommen muß. Das zeigt sich jetzt in der theosophischen Bewegung. In seinen letzten exoterischen Ausführungen hat Christian Rosenkreutz dieses selbst so angedeutet.[34]

Im Jahre 1785 kamen die gesammelten esoterischen Offenbarungen der Rosenkreuzer zum Ausdruck in dem Werk: *Die geheimen Figuren der Rosenkreuzer* von Hinri-

[34] Rudolf Steiner bezieht sich hier, ebenso wie schon in einem früheren Vortrag (Berlin, 16.12.1904, in GA 93), offensichtlich auf einen in der Literatur überlieferten Ausspruch des Grafen Saint-Germain, wonach er in Wien im Jahre 1790 geäußert habe: «Ich werde gegen das Ende des Jahrhunderts aus Europa verschwinden und mich in die Regionen des Himalaja begeben. Ich werde mich ausruhen, ich muß ruhen. Man wird mich in 85 Jahren Tag für Tag sehen.» (Zitiert nach Isabella Cooper-Oakley in der Zeitschrift *Gnosis* I. Jg. Nr. 20 vom 15.12.1903.) Im Jahre 1875, also genau 85 Jahre nach diesem Ausspruch, wurde die Theosophical Society begründet.

cus Madathanus Theosophus.[35] In dieser Publikation sind in einem gewissen beschränkten Sinne Hinweise enthalten auf das, was gewirkt hatte in den vorangegangenen hundert Jahren als Rosenkreuzerströmung und was erst dann zum Ausdruck kam in den Arbeiten, die gesammelt waren und zusammengefaßt wurden von Hinricus Madathanus Theosophus. Wieder hundert Jahre später sehen wir die Wirkung der Rosenkreuzerströmung zum Ausdruck kommen in dem Werke der H. P. Blavatsky, insbesondere in dem Buche: *Die entschleierte Isis.*[36] Manches von dem Inhalt jener Figuren ist dort in Worten niedergeschrieben. Eine Summe von abendländischer okkulter Weisheit, die noch lange nicht gehoben ist, ist darin enthalten, wenn

[35] *Geheime Figuren der Rosenkreuzer aus dem sechzehnten und siebzehnten Jahrhundert,* 3 Hefte, Altona 1785–1788 (anonym). Heft I enthält eine Abhandlung von Hinricus Madathanus Theosophus: «Aureum Seculum Redivivum», die schon 1621 erschienen war. Der Name des Autors ist ein anagrammatisches Pseudonym des Paracelsisten Hadrianus a Munsicht (Adrian von Mynsicht. Mynsicht ist wiederum ein Anagramm des eigentlichen Familiennamens Symnicht, ursprünglich Seumenicht, eines Alchimisten), der das Verdienst hat, zuerst den Brechweinstein (Kaliumantimonyltartrat) dargestellt zu haben. Er war als Sohn eines Pastors im Braunschweigischen geboren und lebte von ca. 1590 bis 1638. Siehe C. S. Picht, «Hinricus Madathanus», in *Die Drei,* Stuttgart 1927, VII. Jg. Heft 4. Zu beachten ist, daß von einer Autorschaft im Sinne *eines* Autors bei den Tafeln nicht gesprochen werden kann, denn diese sind seit dem 13. Jahrhundert bis zum 18. Jahrhundert in mehr als 500 Jahren zusammengekommen und gehen auf tradierte Quellen zurück. Hinricus Madathanus kann lediglich als Autor der in Heft 1 enthaltenen Abhandlung gelten. Vgl. dazu die Neuausgabe der Tafeln unter dem Titel *Die Lehren der Rosenkreuzer* von Walter Schneider, Stuttgart 2006, in der ihre ursprüngliche Anordnung wieder hergestellt ist.

[36] Isis Unveiled, 2 Bände, New York 1877; deutsch *Isis entschleiert. Ein Meisterschlüssel zu den alten und modernen Mysterien, Wissenschaft und Theologie,* 2 Bände, Leipzig o.J. (1909), Verlag J.J. Couvreur, Den Haag 1976.

auch die Komposition manchmal recht verworren ist. Es ist interessant, *Die geheimen Figuren der Rosenkreuzer* des Hinricus Madathanus Theosophus zu vergleichen mit dem Werke der H. P. Blavatsky. Wir müssen hauptsächlich die erste Hälfte der Publikation ins Auge fassen, die im Sinne der *Figuren* verfaßt ist. Im zweiten Teil kommt Blavatsky etwas ab von der Rosenkreuzerströmung. In ihren späteren Werken entfernte sich H. P. Blavatsky von diesem rosenkreuzerischen Geistesstrom, und wir müssen zwischen ihren ersten und den späteren Publikationen zu unterscheiden wissen, wenn zwar auch schon in die ersteren manches von dem unkritischen Geist H. P. Blavatskys hineingekommen ist. Daß dieses gesagt wird, ist der jetzt nicht verkörperten H. P. Blavatsky nur erwünscht.

Wenn wir die Eigentümlichkeit des menschlichen Bewußtseins im dreizehnten Jahrhundert ins Auge fassen, so sehen wir, daß das primitive Hellsehen allmählich verschwunden war. Wir wissen, daß alle Menschen früher ein elementares Hellsehen hatten. In der Mitte des dreizehnten Jahrhunderts gab es in dieser Hinsicht einen Tiefpunkt. In der Mitte des dreizehnten Jahrhunderts war plötzlich kein Hellsehen mehr da. Es trat für alle Menschen eine geistige Finsternis ein. Sogar die erleuchtetsten Geister, die höchstentwickelten Persönlichkeiten, auch die Eingeweihten, hatten damals keinen Zugang mehr zu den geistigen Welten und mußten sich auf das beschränken, was ihnen durch Erinnerung geblieben war, wenn sie etwas über die geistigen Welten aussagten. Man wußte über die geistigen Welten nur noch durch Überlieferung oder von solchen Eingeweihten, die ihre Erinnerung an das, was sie früher erlebt hatten, weckten. Aber für eine kurze Zeit konnten auch diese Geister nicht unmittelbar hineinblicken in die geistige Welt.

Diese kurze Zeit der Verfinsterung mußte damals sein, um das Charakteristische unseres jetzigen Zeitalters vorzubereiten: die heutige intellektuelle, verstandesmäßige Kultur. Das ist das Wichtige, das wir heute in der fünften nachatlantischen Kulturepoche haben. In der griechisch-lateinischen Kulturepoche war die heutige Verstandeskultur nicht in dieser Weise da. Da war an Stelle des verstandesmäßigen Denkens die unmittelbare Anschauung das Dominierende. Der Mensch wuchs sozusagen unmittelbar zusammen mit dem, was er sah und hörte; ja, auch mit dem, was er dachte, wuchs der Mensch damals so zusammen. Damals wurde nicht so viel spintisiert, wie es heute geschieht und geschehen muß, denn das letztere ist die Aufgabe der fünften nachatlantischen Kulturepoche. Nach dieser Zeit beginnt langsam wieder das Hellsehen des Menschen, und es kann sich dann das Hellsehen der Zukunft ausbilden.

Der Ursprung der Rosenkreuzerströmung fällt in das dreizehnte Jahrhundert. Damals, im dreizehnten Jahrhundert, mußten ganz besonders geeignete Persönlichkeiten für die Einweihung ausgewählt werden. Die Einweihung selbst konnte erst geschehen nach Ablauf jener kurzen Zeit der Verfinsterung.

An einem Orte in Europa, von dem noch nicht gesprochen werden darf – aber es wird in nicht ferner Zeit auch dies geschehen können –,[37] bildete sich eine hochgeistige Loge, ein Kollegium von zwölf Männern, welche die ganze Summe der geistigen Weisheit alter Zeiten und ihrer eigenen Zeit in sich aufgenommen hatten. Es handelt sich darum, daß in jener verfinsterten Zeit zwölf Menschen lebten, zwölf hervorragende Geister, die sich vereinigten, um den Menschheitsfortschritt zu fördern. Sie konnten alle nicht unmittelbar hineinschauen in die geistige Welt, aber sie konnten regsam machen in sich die Erinnerung an das, was sie durch frühere Einweihung erlebt hatten. Und

[37] Dieser Ort wurde auch später nicht genannt.

das Menschheitskarma hatte es so gefügt, daß in sieben dieser zwölf Menschen dasjenige verkörpert war, was der Menschheit geblieben war an Resten der alten atlantischen Epoche. In meiner *Geheimwissenschaft* ist ja schon gesagt, daß in den sieben alten heiligen Rishis, den Lehrern der urindischen Kulturzeit, hinübergetragen wurde das, was von der atlantischen Epoche übrig geblieben war. Die sieben Männer, die im dreizehnten Jahrhundert wieder inkarniert waren, die ein Teil des Kollegiums der Zwölf waren, das waren eben diejenigen, die zurückblicken konnten auf die sieben Strömungen der alten atlantischen Entwicklungsepoche der Menschheit und auf das, was als diese sieben Strömungen fortlebte. Von diesen sieben Individualitäten konnte jede immer nur eine Strömung fruchtbar machen für die damalige und die heutige Zeit. Zu diesen Sieben kamen vier andere, die nicht auf längst verflossene Urzeiten zurückblicken konnten wie die erstgenannten sieben Weisen, sondern diese vier Persönlichkeiten konnten zurückblicken auf das, was die Menschheit sich angeeignet hatte von okkulter Weisheit in den vier nachatlantischen Kulturperioden. Von diesen Vier konnte der erste auf die urindische Zeit zurückblicken, der zweite auf die urpersische Kulturzeit, der dritte auf die ägyptisch-chaldäisch-assyrisch-babylonische Kulturzeit, der vierte auf die griechisch-lateinische Kultur. Diese Vier vereinigten sich mit den Sieben zu dem Kollegium der weisen Männer im dreizehnten Jahrhundert. Ein Zwölfter endlich hatte gewissermaßen am wenigsten an Erinnerungen, aber er war der Intellektuellste von ihnen, der besonders die äußeren Wissenschaften zu pflegen hatte. Diese zwölf Individualitäten lebten ja nicht nur in den Erlebnissen des abendländischen Okkultismus, diese zwölf verschiedenen Weisheitsströmungen wirkten zusammen zu einem Gesamtbilde. Eine ganz besondere Art, darauf hinzuweisen, finden wir bei *Goethe* in seinem Gedicht: *Die Geheimnisse.*

Also von zwölf hervorragenden Individualitäten haben wir zu sprechen. Den Ausgangspunkt einer neuen Kultur haben wir in der Mitte des dreizehnten Jahrhunderts zu suchen. In dieser Zeit war ein gewisser Tiefpunkt des geistigen Lebens erreicht worden. Der Zugang zu den geistigen Welten war damals auch den Höchstentwickelten verschlossen. Damals trat dieses hochgeistige Kollegium zusammen. An einem Orte in Europa, von dem noch nicht geredet werden darf, fanden sich diese zwölf Männer zusammen, welche die Summe des ganzen geistigen Wissens ihrer Zeit darstellten und die zwölf Geistesrichtungen vertraten.

In diesem Kollegium der Zwölf war zum Teil nur Erinnerungshellsehen und intellektuelle Weisheit vorhanden. Die sieben Nachfolger der sieben Rishis erinnerten sich ihrer alten Weisheit, die fünf andern vertraten die Weisheit der fünf nachatlantischen Kulturen. Somit vertraten die Zwölf die ganze atlantische und nachatlantische Weisheit. Der Zwölfte war ein Mensch, der im höchsten Maße die intellektuelle Weisheit seiner Zeit hatte. Er besaß verstandesmäßig das ganze Wissen seiner Zeit, während die anderen, denen direktes Geistesschauen damals auch versagt war, durch Versenken in die Erinnerungen an ihre früheren Inkarnationen ihr Wissen damals erlangten.

Der Ausgangspunkt einer neuen Kultur war aber nur dadurch möglich, daß ein Dreizehnter in die Mitte der Zwölf trat. Dieser Dreizehnte wurde kein Gelehrter im Sinne der damaligen Zeit. Er war eine Individualität, die inkarniert gewesen war zur Zeit des Mysteriums von Golgatha.[38] Er hatte in darauffolgenden Inkarnationen durch ein demütiges Gemüt, durch ein inbrünstiges,

[38] Dazu gibt es eine ausführliche Darstellung von Hella Wiesberger unter dem Titel «Zur Hiram-Johannes-Forschung Rudolf Steiners», erschienen im Anhang zu GA 265.

gottergebenes Leben sich für seine Mission vorbereitet. Er war eine große Seele, ein frommer, innerlich tief mystischer Mensch, der mit diesen Eigenschaften geboren wurde und sie sich nicht nur erworben hatte. Wenn Sie sich einen jungen Menschen vorstellen, sehr fromm, fortwährend inbrünstig zu seinem Gott betend, so können Sie sich ein Bild der Individualität dieses Dreizehnten vor Augen stellen. Dieser Dreizehnte wuchs ganz und gar auf in der Pflege und Erziehung der Zwölf, und er erhielt von jedem an Weisheit, soviel ihm jeder nur geben konnte. Mit der größten Sorgfalt wurde dieser Dreizehnte erzogen, und es wurden alle Einrichtungen so getroffen, daß niemand als diese Zwölf einen Einfluß auf ihn ausüben konnten. Er wurde von der übrigen Welt abgesondert. Er war ein sehr schwächliches Kind in jener Inkarnation des dreizehnten Jahrhunderts, daher wirkte die Erziehung, die ihm die Zwölf angedeihen ließen, bis in seinen physischen Leib hinein. Die Zwölf aber, von denen jeder so durchdrungen und erfüllt von seiner geistigen Aufgabe war und tief durchdrungen vom Christentum, waren sich bewußt, daß das äußere Christentum der Kirche nur ein Zerrbild des wahren Christentums war. Sie waren erfüllt von der Größe des Christentums, galten aber äußerlich als Feinde desselben. Jeder einzelne arbeitete sich nur in einen Teil des Christentums hinein. Ihr Bestreben war, die verschiedenen Religionen in einer großen Einheit zu vereinigen. Sie waren überzeugt, daß in ihren zwölf Strömungen alles geistige Leben enthalten war, und jeder wirkte nach seinen Kräften auf den Schüler ein. Sie hatten als Ziel, eine Synthesis aller Religionen zu erlangen, waren sich aber bewußt, daß dieses Ziel nicht durch irgendeine Theorie, sondern durch die Auswirkung des geistigen Lebens zu erreichen war. Und dazu war eine entsprechende Erziehung des Dreizehnten notwendig.

Während die geistigen Kräfte dieses Dreizehnten ins Unendliche zunahmen, gingen seine physischen Kräfte ganz zurück. Es kam so weit, daß fast aller Zusammenhang mit dem äußeren Leben aufhörte, alles Interesse für die physische Welt verschwand. Er lebte nur für die geistige Entwicklung, wozu er von den Zwölf die Anregung erhielt. In ihm war ein Reflex der Weisheit der Zwölf. Es kam so weit, daß der Dreizehnte alle Nahrung verweigerte und dahinsiechte. Da trat ein Ereignis ein, das nur einmal in der Geschichte eintreten konnte. Es war eines der Ereignisse, die dann eintreten können, wenn die makrokosmischen Kräfte – der Früchte wegen, die ein solches Ereignis zeitigen soll – zusammenwirken. Nach einigen Tagen wurde der Körper dieses Dreizehnten ganz durchsichtig, und er war wie tot durch Tage hindurch. Um ihn herum versammelten sich nun die Zwölf in bestimmten Zeiträumen. Es entströmte ihrem Mund alles Wissen und alle Weisheit in diesen Momenten. In kurzen Formeln, die wie Andachtsgebete waren, ließen sie dem Dreizehnten ihre Weisheit zuströmen, während der Dreizehnte wie tot dalag. Man kann sich am besten die Zwölf in einem Kreis um den Dreizehnten herum vorstellen. Dieser Zustand endete damit, daß die Seele dieses Dreizehnten erwachte wie eine neue Seele. Eine große Umwandlung seiner Seele hatte er erlebt. Es war in ihr etwas vorhanden wie eine ganz neue Geburt der zwölf Weisheiten, so daß auch die zwölf Weisen etwas ganz Neues lernen konnten von dem Jüngling. Aber auch dessen Körper wurde dadurch in einer solchen Weise belebt, daß diese Belebung des ganz durchsichtigen Körpers mit nichts verglichen werden kann. Der Jüngling konnte nun von ganz neuen Erlebnissen sprechen. Die Zwölf konnten erkennen, daß er das Erlebnis von Damaskus hinter sich hatte: es war eine Wiederholung der Vision des Paulus vor Damaskus. Im Verlauf weniger Wochen gab nun der Dreizehnte alle

Weisheit wieder, die er von den Zwölfen erhalten hatte, aber in einer neuen Form. Wie von Christus selbst gegeben war diese neue Form. Was er ihnen da offenbarte, das nannten die Zwölf das wahre Christentum, die Synthesis aller Religionen, und sie unterschieden zwischen diesem wahren Christentum und dem Christentum der Epoche, in der sie lebten. Dieser Dreizehnte starb verhältnismäßig jung, und die Zwölf widmeten sich dann der Aufgabe, in Imaginationen – denn nur so konnte es geschehen – aufzuzeichnen, was der Dreizehnte ihnen geoffenbart hatte. So entstanden die symbolischen Figuren und Bilder, die in der Sammlung des Hinricus Madathanus Theosophus enthalten sind, und die Mitteilungen der H. P. Blavatsky in dem Werke: *Die entschleierte Isis.* Der okkulte Vorgang muß so vorgestellt werden, daß sich die Frucht der Einweihung des Dreizehnten als dessen Ätherleib-Rest innerhalb der Geist-Atmosphäre der Erde erhalten hat. Dieser Rest wirkte auf die Zwölf ebenso wie auf ihre folgenden Schüler inspirierend, so daß aus ihnen hervorgehen konnte die rosenkreuzerische okkulte Strömung. Aber dieser Ätherleib wirkte weiter fort, und er durchdrang dann den Ätherleib des sich wieder inkarnierenden Dreizehnten.

Schon im vierzehnten Jahrhundert wurde die Individualität des Dreizehnten wiederverkörpert, ungefähr in der Mitte des vierzehnten Jahrhunderts. In dieser Inkarnation lebte diese Individualität mehr als hundert Jahre. Er wurde auf ähnliche Weise im Kreise der Schüler und Nachfolger der Zwölf erzogen, aber nicht so weltfremd wie in seiner vorhergehenden Inkarnation. Als er achtundzwanzig Jahre alt war, bekam er ein merkwürdiges Ideal. Er mußte reisen und aus Europa fortziehen. Zuerst ging er nach Damaskus, und dort wiederholte sich noch einmal für ihn das Ereignis, das Paulus dort erlebt hatte. Dieses Erlebnis ist als die Frucht eines Keimes der vorigen Inkarnation zu bezeichnen. Alle Kräfte des wunderbaren Ätherleibes der

Individualität des dreizehnten Jahrhunderts waren intakt geblieben, und nichts ging nach dem Tode in den allgemeinen Weltenäther über. Dieses war ein bleibender Ätherleib, der seither intakt blieb in den Äthersphären. Dieser selbe feingeistige Ätherleib durchleuchtete und durchstrahlte wieder von der geistigen Welt aus die neue Verkörperung, die Individualität im vierzehnten Jahrhundert. Daher wurde er getrieben, das Ereignis von Damaskus noch einmal zu erleben. Es ist dies die Individualität des Christian Rosenkreutz. Er war der Dreizehnte im Kreise der Zwölf. Von dieser Inkarnation an wurde er so genannt. Esoterisch, im okkulten Sinne, ist er Christian Rosenkreutz schon im dreizehnten Jahrhundert, exoterisch wird er erst im vierzehnten Jahrhundert so genannt. Und die Schüler dieses Dreizehnten sind die Nachfolger der andern Zwölf im dreizehnten Jahrhundert. Das sind die Rosenkreuzer.

Christian Rosenkreutz reiste damals durch die ganze bekannte Welt. Nachdem er die gesamte Weisheit der Zwölf eingeflößt bekommen hatte, befruchtet durch die große Wesenheit des Christus, wurde es ihm leicht, im Laufe von sieben Jahren die gesamte Weisheit der damaligen Zeit in sich aufzunehmen. Als er dann nach sieben Jahren nach Europa zurückkehrte, nahm er die entwickeltsten Schüler und Nachfolger der Zwölf zu Schülern an und begann dann die eigentliche Arbeit der Rosenkreuzer.

Eine ganz neue Weltbetrachtung konnte man beginnen, dank den Ausstrahlungen des wunderbaren Ätherleibes des Christian Rosenkreutz. Was nun bis zu unserer Zeit von den Rosenkreuzern gearbeitet wurde, ist äußere und innere Arbeit. Die äußere Arbeit hatte den Zweck, das, was hinter der Maja der Materie liegt, zu ergründen. Man wollte die Maja der Materie untersuchen. Dem gesamten Makrokosmos liegt ebenso ein Äther-Makrokosmos, ein Ätherleib zugrunde, wie der Mensch einen Ätherleib hat. Es gibt einen gewissen Grenzübergang von der gröberen zur feineren Substanz. Richten wir unsern Blick auf die Grenze zwischen physischer und ätherischer Substanz. Dem, was zwischen der physischen und der ätherischen Substanz liegt, ist nichts anderes auf der Welt ähnlich. Es ist weder Gold noch Silber, noch Blei, noch Kupfer. Da haben wir etwas, was nicht mit irgendeiner anderen physischen Substanz vergleichbar wäre, sondern es ist die Essenz von allem. Wir haben da eine Substanz, die in allen anderen physischen Substanzen enthalten ist, so daß die anderen physischen Substanzen als Modifikationen dieser einen Substanz betrachtet werden können. Diese Substanz hellseherisch anzuschauen, war das Bestreben der Rosenkreuzer. Sie sahen die Vorbereitung, die Ausbildung eines solchen Schauens in einer erhöhten Wirksamkeit der moralischen Kräfte der Seele, die dann diese Substanz sichtbar machte. In den moralischen Kräften der Seele erblickten sie die Kraft zu diesem Schauen. Diese Substanz ist von den Rosenkreuzern wirklich geschaut und entdeckt worden. Sie fanden, daß diese Substanz in einer bestimmten Form in der Welt lebt, im Makrokosmos sowie auch im Menschen. Draußen in der Welt, außerhalb des Menschen, verehrten sie sie als das große Gewand, als das Kleid des Makrokosmos. Im Menschen sahen sie sie entstehen, wenn eine harmonische Wechselwirkung zwischen Denken und Wollen vorhanden ist. Sie sahen die Kräfte des Wollens nicht nur im Menschen, sondern auch im Makrokosmos, zum Beispiel im Donner und Blitz. So sahen sie auch die Kräfte des Denkens einerseits in dem Menschen und dann draußen in der Welt, in dem Regenbogen, in der Morgenröte. Die Kraft, solche Harmonie zwischen Wollen und Denken zu erreichen in der eigenen Seele, suchten die Rosenkreuzer in den Ausstrahlungen dieses Ätherleibes des Dreizehnten, des Christian Rosenkreutz.

Es wurde festgesetzt, daß alle Entdeckungen, die sie machten, hundert Jahre lang als Geheimnis bei den Rosenkreuzern bleiben müßten und daß erst dann, nach hundert Jahren, diese Rosenkreuzer-Offenbarungen der Welt gebracht werden dürften. Erst nachdem hundert Jahre darüber gearbeitet worden war, durfte in entsprechender Weise darüber gesprochen werden. So wurde vom siebzehnten bis zum achtzehnten Jahrhundert vorbereitet, was 1785 in dem Werk *Die geheimen Figuren der Rosenkreuzer* zum Ausdruck kam.

Nun ist es auch von großer Bedeutung zu wissen, daß in jedem Jahrhundert die rosenkreuzerische Inspiration so gegeben wird, daß niemals der Träger der Inspiration äußerlich bezeichnet wurde. Nur die höchsten Eingeweihten wußten es. Heute kann zum Beispiel äußerlich nur von solchen Geschehnissen gesprochen werden, welche hundert Jahre zurückliegen, denn das ist die Zeit, welche jeweils verflossen sein muß, bevor davon äußerlich gesprochen werden darf. Die Versuchung ist zu groß für die Menschen, einer solchen ins Persönliche gezogenen Autorität – was das Schlimmste ist, was es gibt – fanatische Heiligenverehrung entgegenzubringen. Es liegt dies eben zu nahe. Es ist diese Verschwiegenheit aber nicht nur eine Notwendigkeit gegen die äußeren Anfechtungen des Ehrgeizes und des Hochmutes, deren man sich ja vielleicht noch erwehren könnte, sondern auch vor allem gegen die okkulten astralen Attacken, die fortwährend auf eine solche Individualität gerichtet sein würden. Deshalb ist die Bedingung, daß erst hundert Jahre nach einem solchen Faktum davon gesprochen werden darf, eine notwendige.

Infolge der Rosenkreuzerarbeit wurde der Ätherleib des Christian Rosenkreutz von Jahrhundert zu Jahrhundert immer kräftiger und immer mächtiger. Er wirkte nicht nur durch Christian Rosenkreutz, sondern auch durch alle, die seine Schüler wurden. Seit dem vierzehnten Jahrhundert ist Christian Rosenkreutz immer wieder inkarniert gewesen. Alles, was als Theosophie verkündet wird,

wird vom Ätherleib des Christian Rosenkreutz gestärkt, und diejenigen, die Theosophie verkündigen, lassen sich überschatten von diesem Ätherleib, der auf sie wirken kann, sowohl wenn Christian Rosenkreutz inkarniert ist als auch dann, wenn er nicht inkarniert ist.

Der Graf von Saint-Germain[39] ist im achtzehnten Jahrhundert die exoterische Wiederverkörperung von Christian Rosenkreutz gewesen. Nur wurde dieser Name auch andern Personen beigelegt, so daß nicht alles, was in der äußeren Welt da oder dort über den Grafen von Saint-Germain gesagt wird, auch für den wirklichen Christian Rosenkreutz gelten kann. Heute ist Christian Rosenkreutz wiederverkörpert. Von den Ausstrahlungen seines Ätherleibes ging die Inspiration aus für das Werk der H. P. Blavatsky *Die entschleierte Isis.* Es war auch der Einfluß des Christian Rosenkreutz, der unsichtbar auf Lessing gewirkt hat und der ihn zu der Schrift über *Die Erziehung des Menschengeschlechts* (1780) inspirierte. Infolge der steigenden Flut des Materialismus wurde es immer schwerer, im Sinne des Rosenkreuzertums zu inspirieren. Im neunzehnten Jahrhundert kam dann die Hochflut des Materialismus. So konnte vieles nur in sehr gebrochenen Strahlen gegeben werden. 1851 wurde von Widenmann das Problem der Unsterblichkeit der Seele im Sinne der Reinkarnation gelöst. Seine Schrift wurde preisgekrönt. Schon gegen 1850 schrieb Droßbach vom psychologischen Standpunkt aus im Sinne der Reinkarnation.[40]

So haben auch im neunzehnten Jahrhundert die Ausstrahlungen des Ätherleibes des Christian Rosenkreutz fortgewirkt. Und eine Erneuerung des theosophischen

[39] Eine der rätselhaftesten und umstrittensten Gestalten des 18. Jahrhunderts. Sein Geburts- und Todesjahr wie auch sein eigentlicher Name sind nicht mit Bestimmtheit anzugeben.

[40] Siehe dazu Anm. 16–18, S. 27f.

Lebens konnte auftreten, weil das kleine Kali Yuga[41] abgelaufen war im Jahre 1899. Deshalb ist der Zugang zur geistigen Welt heute leichter und die geistige Wirkung in einem viel größeren Maße möglich. Die Hingabe an den mächtig gewordenen Ätherleib des Christian Rosenkreutz wird den Menschen das neue Hellsehen bringen können und wird hohe spirituelle Kräfte zutage fördern. Aber das wird nur für diejenigen Menschen möglich sein, die richtig die Schulung des Christian Rosenkreutz befolgen. Bis jetzt war esoterische rosenkreuzerische Vorbereitung dazu notwendig. Das zwanzigste Jahrhundert hat aber die Mission, diesen Ätherleib so mächtig werden zu lassen, daß er auch exoterisch wirken wird. Die davon ergriffen werden, dürfen das Ereignis erleben, das Paulus vor Damaskus erlebte. Es hat dieser Ätherleib bis jetzt nur eingewirkt in die Rosenkreuzerschule; im zwanzigsten Jahrhundert wird es immer mehr und mehr Menschen geben, die diese Wirkung erfahren können und dadurch die Erscheinung des Christus im Ätherleib werden erleben dürfen. Die Arbeit der Rosenkreuzer ist es, die es möglich macht, die Äther-Erscheinung des Christus zu haben. Die Zahl derjenigen, die fähig sein werden, sie zu schauen, wird immer größer und größer werden. Wir müssen diese Wiedererscheinung zurückführen auf das große Ereignis der Arbeit der Zwölf und des Dreizehnten im dreizehnten und vierzehnten Jahrhundert.

Wenn Sie ein Werkzeug des Christian Rosenkreutz werden sein können, dann können Sie versichert sein, daß Ihre kleinste Seelenarbeit für die Ewigkeit da sein wird.

Morgen werden wir auf das Werk des Christian Rosenkreutz zu sprechen kommen.[42] Ein unbestimmter Trieb zur

41 Kali Yuga (Sanskrit) ist das vierte, finstere Zeitalter, das einen jeweiligen Zyklus abschließt. Es begann im Jahre 3102 v. Chr. und dauerte gemäß Rudolf Steiner 5000 Jahre.

42 Siehe S. 110.

Geisteswissenschaft durchströmt heute die Menschheit. Und wir können sicher sein, überall da, wo Rosenkreuzerschüler ernst und gewissenhaft vorwärts streben, werden Werte für die Ewigkeit geschaffen. Jede kleinste geistige Arbeit bringt uns höher. Notwendig ist es, Verständnis und Verehrung der heiligen Sache entgegenzubringen.

Das rosenkreuzerische Zusammenwirken von Lebenden und Verstorbenen – der spirituelle Lebensstrom der Menschheit

Nicht eine Biographie im äußeren Sinne, kein historischer Lebenslauf, sondern, wenn man es genau nimmt, die Biographie eines Ätherleibes wird in dem vorangehenden Vortrag von Rudolf Steiner geschildert. Wie kann man das verstehen? Wie Rudolf Steiner ja gleich zu Beginn mitteilt, löst sich unser Ätherleib nach dem Tode nur teilweise auf, ein bestimmter Rest bleibt erhalten. Schon in seinen frühesten Beschreibungen des nachtodlichen Lebens hatte er auf diese Gesetzmäßigkeit aufmerksam gemacht und dabei bemerkt, daß sich bei höher entwickelten Individualitäten nur noch geringe Teile des Ätherleibes auflösen. Eine solche Ausführung sei hier kurz zitiert:

Untersuchen wir jetzt die Situation des Menschen nach seinem Tode im Devachan.[43] Nach einer bestimmten Zeit löst sich der Ätherleib in den Kraftströmungen des Lebensäthers auf. Was ist nun die Aufgabe des Astralleibes und des Bewußtseins? Es handelt sich für Ich und Astralleib darum, sich einen neuen Ätherleib für die nachfolgende irdische Existenz aufzubauen. Der Aufenthalt im Devachan ist zum Teil dem Erwerb dieser Fähigkeiten gewidmet. In der Tat ist die Substanz des Ätherleibes wie diejenige des physischen Leibes nicht von Dauer. Diejenige des physischen Leibes wechselt dauernd, in der Weise, daß sie im Verlauf von sieben Jahren vollständig erneuert wird. Ebenso erneuert sich die Äthersubstanz, obwohl ihre Form und ihre Struktur einheitlich unter der Obhut des höheren Ich bleibt. Beim Tode kehrt diese

[43] Siehe Anm. 21, S. 52.

Substanz vollständig in die Ätherwelt zurück, und ebensowenig wie beim physischen Leib bleibt etwas davon von einer Inkarnation zur anderen erhalten. Die aufeinanderfolgenden Inkarnationen vollziehen sich also mit jedesmal völlig neuen Ätherleibern, und das ist der Grund, warum die Physiognomie und die Leibesform von einer Inkarnation zur anderen derart wechseln. Sie hängen nicht vom Willen des Individuums ab, sondern von seinem Karma, von seinem Gefühlsleben und seinen unbewußten Willenstrieben.

Ganz anders verhält es sich bei einem Geistesschüler, der eine Einweihung durchmacht. Er entwickelt seinen Ätherleib schon hier unten in der Weise, daß er ihm Dauer verleiht und ihn befähigt, nach dem Tode in das Devachan einzutreten. Er ist genügend fortgeschritten, um schon hier auf der Erde im Schoß seiner Ätherkräfte den Lebensgeist zu erwecken, der eines seiner drei unvergänglichen Wesensglieder bildet. Dieser zum Lebensgeist umgewandelte Ätherleib wird im Sanskrit Budhi genannt. Hat der Schüler diesen Lebensgeist erlangt, hat er es nicht mehr nötig, zwischen zwei Inkarnationen seinen Ätherleib vollständig umzubilden. Er verbringt dann eine wesentlich kürzere Zeit im Devachan. Daher zeigt er von einer Inkarnation zur anderen dieselbe Grundveranlagung, das gleiche Temperament, den gleichen Grundcharakter. Wenn der okkulte Meister es dazu gebracht hat, nicht nur seinen Ätherleib, sondern auch noch seinen physischen Leib bewußt zu lenken, entsteht ebenfalls ein geistiges Wesensglied, das man im Sanskrit Atma nennt, das heißt Geistesmensch. Auf diesem Grade angekommen, behält der Eingeweihte bei jeder Inkarnation auf der Erde die Züge seiner physischen Erscheinung bei. Er bewahrt sein Gesamtbewußtsein beim Übergang vom Erdenleben zum himmlischen Leben und von einer Inkarnation zur anderen. Daher stammt die Legende von den Eingeweihten, die tausend oder zweitausend Jahre leben. Das heißt, daß es für sie weder ein Kamaloka[44] noch ein Devachan gibt, sondern ein durchgehendes Bewußtsein jenseits von Toden und Geburten.

Damit wird nun auch verständlich, was es bedeutet, wenn von einer Individualität gesagt wird, daß sie *in demselben Leibe* wiedergeboren werde, oder daß sie *niemals sterbe.*

Um eine solche Individualität handelte es sich offensichtlich bei Christian Rosenkreutz. Aber wir erfahren aus dem Neuchâteler Vortrag noch mehr. Wir hören nämlich, daß die rosenkreuzerische Geistesströmung ihren Ursprung in jenem Ätherleib genommen hat, der im 13. Jahrhundert durch die eigentümliche Art der Einweihung zubereitet wurde, und daß alles, was als Theosophie (Anthroposophie) verkündet wird, vom Ätherleib des Christian Rosenkreutz gestärkt wird.

Wenn man diesen Vortrag genauer durchliest, dann bemerkt man aber noch verschiedene andere Aussagen Rudolf Steiners, die diesen Ätherleib noch genauer charakterisieren. Er beschreibt nämlich, daß sich das, was sich während der Einweihung des Dreizehnten durch die Zwölf im 13. Jahrhundert ereignete, «nur einmal in der Geschichte» ereignen konnte und daß es sich dabei um eine Wiederholung der Vision des Paulus vor Damaskus, um eine Christusbegegnung gehandelt hat. Diese wiederum führte zu der besonderen Konstitution des Ätherleibes, der sich daraufhin praktisch nicht mehr auflöste. Er enthielt also nicht nur die Essenz der Weisheit aller atlantischen und nachatlantischen Epochen,

[44] Indisch-theosophischer Ausdruck für den Bereich des Begehrens; Ort und Zustand, in dem der Mensch nach dem Tod sein ganzes Erdenleben rückwärts durchlebt.

sondern diese Weisheit in einer durch den Christus verwandelten Form. Diese also ist es, die seither von dem Ätherleib des Christian Rosenkreutz ausgestrahlt wird, weshalb Rudolf Steiner am Ende des Vortrages auch darauf aufmerksam macht, daß die neue Fähigkeit, den Christus im Ätherischen wahrnehmen zu können, von diesem Ätherleib angeregt werde.

Nun gibt es aber noch eine Besonderheit in diesem Vortrag. Rudolf Steiner weist nämlich darauf hin, daß «infolge der Rosenkreuzerarbeit [...] der Ätherleib des Christian Rosenkreutz von Jahrhundert zu Jahrhundert immer kräftiger und mächtiger» wurde. Das bedeutet, daß das, was die Menschen auf der Erde leisten, indem sie sich mit der Geisteswissenschaft beschäftigen, diesen Ätherleib und seine Wirkungen stärker werden läßt. So heißt es am Schluß des Vortrages: «Das zwanzigste Jahrhundert hat aber die Mission, diesen Ätherleib so mächtig werden zu lassen, daß er auch exoterisch wirken wird. [...] Die Arbeit der Rosenkreuzer ist es, die es möglich macht, die Äther-Erscheinung des Christus zu haben.» Erstmals und einmalig in seinem Werk macht Rudolf Steiner hier aufmerksam auf einen Zusammenhang der Arbeit der Rosenkreuzer – das ist aber im 20. Jahrhundert die anthroposophische Bewegung – mit der Möglichkeit, den Christus im Ätherischen wahrnehmen zu können.

Wir können die in diesem Vortrag gemachten Aussagen über den Ätherleib des Christian Rosenkreutz aber noch in eine andere Richtung vertiefen, wenn wir uns mit der Frage beschäftigen, wie die Gesetzmäßigkeit, die hier für eine hohe Individualität beschrieben ist, im Normalfall aussieht. Auch dazu gibt es Aussagen von Rudolf Steiner, die in diesen Zusammenhang von Bedeutung sind.

Ich habe mich seit meinem achtzehnten, neunzehnten Jahr fortwährend mit Goethe beschäftigt, aber ich habe nie die Versuchung gespürt, etwas treu historisch im philologischen Sinne über Goethe zu schreiben oder auch nur darzustellen, niemals, aus dem einfachen Grunde, weil mir von allem Anfang an die Idee lebendig war: das Wesentliche ist, daß Goethe lebt! Nicht, daß man den Goethe, der 1749 geboren, 1832 gestorben ist, als physischen Menschen ins Auge faßt, sondern das Wichtige ist, daß, als Goethe 1832 gestorben ist, etwas nicht nur in seiner Individualität fortlebt, sondern etwas fortlebt, was um uns herum ist wie die Luft, aber geistig, nicht bloß in dem, was die Menschen reden – da wird gerade über Goethe heute nicht sehr viel Gescheites geredet –, sondern geistig etwas um uns herum ist. Das Geistige ist um uns herum, wie es um die Menschen des Altertums noch nicht geistig herum war. Der Ätherleib wird von der Seele abgetrennt als eine Art zweiter Leichnam, aber er wird durch den Christus-Impuls, der geblieben ist von dem Mysterium von Golgatha, in gewisser Weise doch konserviert, löst sich nicht rein auf, wird konserviert. Und wenn man – lassen Sie mich jetzt das Wort «Glaube» so brauchen, wie ich es definiert habe im Anfang der Vorträge[45] –, wenn man den Glauben hat, Goethe ist als Ätherleib auferstanden, und sich dann an sein Studium macht, dann werden in einem selbst seine Begriffe und Vorstellungen lebendig, und man schildert ihn nicht so, wie er war, sondern wie er heute ist. Dann hat man den Begriff der Auferstehung ins

[45] Anknüpfend an die Evangelienstelle Matth. 17,20, wonach der Glaube buchstäblich Berge versetzen kann, führt Rudolf Steiner im Vortrag vom 10.4.1917 darüber aus: «Er soll etwas bewirken, etwas hervorbringen. Er soll nicht bloß eine Vorstellung, ein Wissen erwecken; wenn man ihn hat, den Glauben, soll etwas geschehen können durch den Glauben.» A.a.O., S. 206.

Leben übertragen. Dann glaubt man an die Auferstehung. Dann kann man davon sprechen, daß man nicht bloß an die toten Vorstellungen glaubt, sondern an das lebendige Fortwirken der Vorstellungen. Denn das hängt mit einem tiefen Mysterium der neueren Zeit zusammen. Wir mögen denken, was wir wollen – für unser Fühlen und Wollen gilt das nicht, was ich sage, aber für unser Denken und Vorstellen gilt es –, wir mögen denken, was wir wollen: solange wir im physischen Leibe sind, gibt es ein Hindernis dafür, daß die Vorstellungen sich in der richtigen Weise ausleben können. Möge Goethe noch so groß gewesen sein, seine Vorstellungen waren noch größer als er selber. Denn daß sie so groß haben werden können, wie sie waren, und nicht größer, daran war sein physischer Leib schuld. In dem Augenblick, wo sie sich vom physischen Leibe trennen konnten – ich meine jetzt die Vorstellungen, die im Ätherleibe in gewisser Weise weiterleben, nicht sein Fühlen und Wollen – und wo sie aufgenommen werden können von jemand, der sie in Liebe aufnimmt und weiterdenkt, da werden sie noch etwas anderes, da gewinnen sie ein neues Leben. Glauben Sie, daß die erste Gestalt, in der Vorstellungen bei jemand auftauchen können, unter keinen Umständen die letzte Gestalt dieser Vorstellungen gibt; sondern glauben Sie an eine Auferstehung der Vorstellungen! Und glauben Sie so fest daran, daß Sie gerne anknüpfen, jetzt nicht bloß in Ihrem Blut an Ihre Vorfahren, sondern an die geistigen Seelenvorfahren, und diese finden; es brauchen nicht Goethes zu sein, sondern es können der nächstbeste Müller oder Schulze sein. Erfüllen Sie den Christus-Ausspruch: nicht nur anzuknüpfen an die Leiber mit dem Blute, sondern anzuknüpfen an die Seelen mit dem Geist, dann machen Sie wirksam, im Leben unmittelbar wirksam den Gedanken der Auferstehung. Dann glauben Sie im Leben an die Auferstehung.

Der Ätherleib jedes Verstorbenen löst sich also nur zum Teil auf, ein bestimmter Rest aber (und der ist offensichtlich von Individualität zu Individualität verschieden groß, je nach dem Grad ihrer Entwicklung) wird konserviert. Und an diesen können nun die Lebenden sich anschließen, indem sie sich in das Geistesleben des Verstorbenen vertiefen. Dadurch lebt dieser Teil des Ätherleibes weiter und kann seine für den Lebenden inspirierende Wirkung entfalten, er selbst aber wächst dadurch auch und entwickelt sich weiter.

Fragt man sich nun aber, welcher Teil des Ätherleibes es denn eigentlich sei, der sich nicht auflöst, so gibt Rudolf Steiner wiederum in einem anderen Vortrag eine erstaunliche Antwort. Hier beschreibt er nämlich genauer, was er in der oben zitierten Stelle schon ausgeführt hat: daß die Möglichkeit, daß der Ätherleib teilweise konserviert wird, erst seit dem Mysterium von Golgatha besteht.

Wenn Sie sich also eine gewisse Zeit nach dem Ereignis von Golgatha vorstellen und sie vergleichen mit jener Zeit, da das Ereignis von Golgatha geschah, wenn Sie also einen zukünftigen Zustand der Menschheit vergleichen mit dem Zeitpunkt, als das Ereignis von Golgatha sich vollzog, dann können Sie sich sagen: Damals, als der Christus-Einschlag kam, war die Erde noch so, daß sie von sich selber aus nichts mehr einstrahlen konnte in die Ätherleiber der Menschen. Eine Zeitlang danach aber sind die Ätherleiber derjenigen Menschen, die eine Beziehung zu dem Christus-Impuls gefunden haben, durchstrahlt worden, sie haben aufgenommen in sich, wenn sie den Christus verstanden haben, die strahlende Gewalt, die seither in der Erde ist, die neue Leuchtkraft der Erde. Sie haben aufgenommen in den Ätherleibern das Christus-Licht! In die Ätherleiber der Menschen fließt das Christus-Licht ein.

Und jetzt, da seit jener Zeit in den Ätherleibern der Menschen immer ein Teil ist des Christus-Lichtes, was geschieht jetzt? Was geschieht mit demjenigen Teil im Ätherleib des Menschen, der das Christus-Licht in sich aufgenommen hat? Was geschieht mit ihm nach dem Tode? Was ist es überhaupt, was da als Folge des Christus-Impulses in den Ätherleib des Menschen sich nach und nach einlebt?

Das ist etwas, was der Christus-Impuls gebracht hat, was der Christus-Impuls in den Ätherleib des Menschen hineingesenkt hat, was seitdem da sein kann in dem Ätherleib des Menschen und was vorher nicht da war. Seit jener Zeit ist in den Ätherleibern der Menschen die Möglichkeit gegeben, daß in ihnen gleichsam als eine Wirkung des Christus-Lichtes etwas Neues auftritt, etwas auftritt, was Leben atmet, was unsterblich ist, was niemals dem Tode verfallen kann. Wenn es aber nicht dem Tode verfällt, so wird es, solange der Mensch auf der Erde noch dem Trugbild des Todes verfällt, gerettet sein vom Tode, wird es den Tod nicht mitmachen. Es gibt also seit jener Zeit etwas im Ätherleibe des Menschen, was den Tod nicht mitmacht, was nicht verfällt den Sterbekräften der Erde. Und dieses Etwas, das den Tod nicht mitmacht, was die Menschen sich nach und nach erobern durch den Einfluß des Christus-Impulses, das strömt nun zurück, das strömt hinaus in den Weltenraum, das bildet, je nachdem es stärker oder schwächer ist im Menschen, eine Kraft, die da hinausfließt in den Weltenraum. Und es wird diese Kraft eine Sphäre um die Erde herum bilden, die im Sonne-Werden ist. Eine Art von Geistes-Sphäre bildet sich um die Erde herum aus den lebendig gewordenen Ätherleibern. Ebenso wie das Christus-Licht von der Erde ausstrahlt, ebenso haben wir eine Art von Widerspiegelung des Christus-Lichtes im Umkreise der Erde. Was hier widergespiegelt wird als Christus-Licht, und was als Folge des Christus-Ereignisses eingetreten ist, ist das, was Christus den Heiligen Geist nennt. Ebenso wahr, wie die Erde ihr Sonne-Werden beginnt durch das Ereignis von Golgatha, ebenso wahr ist es, daß von diesem Ereignis an die Erde auch beginnt, schöpferisch zu werden und um sich herum einen geistigen Ring zu bilden, der später wiederum zu einer Art von Planet um die Erde wird.

In diesem Sinne können wir nun auch verstehen, warum sich der Ätherleib des Christian Rosenkreutz überhaupt nicht auflöste, weil er nämlich durch jene eigentümliche Art der Einweihung ganz und gar von dem Christus-Licht durchdrungen war! Deshalb gehen von ihm die beschriebenen besonderen Wirkungen aus, die sich aber in dem Maße verstärken, wie sich die Menschen mit ihnen verbinden. In obiger Darstellung ergibt sich daraus aber auch die eigentliche Zukunftsdimension der gesamten Evolution der Menschheit. Insbesondere dann, wenn wir das oben Gesagte erweitern auf unsere Beziehung zu allen Verstorbenen. Denn in dem Maße, wie wir uns ihrem Geistesleben zuwenden, kann sich jene Sphäre des Heiligen Geistes um die Erde herum anreichern und weiter bilden, wird der sonst immer weiter eintretende Tod allen irdischen Lebens überwunden. Damit aber wird die eigentliche Dimension der Bemühungen Rudolf Steiners um ein spirituell erneuertes Geistesleben erst voll verständlich. In ihnen steht die Individualität des Christian Rosenkreutz an zentraler Stelle, und bereits hier können wir die tiefere Bedeutung der Rosenkreuzerworte «Ex Deo nascimur, in Christo morimur, per Spiritum Sanctum reviviscimus» erkennen.

Wenden wir uns nun aber im nächsten Kapitel wieder der Individualität des Christian Rosenkreutz und seinen Lehren zu, wie sie im zweiten Neuchâteler Vortrag dargestellt werden.

Heute wird es nun meine Aufgabe sein, Ihnen etwas zu sagen über das Werk des Christian Rosenkreutz. Dieses Werk begann mit dem dreizehnten Jahrhundert und dauert bis heute und wird in alle Ewigkeit dauern. Der erste Akt dieses Werkes ist natürlich dasjenige, was wir gestern von der Initiation des Christian Rosenkreutz sagten und was wir über die Vorgänge zwischen dem Kollegium der Zwölf und dem Dreizehnten hörten.[46] Als dann Christian Rosenkreutz im vierzehnten Jahrhundert wiedergeboren wurde und damals seine Inkarnation mehr als hundert Jahre dauerte, bestand sein Werk hauptsächlich in der Belehrung der Schüler der Zwölf. Während dieser Zeit lernten kaum andere Menschen Christian Rosenkreutz kennen außer seinen Zwölf. Es ist dies nicht so aufzufassen, als ob Christian Rosenkreutz etwa nicht auch unter anderen Menschen herumgegangen wäre, sondern nur so, daß die anderen Menschen ihn nicht erkannten. Das ist im Grunde ähnlich so geblieben bis heute. Aber der Ätherleib des Christian Rosenkreutz wirkte stets im Kreise der Schüler, und seine Kräfte wirkten in immer weiteren Kreisen, und heute sind eigentlich schon viele Menschen in der Lage, ergriffen zu werden von den Kräften dieses Ätherleibes.

Diejenigen, die Christian Rosenkreutz zu seinen Schülern machen will, werden von ihm auf eine eigentümliche Weise dazu auserwählt. Es handelt sich dabei darum, daß der also Erwählte achtgeben muß auf ein bestimmtes Ereignis oder mehrere Ereignisse dieser Art in seinem Leben. Es geschieht diese Erwählung durch Christian Rosenkreutz so, daß irgendein Mensch in seinem Leben an einen entscheidenden Wendepunkt, an eine karmische Krise heran-

[46] Siehe S. 85 ff.

kommt. Nehmen wir zum Beispiel an, ein Mensch sei im Begriff, eine Sache zu begehen, die ihn zum Tode führen würde. Solche Dinge können die verschiedensten sein. Der Mensch geht einen Weg, der für ihn sehr gefährlich werden kann, vielleicht bis in die Nähe eines Abgrundes, ohne es zu bemerken. Es geschieht dann, daß der Betreffende vielleicht wenige Schritte vor dem Abgrund eine Stimme hört: Halt ein! – so daß er halten muß, ohne zu wissen warum. Tausend ähnliche Fälle kann es geben. Zu bemerken ist allerdings, daß dies nur das äußere Zeichen ist, aber das wichtigste Zeichen der äußeren spirituellen Berufung. Zur inneren Berufung gehört, daß der Erwählte sich mit irgend etwas Spirituellem, Theosophie oder sonstiger geistiger Wissenschaft beschäftigt hat. Das Ihnen genannte äußere Ereignis ist eine Tatsache in der physischen Welt, rührt aber nicht von einer menschlichen Stimme her. Das Ereignis ist immer so gestaltet, daß der Betreffende ganz genau weiß, daß die Stimme aus der geistigen Welt kam. Es kann zuerst der Glaube herrschen, daß ein Mensch irgendwo versteckt sei, von dem die Stimme herrühre, aber wenn der Schüler reif ist, findet er heraus, daß nicht etwa eine physische Persönlichkeit in sein Leben eingegriffen hat. Kurz, die Sache ist so, daß durch dieses Ereignis der Schüler ganz genau weiß, daß es Mitteilungen gibt aus der geistigen Welt. Solche Ereignisse können einmal, aber auch öfters vorkommen im menschlichen Leben. Wir müssen nun die Wirkung davon auf das Gemüt des Schülers verstehen. Der Schüler sagt sich: Es ist mir durch Gnade ein weiteres Leben geschenkt worden; das erste war verwirkt. – Dieses neue, durch Gnade verliehene Leben gibt dem Schüler Licht in seinem ganzen folgenden Leben. Er hat dieses bestimmte Gefühl, das man in die Worte kleiden kann: Ohne dieses mein Rosenkreuzer-Erlebnis wäre ich gestorben. Das nun folgende Leben hätte nicht denselben Wert ohne dieses Ereignis.

Es kann allerdings vorkommen, daß ein Mensch dies schon einmal oder mehrere Male erlebt hat und er doch nicht gleich zur Theosophie oder Geisteswissenschaft kommt. Dann kann aber später die Erinnerung an ein solches Erlebnis hinzutreten. Viele von denen, die hier sind, können ihr vergangenes Leben prüfen und finden, daß ähnliche Ereignisse in ihrem Leben vorgekommen sind. Man beobachtet solche Dinge heute nur zu wenig. Wir sollten uns überhaupt klarmachen, daß wir an so vielen wichtigen Ereignissen vorbeigehen, die wir nicht beobachten. Dies sei eine Andeutung für die Art der Berufung der höheren Schüler des Rosenkreuzertums.

Entweder wird nun ein solches Ereignis spurlos an dem betreffenden Menschen vorübergehen, dann verwischt sich der Eindruck, und er hält dieses Erlebnis überhaupt nicht für wichtig. Oder nehmen wir an, der Mensch sei aufmerksam, er hält dieses Erlebnis nicht für bedeutungslos, dann kommt er vielleicht zu dem Gedanken: Eigentlich standest du da vor einer Krisis, einer karmischen Krisis, eigentlich sollte dein Leben in diesem Augenblicke enden, du hattest dein Leben verwirkt; nur durch etwas Zufallähnliches bist du gerettet worden. Es ist seit jener Stunde gleichsam ein zweites Leben auf dieses erste daraufgepflanzt. Dieses zweite Leben mußt du als dir geschenkt betrachten und demgemäß mußt du dich benehmen.

Wenn ein solches Erlebnis in einem Menschen die innere Stimmung auslöst, daß er sein Leben von jener Stunde an als geschenkt betrachtet, so macht dies heute diesen Menschen zu einem Bekenner des Christian Rosenkreutz. Denn das ist seine Art, diese Seelen zu sich zu rufen. Und derjenige, der sich zurückerinnern kann an ein solches Erlebnis, kann sich sagen: Christian Rosenkreutz hat mir einen Wink gegeben aus der spirituellen Welt, daß ich seiner Strömung angehöre. Christian Rosenkreutz hat zu meinem Karma hinzugefügt die Möglichkeit eines solchen Erlebnisses. – Das ist die Art, wie Christian Rosenkreutz die Wahl seiner Schüler trifft. So wählt er seine Gemeinde. Wer solches bewußt erlebt, der sagt sich: Da ist mir ein Weg gewiesen, ich muß dem nachgehen und sehen, inwiefern ich meine Kräfte in den Dienst des Rosenkreuzertums stellen kann. – Diejenigen aber, die den Wink nicht verstanden haben, werden später noch dazu kommen, denn an wen der Wink einmal ergangen ist, der wird auch nicht wieder davon loskommen.

Daß der Mensch ein Erlebnis der geschilderten Art haben kann, das rührt davon her, daß dieser Mensch in der Zeit zwischen seinem letzten Tode und seiner letzten Geburt zusammengetroffen ist in der geistigen Welt mit Christian Rosenkreutz. Damals hat uns Christian Rosenkreutz erwählt, er hat einen Willensimpuls in uns hineingelegt, der uns nun zu solchen Erlebnissen führt. Das ist die Art, wie geistige Zusammenhänge herbeigeführt werden.

An dieser Stelle soll der Vortrag kurz durch einen ergänzenden Einschub aus einem Vortrag vom 5. November 1912 unterbrochen werden, der das oben Gesagte auf bedeutsame Weise noch ergänzt.

Ich habe hier öfter darauf hingewiesen, daß das Jahr 1899 für den, der spirituelle Erkenntnisse hat, ein wichtiges Jahr war. Es ist der Ablauf gewesen einer fünftausendjährigen geschichtlichen Menschheitsperiode, des sogenannten kleinen Kali Yuga.[47] Nach diesem Jahre sind die Seelen der Menschen in die Notwendigkeit versetzt, in anderer Art das Spirituelle an sich herankommen zu lassen als vor dieser Zeit. Um ein konkretes Beispiel zu haben: Ein gewisser Norbert hat um die Wende des 12. Jahrhunderts

[47] Siehe Anm. 41, S. 99.

herum im Abendlande einen Orden gestiftet.[48] Dieser Norbert war, bevor ihm die Idee aufgegangen ist, den Orden zu stiften, man könnte fast sagen, ein leichtlebiger Mensch, ein Mensch voller Leidenschaft und Weltlust. Da trug sich mit ihm eines Tages etwas ganz Besonderes zu. Er wurde vom Blitz getroffen. Der tötete ihn nicht, sondern veränderte seine ganze Wesenheit. Solcher Beispiele gibt es viele in der Menschheitsentwicklung. Der ganze Mensch wurde umgewandelt; die Zusammenfügung der vier Glieder: physischer Leib, Ätherleib, Astralleib und Ich erfuhr eine Änderung durch dieses Durchschlagen der Kraft, die im Blitze war. Dann hat er den betreffenden Orden gegründet. Und wenn auch der Orden, wie so viele Orden, nicht das gehalten hat, was sein Begründer wollte, so hat er doch damals in vieler Beziehung sein Gutes gestiftet. Das ist öfter geschehen, daß ein, wie der heutige Mensch sagt, Zufall eintrat. Es ist aber kein Zufall; es ist ein im Weltenkarma herbeigeführtes Ereignis. Der Mensch war dazu ausersehen, etwas Besonderes zu tun. Daher sollten die Bedingungen in seiner Leiblichkeit hergestellt werden, daß er das tun konnte. Das war notwendig als ein äußeres Ereignis, als ein mehr äußerer Einfluß. – In dieser Beziehung ist das Grenzjahr 1899 dasjenige gewesen, nach welchem immer mehr und mehr auf die Seelen solche Einflüsse rein innerlich geschehen müssen, die nicht von außen in so erheblichem Maße kommen können. Nicht als ob ein schroffer Übergang kommen müsse, aber es ist doch so, daß das, was von heute ab auf die Menschenseelen wirken wird, immer innerlicher und innerlicher wirken wird. Sie erinnern sich, was ich darüber sagte,

[48] Der Heilige Norbert von Xanten (um 1080/85–1134) gründete 1120/21 den Prämonstratenserorden, genannt nach dem Kloster Prémontré bei Laon in der Nähe von Reims. 1128 wurde er zum Erzbischof von Magdeburg berufen.

wie Christian Rosenkreutz auf die menschliche Seele wirken sollte, wenn er sie berufen wollte, und wie dies eine mehr innerliche Berufung ist. Vor diesem genannten Jahre mußten diese Berufungen mehr durch äußere Ereignisse herbeigeführt werden; nach diesem Jahre werden sie immer innerlicher und innerlicher. Immer innerlicher wird der Verkehr der Menschenseelen mit den höheren Hierarchien werden, und immer mehr und mehr wird sich der Mensch anstrengen müssen, gerade durch das Innere, durch die tiefsten und intimsten Kräfte seiner Seele den Wechselverkehr mit den Wesenheiten der höheren Hierarchien zu unterhalten.

Was ich Ihnen jetzt charakterisiert habe wie einen Einschnitt im Leben des physischen Planes, dem entspricht aber in der geistigen Welt – sichtbar für den, der einen Einblick in die spirituellen Welten haben kann – dort vieles, was sich zwischen den Wesenheiten der höheren Hierarchien abgespielt hat. Dinge, welche die Wesenheiten der höheren Welten untereinander zu verrichten haben, sind ganz besonders in diesem Zeitpunkte geschehen. Aber eine Eigentümlichkeit bestand für diesen Zeitpunkt. Die Wesenheiten, welche in den spirituellen Welten das bewirken mußten, daß das Ende des Kali Yuga eintrat, brauchten etwas von unserer Erde, etwas, was auf unserer Erde geschah. Sie brauchten die Tatsache, daß in einzelnen Seelen, die reif dazu waren, ein Wissen vorhanden war von diesen Sachen, oder wenigstens, daß jetzt ein Wissen vorhanden ist, daß Vorstellungen über diesen Umschwung in den Seelen leben. Denn wie der Mensch auf dem physischen Plane ein Gehirn braucht, um ein Bewußtsein zu entwickeln, so brauchen die Wesenheiten der höheren Hierarchien menschliche Gedanken, in denen sich die Dinge spiegeln, welche die höheren Hierarchien tun. Die Menschenwelt ist notwendig auch für die geistige Welt; sie wirkt mit, sie muß da sein. Aber es muß in der richtigen

Weise mitgewirkt werden. Und die, welche dazumal reif waren oder heute reif sind, um an diesen Dingen von der Menschheitsseite her mitzuwirken, die durften nicht, oder dürfen nicht für das, was in der geistigen Welt geschehen soll, etwa auf dem physischen Plane eine Propaganda entwickeln, wie man sie auf diesem gewohnt ist zu entwikkeln. Nicht dadurch, daß wir uns sozusagen geschäftig verhalten auf dem physischen Plan, helfen wir den Geistern der höheren Hierarchien, sondern dadurch, daß wir erstens Verständnis haben für das, was geschehen soll, daß wir aber außerdem dann in völliger Gemütsruhe, in absolutester Sammlung unseres Seelenlebens gewissermaßen in der Lage sind, andächtig uns hinzugeben einer solchen Erscheinung der übersinnlichen Welt. Also die Ruhe, die wir bewahren können, die Stimmung, die wir uns erringen können, um so etwas in Gnaden zu erwarten, in Gnaden entgegenzunehmen, das ist das, was wir dazu beitragen können.

Somit können wir sagen, wenn auch der Ausspruch paradox klingt: Unsere Handlungen, unsere Tätigkeit in den höheren Welten hängen ab von unserer Gemütsruhe; je ruhiger wir werden können, desto mehr kann durch uns geschehen in bezug auf die Tatsachen der höheren Welten. Daher ist es auch notwendig für die Teilnahme an einer spirituellen Bewegung, diese Stimmung, diese Gemütsruhe wirklich entwickeln zu können. Und das wäre im höchsten Maße gerade für die anthroposophische Bewegung zu wünschen, daß von ihren Teilnehmern diese Gemütsruhe angestrebt würde, dieses gnadenvolle Verhalten, dieses mit dem Bewußtsein der Gnade erfüllte Verhalten gegenüber den höheren Welten.

Setzen wir die Ausführungen des zweiten Neuchâteler Vortrages fort, in denen Rudolf Steiner nun auf die Art des Unterrichtes des Christian Rosenkreutz näher eingeht. Dabei charakterisiert er auch ausführlich das alchimistische Streben der Rosenkreuzer und unterscheidet es klar von jener Alchimie, von der in den Geschichtsbüchern die Rede ist. Auch hier macht er wiederum deutlich, daß über die «wahre Alchimie» nichts aufgeschrieben wurde, da es sich dabei im Kern um seelische Prozesse handelte, die bis zu einer Umwandlung der Aura führten. Heute, im Zuge der Veränderung vom Unterricht des Christian Rosenkreutz, werden diese Prozesse durch das Studium der Geisteswissenschaft und durch Meditation und Konzentration noch innerlicher durchlebt, wobei Steiner betont, daß es immer mehr Menschen sein werden, die sich ihnen unterziehen werden.

Um nun weiter in die Sache einzudringen, wollen wir den Unterschied des Unterrichts des Christian Rosenkreutz in früheren Zeiten von den späteren Zeiten besprechen. Dieser Unterricht war früher ein mehr naturwissenschaftlicher, heute ist er mehr geisteswissenschaftlicher Art. So sprach man zum Beispiel früher mehr von Naturprozessen und nannte diese Wissenschaft Alchimie, und insofern diese Prozesse außerhalb der Erde stattfanden, nannte man diese Wissenschaft Astrologie. Heute gehen wir mehr von der spirituellen Betrachtung aus. Wenn wir zum Beispiel die aufeinanderfolgenden nachatlantischen Kulturepochen betrachten, die urindische Kultur, die urpersische, die ägyptisch-chaldäisch-assyrisch-babylonische Kultur, die griechisch-lateinische Kultur, so lernen wir aus dieser Betrachtung die Natur der menschlichen Seelenentwicklung kennen. Der mittelalterliche Rosenkreuzer studierte die Naturvorgänge, die er als die Erdvorgänge der Natur ansah. So unterschied er zum Beispiel drei verschiedene Naturvorgänge, die er als die drei großen Prozesse der Natur ansah.

Als der erste wichtige Prozeß ist folgender anzuführen: Die Salzbildung. Alles, was in der Natur aus einer Auflösung als fester Stoff sich niederschlägt, sich setzen, herausfallen kann, nannte der mittelalterliche Rosenkreuzer: Salz. Wenn aber der mittelalterliche Rosenkreuzer diese Salzbildung sah, war seine Vorstellung davon ganz verschieden von der des heutigen Menschen. Denn der Anblick eines solchen Prozesses mußte wie ein Gebet wirken in der Seele desjenigen Menschen, der ihn betrachtete, wenn er ihn als verstanden empfinden wollte. Der mittelalterliche Rosenkreuzer suchte sich deshalb klar zu machen, was in seiner eigenen Seele vorgehen müßte, wenn in ihr diese Salzbildung auch vorgehen sollte. Er dachte: Die menschliche Natur vernichtet sich fortwährend durch die Triebe und Leidenschaften. Unser Leben wäre eine fortwährende Zersetzung, ein Fäulnisprozeß, wenn wir uns nur den Begierden und Leidenschaften hingeben würden. Und wenn der Mensch sich wirklich schützen will gegen diesen Fäulnisprozeß, so muß er sich fortwährend hingeben reinen, nach dem Geistigen hintendierenden Gedanken. Es handelte sich um die Höherentwicklung seiner Gedanken. Der mittelalterliche Rosenkreuzer wußte, daß, wenn er in einer Inkarnation seine Leidenschaften nicht bekämpfte, er in die nächste Inkarnation mit Krankheitsanlagen hineingeboren werden würde, daß er aber, wenn er seine Leidenschaften läuterte, in die nächste Inkarnation mit gesunden Anlagen eintreten würde. Der Prozeß der Überwindung der zur Verwesung führenden Kräfte durch Spiritualität, das ist mikrokosmische Salzbildung. So können wir begreifen, wie ein solcher Naturvorgang für den mittelalterlichen Rosenkreuzer zum frömmsten Gebet werden konnte. Bei der Betrachtung der Salzbildung sagten sich die mittelalterlichen Rosenkreuzer mit dem Gefühl der reinsten Frömmigkeit: Hier haben göttlich-geistige Kräfte seit Tausenden von Jahren ebenso gewirkt, wie in mir reine

Gedanken wirken. Ich bete an hinter der Maja der Natur die Gedanken der Götter, der göttlich-geistigen Wesenheiten. – Das wußte der mittelalterliche Rosenkreuzer und er sagte sich: Wenn ich mich durch die Natur anregen lasse, solche Empfindungen zu hegen, so mache ich mich selber dem Makrokosmos ähnlich. Betrachte ich diesen Prozeß nur äußerlich, so scheide ich mich von dem Gotte, so falle ich vom Makrokosmos ab. – So empfand der mittelalterliche Theosoph oder Rosenkreuzer.

Ein anderes Erlebnis war der Prozeß der Auflösung: ein anderer Naturprozeß, der ebenfalls den mittelalterlichen Rosenkreuzer zum Gebet führen konnte. Alles dasjenige, was etwas anderes auflösen kann, nannte der mittelalterliche Rosenkreuzer: Quecksilber oder Merkur. Nun trat wieder für den mittelalterlichen Rosenkreuzer die Frage auf: Was ist die entsprechende Eigenschaft in der menschlichen Seele? Welche Seeleneigenschaft wirkt so, wie in der Natur draußen Quecksilber oder Merkur? Der mittelalterliche Rosenkreuzer wußte, daß das, was diesem Merkur in der Seele entspricht, alle Formen der Liebe in der Seele bedeutet. Er unterschied niedere und höhere Auflösungsprozesse, wie es niedere und höhere Liebeformen gibt. Und so wurde der Anblick des Auflösungsprozesses wieder zu einem frommen Gebete, und der mittelalterliche Theosoph sagte sich: Es hat die Liebe des Gottes draußen Jahrtausende lang so gewirkt, wie in meinem Innern die Liebe wirkt.

Der dritte wichtige Naturprozeß war für den mittelalterlichen Theosophen die Verbrennung, das, was eintritt, wenn ein äußerer Stoff in Flammen sich verzehrt. Und wiederum suchte der mittelalterliche Rosenkreuzer den inneren Vorgang, der dieser Verbrennung entspricht. Er sah diesen inneren Seelenvorgang in der inbrünstigen Hingabe an die Gottheit. Und er nannte alles, was in der Flamme aufgehen kann: Schwefel oder Sulfur. Er sah in den Entwicklungsstadien der Erde den Prozeß einer allmählichen Läuterung, ähnlich einem Verbrennungsprozeß oder Schwefelprozeß. So wie er wußte, daß einmal die Erde durch das Feuer gereinigt wird, so sah er in der inbrünstigen Hingabe an die Gottheit auch einen Verbrennungsprozeß. In den Erdenprozessen sah er die Arbeit der Götter, die zu noch höheren Göttern aufschauen. Und so durchdrungen von großer Frömmigkeit und tief religiösen Gefühlen sagte er sich beim Anblick des Verbrennungsprozesses: Jetzt opfern Götter den höheren Göttern. – Und wenn dann der mittelalterliche Theosoph selbst in seinem Laboratorium den Verbrennungsprozeß hervorbrachte, dann empfand er: Ich tue, was die Götter tun, wenn sie sich höheren Göttern opfern. – Sich selber hielt er nur dann für würdig, zu einem solchen Verbrennungsprozeß in seinem Laboratorium zu schreiten, wenn er sich von solcher Opfergesinnung durchdrungen fühlte, wenn er selber in sich fühlte den Wunsch, sich opfernd den Göttern hinzugeben. Die Macht der Flamme erfüllte den mittelalterlichen Theosophen mit großen, tiefreligiösen Gefühlen, und er sagte sich: Wenn ich draußen im Makrokosmos die Flamme sehe, so sehe ich die Gedanken, die Liebe, die Opfergesinnung der Götter.

Der mittelalterliche Rosenkreuzer nahm selber in seinem Laboratorium diese Prozesse vor, und dann ergab sich der Experimentierende der Betrachtung dieser Bildungen von Salz, der Auflösungen und der Verbrennungen, bei denen er sich stets tief religiösen Empfindungen hingab, und er fühlte den Zusammenhang mit allen Kräften im Makrokosmos. Diese Seelenvorgänge riefen bei ihm hervor: erstens Göttergedanken, zweitens Götterliebe, drittens Götteropferdienst. Und dann entdeckte dieser mittelalterliche Rosenkreuzer, daß, wenn er einen Salzbildungsprozeß vornahm, in ihm selber solche reinen, läuternden Gedanken aufstiegen. Bei einem Auflösungsprozeß fühlte er sich angeregt zur Liebe, wurde er von der göttlichen Liebe durchdrungen, im Verbrennungsprozeß fühlte er sich entfacht zum Opferdienst, dazu gedrängt, sich auf dem Altar der Welt zu opfern.

Das war, was der Experimentierende erlebte. Und wenn man selbst als Hellseher einem solchen Experiment beigewohnt hätte, so hätte man eine Veränderung der Aura des betreffenden Menschen, der das Experiment ausführte, wahrgenommen. Die Aura, die vor dem Experiment sehr gemischt war, die vielleicht erfüllt gewesen war von Begierden, Trieben, denen sich der Betreffende hingegeben hatte, wurde durch das Experiment einfarbiger. Zuerst, bei dem Experiment der Salzbildung: kupfern – reine Gottesgedanken –, dann, bei dem Experiment der Auflösung: silbern – Götterliebe –, und endlich goldglänzend – Götteropferliebe oder Götteropferdienst – bei der Verbrennung. Und die Alchimisten sagten dann, sie hätten aus der Aura das subjektive Kupfer, das subjektive Silber und das subjektive Gold gemacht. Und die Folge davon war, daß derjenige, der so etwas durchgemacht hatte, der ein solches Experiment wirklich innerlich erlebte, von göttlicher Liebe ganz durchdrungen wurde. Also ein von Reinheit, Liebe und Opferwillen durchdrungener Mensch kam dabei heraus, und durch diesen Opferdienst bereiteten die mittelalterlichen Theosophen ein gewisses Hellsehen vor. So konnte der mittelalterliche Theosoph hineinschauen in die Art, wie hinter der Maja geistige Wesen die Dinge entstehen und wieder vergehen ließen. Und dadurch sah er dann auch ein, welche Bestrebungskräfte in der Seele in uns fördernd sind und welche nicht. Er lernte unsere eigenen Entstehungs- und Verwesungskräfte kennen. Der mittelalterliche Theosoph Heinrich Khunrath[49] nannte

[49] Heinrich Khunrath, 1560–1605, praktischer Arzt und Verfasser zahlreicher alchimistischer Schriften.

in einem Augenblick der Aufklärung diesen Prozeß das Gesetz der Entstehung und Verwesung.

Aus dem Naturanblick wurde dem mittelalterlichen Theosophen das Gesetz der Aufwärtsentwicklung und des Abstiegs klar. Die Wissenschaft, die er sich dadurch aneignete, drückte er in gewissen Zeichen, in imaginativen Bildern und Figuren aus. Es war eine Art imaginativer Erkenntnis. Was gestern charakterisiert worden ist als *Die geheimen Figuren der Rosenkreuzer*, ist ein Resultat von dem eben Besprochenen.

So arbeiteten die besten Alchimisten vom vierzehnten bis ins achtzehnte und noch bis an den Anfang des neunzehnten Jahrhunderts. Über diese wirklich moralische, ethische, intellektuelle Arbeit ist nichts gedruckt worden. Was über Alchimie gedruckt ist, handelt nur von rein äußeren Experimenten, ist nur von denen geschrieben, welche die Alchimie als Selbstzweck betrieben. Der falsche Alchimist ging darauf aus, Stoffe zu formen. Er sah in den Experimenten bei der Verbrennung der Stoffe nur den Gewinn des materiellen Ergebnisses. Der rechte Alchimist aber gab auf den Stoff, den er zuletzt erhielt, gar nichts. Es kam ihm nur auf die inneren Seelenerlebnisse während der Stofformung an, auf die Gedanken, die in ihm waren, die Erlebnisse, die er in sich hatte. Daher war es ein strenges Gesetz, daß der mittelalterliche Theosoph, welcher bei den Experimenten Gold und Silber erzeugte, nie einen Gewinn für sich daraus machen durfte. Er durfte die produzierten Metalle nur verschenken. Der heutige Mensch hat nicht mehr die richtige Vorstellung von diesen Experimenten. Er hat keine Ahnung von dem, was der Experimentierende erleben konnte. Der mittelalterliche Theosoph konnte ganze Seelendramen in seinem Laboratorium erleben, zum Beispiel wenn das Antimon gewonnen wurde, sahen die Experimentierenden sehr bedeutendes Moralisches in diesen Prozessen.

Wären damals diese Dinge nicht geschehen, so könnten wir heute nicht im geisteswissenschaftlichen Sinne Rosenkreuzerei treiben. Was der mittelalterliche Rosenkreuzer im Anblick der Naturprozesse erlebt hat, ist eine heilige Naturwissenschaft. Was er erlebte an geistigen Opfergesinnungen, an großen Freuden, großen Naturvorgängen, auch an Schmerzen und Traurigkeit, an erhebenden und erfreuenden Ereignissen während der Experimente, die er vornahm, das wirkte alles erlösend und befreiend auf ihn ein. Alles das aber ruht jetzt in den innersten Untergründen des Menschen, alles, was ihm damals dort hineingelegt wurde.

Wie finden wir nun diese verborgenen Kräfte, die damals zum Hellsehen führten, wieder? Wir finden sie dadurch, daß wir Geisteswissenschaft studieren und uns durch ernste Meditation und Konzentration ganz dem inneren Leben der Seele hingeben. Durch solche innere Entwicklung wird allmählich die Beschäftigung mit der Natur wieder ein Opferdienst. Dazu müssen die Menschen hindurchgehen durch das, was wir heute Geisteswissenschaft nennen. Tausende von Menschen müssen sich der Geisteswissenschaft hingeben, ein inneres Leben führen, damit in Zukunft wieder die geistige Wahrheit hinter der Natur wahrgenommen werden kann, damit man wieder das Geistige hinter der Maja verstehen lerne. Dann wird in Zukunft, wenn auch zunächst eine noch kleine Schar, das Ereignis des Paulus vor Damaskus erleben dürfen und wahrnehmen den ätherischen Christus, der übersinnlich unter die Menschen kommt. Es muß aber zuerst der Mensch wieder zu dem geistigen Anblick der Natur kommen. Wer den ganzen inneren Sinn der Rosenkreuzerarbeit nicht kennt, kann glauben, die Menschheit sei noch auf der gleichen Stufe wie vor zweitausend Jahren. Bevor nicht dieser Prozeß durchgemacht worden sein wird, der allein durch die Geisteswissenschaft möglich ist, wird der Mensch nicht zum geistigen Schauen kommen.

Es gibt viele Menschen, die fromm und gut sind, die sich nicht zur Geisteswissenschaft bekennen, im Grunde aber doch Theosophen sind.

Durch das Ereignis bei der Taufe im Jordan, als der Christus in den Leib des Jesus von Nazareth herabstieg, und durch das Mysterium von Golgatha ist die Menschheit fähig geworden, den Christus später – in diesem Jahrtausend noch, von etwa 1930 an – im Ätherleib zu schauen und zu erleben. Christus ist nur einmal auf Erden in einem physischen Leibe gewandelt, und das muß man verstehen können. Die Wiederkunft des Christus bedeutet: den Christus übersinnlich im Ätherleibe zu schauen. Daher muß jeder, der den richtigen Gang der Entwicklung gehen will, sich die Fähigkeit erringen, mit dem geistigen Auge schauen zu können. Es wäre kein Fortschritt der Menschheit, wenn Christus noch einmal im physischen Leibe erscheinen müßte. Das nächste Mal wird er sich im Ätherleibe offenbaren.

Was die verschiedenen Religionsbekenntnisse geben konnten, das ist zusammengetragen worden durch Christian Rosenkreutz und das Kollegium der Zwölf. Die Wirkung davon wird sein, dasjenige, was die einzelnen Religionen gegeben haben, was ihre Bekenner erstrebt und ersehnt haben, im Christus-Impuls zu finden. Dieses wird die Entwicklung der nächsten drei Jahrtausende sein: das Verständnis für diesen Christus-Impuls zu schaffen und zu fördern. Vom zwanzigsten Jahrhundert an werden alle Religionen im Rosenkreuzermysterium vereinigt sein. Und das wird möglich sein in den nächsten drei Jahrtausenden, weil es nicht mehr nötig sein wird, aus dem, was die Dokumente enthalten, die Menschheit zu belehren, sondern durch den Anblick des Christus werden sie selbst verstehen lernen das Ereignis, welches Paulus vor Damaskus erlebte. Die Menschheit wird selbst durch das Paulus-Ereignis hindurchgehen.

Fünftausend Jahre nach der Erleuchtung des Buddha unter dem Bodhi-Baum wird der Maitreya-Buddha erscheinen, das ist ungefähr dreitausend Jahre von jetzt an gerechnet. Er wird der Nachfolger des Gautama Buddha sein. Unter wahren Okkultisten ist darüber gar keine Diskussion möglich. Westliche und östliche Okkultisten sind sich darüber einig. Zwei Dinge stehen also fest:

Erstens, daß der Christus nur *einmal* im physischen Leibe erscheinen konnte und daß er im zwanzigsten Jahrhundert im Ätherleibe erscheinen wird. Im zwanzigsten Jahrhundert werden zwar große Individualitäten auftauchen, zum Beispiel der Bodhisattva als Nachfolger des Gautama Buddha, der in etwa dreitausend Jahren der Maitreya-Buddha werden wird. Aber kein wahrer Okkultist wird irgendeinen physisch verkörperten Menschen im zwanzigsten Jahrhundert als Christus bezeichnen, kein wirklicher Okkultist wird den Christus im zwanzigsten Jahrhundert im physischen Leibe erwarten. Jeder wirkliche Okkultist wird ein Unrecht in einer solchen Behauptung finden. Der Bodhisattva wird aber gerade auf den Christus hinweisen.

Zweitens, der Bodhisattva, der in Jeshu ben Pandira erschienen ist, wird erst in dreitausend Jahren – von heute an gerechnet – als der Maitreya-Buddha erscheinen. Gerade die wirklichen Okkultisten Indiens würden sich entsetzen, wenn man behaupten wollte, der Maitreya-Buddha könne vorher erscheinen. Es mag allerdings in Indien auch solche Okkultisten geben, die nicht wirkliche Okkultisten sind, die aus Nebenzwecken von einem schon jetzt inkarnierten Maitreya-Buddha sprechen. Ein richtiges Sichhingeben an die Rosenkreuzer-Theosophie und richtige Devotion gegenüber Christian Rosenkreutz kann jeden davor bewahren, in diese Irrtümer zu verfallen.

Alle diese Dinge werden so gesagt im Rosenkreuzertum, daß sie von der Vernunft nachgeprüft werden können. Durch den gesunden Menschenverstand können alle diese Sachen geprüft werden. Glauben Sie mir auf Autorität hin gar nichts, sondern betrachten Sie alles, was ich sage, nur als Anregung und prüfen Sie dann selbst. Ich bin ganz ruhig, je mehr Sie prüfen werden, umsomehr werden Sie Theosophie oder Geisteswissenschaft vernünftig finden. Je weniger Autoritätsglauben, desto mehr Verständnis für Christian Rosenkreutz. Wir erkennen Christian Rosenkreutz am besten, wenn wir uns so recht in seine Individualität vertiefen und uns bewußt werden, daß der Geist dieses Christian Rosenkreutz fort und fort besteht. Und je mehr wir uns diesem großen Geiste nähern, desto mehr Kraft wird uns zukommen. Von dem Ätherleib dieses großen Führers, der immer und immer da sein wird, können wir viel Kraft und Beistand erhoffen, wenn wir diesen großen Führer um seine Hilfe bitten.

Auch das seltsame Ereignis des Siechtums des Christian Rosenkreutz werden wir verstehen können, wenn wir uns richtig in die geisteswissenschaftliche Arbeit vertiefen. Es war im dreizehnten Jahrhundert, daß diese Individualität lebte in einem physischen Leibe, der bis zur Durchsichtigkeit entkräftet war, so daß er während einiger Tage wie tot dalag und daß er während dieser Zeit von den Zwölf die Weisheit dieser Zwölf aufnahm und auch das Ereignis von Damaskus erlebte.

Der Schluß dieses Vortrages knüpft an die im ersten Neuchâteler Vortrag offenbarten Geheimnisse des Ätherleibes des Christian Rosenkreutz wieder an. Verbindet man die oben S. 107 im Anschluß an jenen Vortrag ausgeführten Zusammenhänge mit der hier zuletzt gemachten Aussage, so ergibt sich daraus die Einsicht, daß der physische Leib des Christian Rosenkreutz wohl deshalb dahinsiechen mußte, weil sich sein ätherischer Leib ganz und gar einer höheren Aufgabe zugewandt hatte. Und nochmals betont Rudolf Steiner hier, daß eben dieser Ätherleib seither weiterbesteht und daß die anthroposophische Geisteswissenschaft ihre Kraft der Weiterentwicklung aus der Vertiefung in diesen Ätherleib erhält.

Daß sich diese Wirksamkeit für Rudolf Steiner selber als höchst aktuell erwies, zeigt nicht nur die Tatsache, daß seit dem Münchner Kongreß von 1907 künstlerische Formen entstanden waren, die sich mehr und mehr zu einem Bauimpuls entwickelten, der zunächst als «Rosenkreuzertempel» bezeichnet wurde. Auch das erste Mysteriendrama, *Die Pforte der Einweihung,* das ja dafür gedacht war, in diesem Rosenkreuzertempel aufgeführt zu werden, trug den Untertitel «Ein Rosenkreuzermysterium» und in seinem Siegel die schon im Münchner Saal auftauchenden Abkürzungen der Rosenkreuzerworte in den Buchstaben E. D. N. I. C. M. P. S. S. R. Damit wurde deutlich, daß Rudolf Steiner sich auf die von Christian Rosenkreutz in dem oben beschriebenen Sinne begründete Strömung stützte, insbesondere bei den künstlerischen Neuschöpfungen wie dem späteren Goetheanumbau und den Mysteriendramen. Eine Andeutung dieses Zusammenhanges mit dem Ätherleib des Christian Rosenkreutz hat Rudolf Steiner in dem Motiv des Grünen Fensters im Süden des Ersten Goetheanum gegeben, wo er die Gestalt eines Mannes darstellt, von dem ein pflanzenartiges Gebilde nach oben zu seinem von 12 Häuptern umgebenen Kopf strahlt. Daneben erscheint oben dasselbe Motiv, wobei der Kopf hier aber nicht mehr mit geschlossenen, sondern mit offenen Augen dargestellt ist und von ihm aus nun ein pflanzenartiger Strahl nach unten geht. Daraus entsteht dort eine der Säulen des ersten Goetheanum.[50]

[50] Den Hinweis auf diesen Zusammenhang verdanke ich Frank Teichmann.

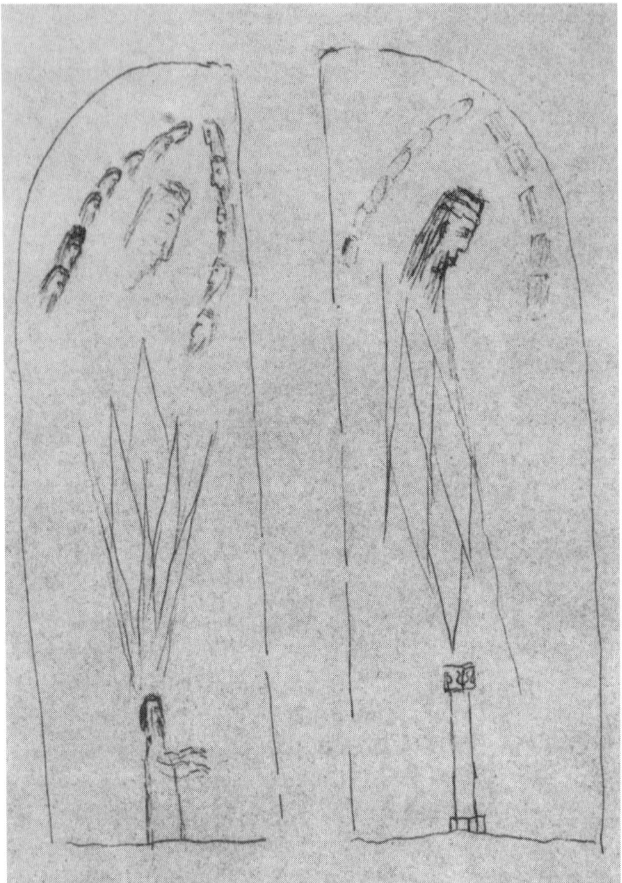

Daß auch Goethe, nach dem der Bau dann schließlich benannt wurde, vom Rosenkreuzertum inspiriert worden war, hatte Rudolf Steiner ja in dem oben S. 18 abgedruckten Vortrag vom 22. Mai 1907 am Münchner Kongreß gleich zu Beginn hervorgehoben.[51] Sowohl dessen Gedicht *Die Geheimnisse,* das Rudolf Steiner in den Vorträgen über Christian Rosenkreutz als eine Art erahntes Abbild der hier beschriebenen Einweihung im 13. Jahrhundert bezeichnet, wie auch das *Märchen,* das für Rudolf Steiner zu einer seiner wichtigsten Inspirationsquellen, insbesondere für die Mysteriendramen, wurde, können als unmittelbar aus dem Rosenkreuzertum inspiriert verstanden werden.[52]

An der Art, wie sich also für Rudolf Steiner selber die rosenkreuzerische Strömung als wirksam erwies, kann nun aber auch abgelesen werden, welche besondere Qualität diese Strömung auszeichnet. Dem soll nun im nächsten Kapitel weiter nachgegangen werden.

[51] Vgl. dazu das in Anm. 8, S. 14 erwähnte Buch von Frank Teichmann, Goethe und die Rosenkreuzer.

[52] Dabei ist bedeutsam, daß Goethe selbst das *Märchen* als eine Neufassung der Bilder der *Chymischen Hochzeit* ansah. So schreibt er am 28. 6. 1786 an Frau von Stein. «Christian Rosenkreutz' Hochzeit habe ich hinaus gelesen, es gibt ein schön Märchen zur guten Stunde zu erzählen, wenn es wiedergeboren wird, in seiner alten Haut ist's nicht zu genießen.» Diese «Wiedergeburt» fand dann 1795 im Märchen seine Ausgestaltung, elf Jahre nach der Abfassung der Geheimnisse. Rudolf Steiner weist in seinem Lebensgang auf diesen Zusammenhang hin, wenn er schreibt: «Die drei Könige des Märchens findet man in einiger Ähnlichkeit in der ‹Chymischen Hochzeit des Christian Rosenkreutz›.» (GA 28, S. 181 f.)

Wie schon mehrfach bemerkt, ging es Rudolf Steiner nicht um eine Nachzeichnung dessen, was äußerlich, historisch über das Rosenkreuzertum berichtet werden kann. Daher ist diesem Aspekt hier auch kein Gewicht beigemessen worden. Vielmehr ging es Rudolf Steiner darum, an das «wahre, echte» Rosenkreuzertum anzuknüpfen, das ja, wie ebenfalls schon mehrfach erwähnt, in seinen wesentlichen Inhalten immer nur mündlich überliefert worden war. Erst mit dem Ende des Kali Yuga, also seit dem Jahr 1899, konnte aus den oben bereits zitierten Gründen davon abgegangen werden.[53]

Nun beschreibt Rudolf Steiner aber dennoch Vorgänge, die sich übersinnlich genau zu jener Zeit zugetragen haben, in der das Rosenkreuzertum historisch in Erscheinung getreten ist, nämlich um das Jahr 1604.

Der folgende Vortrag wurde ein Jahr nach den beiden obigen wiederum in Neuchâtel gehalten und bringt eine wesentliche Ergänzung, nämlich die Beschreibung einer übersinnlichen, «okkulten Konferenz», die zu einer für die Menschheitsentwicklung entscheidenden Veränderung führte: der Möglichkeit, künftig das praktische Leben mit einer dem Übersinnlichen dienenden geistigen Entwicklung verbinden zu können.

Wir wollen heute wiederum etwas von dem Charakter und der Wesenheit von Christian Rosenkreutz kennen lernen, indem wir die große Aufgabe ins Auge fassen, die er hatte in der ersten Morgenröte unserer dem Intellektualismus zugewendeten Zeit, um für die Zukunft der Menschheit zu sorgen.

[53] Zu Kali Yuga vgl. Anm. 41, S. 99.

Derjenige, der wie Christian Rosenkreutz als ein führender Okkultist vor die Welt hintritt, hat zu rechnen mit der Eigentümlichkeit seines Zeitalters. Das Geistesleben, in dem wir jetzt stehen, hat in seinem eigentlichen Charakter doch den Anfang genommen, als die neuere Naturwissenschaft heraufkam mit Kopernikus, Giordano Bruno, Galilei und anderen.[54] Die Menschen der Gegenwart lernen das Weltsystem des Kopernikus schon in der frühen Schulzeit kennen und nehmen die dadurch gewonnenen Eindrücke für das ganze Leben mit. In früheren Zeiten empfand die Seele etwas anderes: fühlen Sie, welch großer Unterschied besteht zwischen einem Menschen der Gegenwart und einem, der da lebte vor Jahrhunderten. Vor dem Zeitalter des Kopernikus glaubte jede Seele der Erdenmenschen, die Erde ruhe im Weltenraum und die Sonne und die Sterne drehten sich um sie. Der Boden schwand den Menschen unter den Füßen weg, als Kopernikus die Lehre aufstellte, daß die Erde mit riesiger Schnelligkeit unter ihnen sich im Weltall bewegt. Wir dürfen eine solche Revolution des Denkens nicht unterschätzen, die eine entsprechende Umwandlung des Fühlens mit sich brachte. Alle Ideen und Vorstellungen der Menschen wurden anders als sie vor Kopernikus waren. Wir wollen uns nun die Frage stellen: Was hat der Okkultismus zu dieser Revolution des Denkens zu sagen?

Derjenige, der als Okkultist die Frage aufwirft, wie man mit den modernen Ideen des Kopernikus die Welt begreifen kann, der muß sich sagen: Man kann mit den Ideen des Kopernikus vieles schaffen, was naturwissenschaftlich zu großen Triumphen im äußeren Leben führt, aber nichts begreifen von dem geistigen Untergrund der Welt und der Dinge, denn die kopernikanischen Ideen sind

[54] Nikolaus Kopernikus (1473–1543), Giordano Bruno (1548–1600), Galileo Galilei (1564–1642).

das schlechteste Instrument, das jemals in der Menschheitsentwicklung da war, um die geistigen Untergründe zu begreifen. Dies rührt davon her, daß alle diese Begriffe und Ideen des Kopernikus von Luzifer inspiriert sind. Denn der Kopernikanismus ist eine der letzten Attacken, der letzten großen Angriffe, die Luzifer auf die menschliche Entwicklung gemacht hat. In der älteren, vorkopernikanischen Weltanschauung hatte man außen die Maja; aber man hatte vielfach in dem, was man verstand, was überliefertes Weisheitsgut war, die Wahrheit der Dinge und der Welt. Seit Kopernikus aber hat der Mensch nicht nur in der sinnlichen Anschauung um sich die Maja, sondern die Begriffe und Ideen sind selbst Maja. Heute ist es dem Menschen wie selbstverständlich, daß die Sonne in der Mitte feststeht und die Planeten sich da in Ellipsen herumdrehen. Nicht lange wird es in die Zukunft hinein dauern, und man wird einsehen, daß die Anschauung des Kopernikus von der Sternenwelt viel unrichtiger ist als die vorhergehende des Ptolemäus. Die kopernikanisch-keplersche Weltanschauung ist eine sehr bequeme Weltanschauung. Um aber dasjenige zu erklären, was der Makrokosmos ist, ist sie nicht die Wahrheit.

Christian Rosenkreutz stand so vor der Tatsache einer Weltanschauung, die selber eine Maja ist, und er hatte Stellung dazu zu nehmen. Christian Rosenkreutz mußte den Okkultismus retten zu einer Zeit, in der alle wissenschaftlichen Begriffe selbst eine Maja waren. In der Mitte des sechzehnten Jahrhunderts erschien das grundlegende Werk des Kopernikus über die *Umdrehung der Weltkörper.* Am Ende des sechzehnten Jahrhunderts war an die Rosenkreuzer die Notwendigkeit herangetreten, aus dem Okkultismus heraus das Weltsystem zu begreifen, da das kopernikanische Weltensystem mit seinen materiell gedachten Kugeln im Raume schon im Begriff Maja war. Gegen Ende des sechzehnten Jahrhunderts fand daher eine jener Konferenzen statt, wie wir sie hier vor einem Jahre kennen gelernt haben, als nämlich im dreizehnten Jahrhundert Christian Rosenkreutz selbst eingeweiht wurde. Diese okkulte Konferenz der führenden Individualitäten vereinigte Christian Rosenkreutz mit jenen zwölf Individualitäten von damals und noch einigen anderen bedeutsamen Individualitäten der Menschheitsführung. Es waren dabei anwesend nicht nur Persönlichkeiten, die auf dem physischen Plan inkarniert waren, sondern auch solche, die sich in den geistigen Welten befanden. Anwesend war bei jener Konferenz auch dieselbe Individualität, die im sechsten Jahrhundert vor Christus verkörpert war als der Gautama Buddha.

Die orientalischen Okkultisten glauben mit Recht – denn sie wissen es als eine Wahrheit –, daß Buddha, der im neunundzwanzigsten Jahre seines Lebens als Gautama Buddha von einem Bodhisattva zu einem Buddha wurde, zum letzten Male damals im physischen Körper inkarniert war. Es ist durchaus richtig, daß die Individualität, die von einem Bodhisattva zu einem Buddha wird, danach nicht mehr in einer physischen Inkarnation auf Erden erscheint. Das ist aber nicht gleichbedeutend mit «nicht mehr tätig sein» für die Erde. Der Buddha ist tätig für die Erde auch für die folgende Zeit, wenn er auch nicht mehr im physischen Leibe auf Erden erscheint, sondern von der geistigen Welt aus seine Tätigkeit ausübt. Das Hineinwirken des Buddha mit seinen Kräften aus der geistigen Welt in den Astralleib des Jesus vom Lukas-Evangelium vernehmen wir in dem Gloria-Gesang, der auch den Hirten auf dem Felde hörbar wurde. Diese Worte rühren her von dem Buddha, der wirksam im Astralleibe des Jesusknaben des Lukas-Evangeliums war. Diese schöne, herrliche Botschaft des Friedens und der Liebe ist tatsächlich ein Ergebnis dessen, was Buddha beigesteuert hat zu dem Christentum. Aber auch später wirkt der Buddha – nicht physisch, aber aus der geistigen Welt – in die Taten der Menschen hinein und er arbeitete mit an dem, was zu geschehen hatte für den Fortschritt der Menschheitsentwicklung.

Im siebenten und achten Jahrhundert zum Beispiel war in der Nähe des Schwarzen Meeres eine sehr bedeutende Einweihungsschule, in der Buddha im Geistleibe lehrte. In solchen Schulen gibt es Lehrer, die im physischen Leibe lehren; aber für die vorgerückteren Schüler ist es auch möglich, Unterweisungen von einem Lehrer zu bekommen, der nur im ätherischen Leibe lehrt. Und so lehrte dort der Buddha für diejenigen, welche die höheren Erkenntnisse aufzunehmen vermochten. Unter den Schülern des Buddha war damals einer, der dann wenige Jahrhunderte darnach wieder inkarniert wurde. Wir haben es also zu tun mit einer physisch lebenden Persönlichkeit, die Jahrhunderte später wieder im physischen Leibe lebt, in Italien, und die wir als den heiligen Franziskus von Assisi kennen. Die eigentümliche Art des Franz von Assisi, die ja so viel Ähnlichkeit hat, auch in dem Leben seiner Mönche, mit den Schülern des Buddha, ergibt sich aus dem Umstand, daß Franz von Assisi selbst ein Schüler des Buddha war.

Man braucht nur ein wenig den Blick hinzuwenden auf die Eigentümlichkeiten solcher nach dem Geistigen strebenden Menschen wie Franz von Assisi, und solcher, die durch die jetzige Kultur in der Industrie, der Technik und den neueren Entdeckungen der Gegenwart stehen. Es gab viele, auch okkulte Persönlichkeiten, die in der Seele viel Leid erlebten, als sie denken mußten, daß es in der Zukunft zwei Arten von Menschen würde geben müssen. Und zwar glaubten sie, die eine Klasse werde ganz dem praktischen Leben zugewandt sein, sie werde in der Erzeugung von Nahrungsmitteln, im Bauen von Maschinen und so weiter ihr Heil sehen, sie werde ganz aufgehen im praktischen Leben. Und die andere Klasse werde diejenige sein, welcher Menschen wie Franz von Assisi angehören, die sich wegen des geistigen Lebens ganz abwenden vom praktischen Leben.

Es war daher ein bedeutungsvoller Augenblick, als zur Vorbereitung jener erwähnten Konferenz Christian Rosenkreutz im sechzehnten Jahrhundert eine Anzahl von Okkultisten, einen größeren Kreis von Menschen zusammenberief, denen er die zwei Arten von Menschen vor Augen stellte, die es in der Zukunft geben müßte. Zuerst berief er einen größeren Kreis, später einen kleineren, um den Menschen dieses Bedeutsame zu sagen. Christian Rosenkreutz hielt diese Vorversammlung eine Anzahl von Jahren vorher, nicht weil es ihm unklar war, was zu geschehen hatte, sondern weil er die Menschen zum Nachdenken bringen wollte über die Perspektive der Zukunft. Er sagte ungefähr folgendes zur Anregung des Denkens: Man sehe hin auf die Zukunft der Welt. Die Welt drängt nach Praxis, nach Industrie, nach Eisenbahnen und so weiter. Die Menschen werden sein wie Lasttiere. Und diejenigen, die das nicht wollen, werden sein wie Franz von Assisi, unpraktisch für das Leben, sie werden nur der inneren Entwicklung leben. – Christian Rosenkreutz machte damals seinen Zuhörern klar, daß es auf Erden kein Mittel gebe, um die Bildung dieser zwei Menschenklassen zu verhindern. Alles was man für die Menschen tun könne zwischen Geburt und Tod, könne nicht verhindern, daß die Menschen in diese zwei Klassen geteilt würden. Soweit die Verhältnisse auf der Erde in Betracht kommen, ist es unmöglich, Abhilfe zu schaffen für die zwei Klassen von Menschen. Hilfe könne nur kommen, wenn eine Art von Erziehung geschaffen würde, die sich nicht abspiele zwischen Geburt und Tod, sondern zwischen dem Tode und einer neuen Geburt.

Bedenken wir also, daß die Rosenkreuzer vor die Aufgabe gestellt waren, zu wirken aus der übersinnlichen Welt in die einzelnen Menschen hinein. Um zu verstehen, was zu geschehen hatte, müssen wir das Leben zwischen dem Tode und einer neuen Geburt von einer gewissen Seite her betrachten.

Auf der Erde leben wir zwischen Geburt und Tod. Zwischen Tod und neuer Geburt steht der Mensch in einer gewissen Verbindung mit den anderen Planeten. Sie finden in meiner *Theosophie* beschrieben das Kamaloka. Dieser Aufenthalt des Menschen in der Seelenwelt ist eine Zeit, während welcher der Mensch ein Mondbewohner wird. Dann wird er ein Merkurbewohner, dann ein Venusbewohner, dann ein Sonnen-, Mars-, Jupiter-, Saturnbewohner und dann ein Bewohner des weiteren Himmels- oder Weltenraumes. Man redet nicht unrichtig, wenn man sagt, daß zwischen zwei Inkarnationen auf der Erde Verkörperungen auf anderen Planeten liegen, geistige Verleiblichungen. Der Mensch ist heute noch nicht so weit in seiner Entwicklung, daß er sich in seiner Inkarnation erinnern kann an das, was er erlebt hat zwischen Tod und neuer Geburt, aber in der Zukunft wird das möglich sein. Wenn er auch jetzt sich nicht erinnern kann an das, was er zum Beispiel auf dem Mars erlebt hat, so hat er aber doch die Kräfte des Mars in sich, wenn er auch nichts davon weiß. Man kann durchaus sagen: Jetzt bin ich ein Erdenbewohner, aber die Kräfte in mir schließen in sich etwas, was ich mir auf dem Mars angeeignet habe. – Betrachten wir einmal einen Menschen, der auf der Erde lebte, nachdem sich die kopernikanische Weltanschauung ausgebreitet hatte. Woher haben Kopernikus, Galilei, Giordano Bruno und andere die Fähigkeiten in dieser Inkarnation? Bedenken Sie, daß die Individualität des Kopernikus kurz vorher, 1401–1464, in Nikolaus Cusanus, der ein tiefer Mystiker war, verkörpert war.[55] Bedenken Sie seine *Docta*

[55] Vgl. dazu die Vorträge über «Spirituelle Ökonomie» aus dem Jahre 1909 in GA 109/111.

ignorantia,[56] wie ganz anders ist da die Seelenverfassung. Wie sind die Kräfte in diese Individualität hineingekommen, die den Kopernikus so ganz anders gemacht haben als den Nikolaus Cusanus? Aus den Kräften des Mars ist das eingeflossen, was ihn dann zu dem Astronomen Kopernikus gemacht hat. So ist es auch bei Galilei, auch er hat Kräfte vom Mars aufgenommen, die ihm die besondere Konfiguration des modernen Naturdenkers verliehen haben. Auch Giordano Bruno hat seine Kräfte vom Mars mitgebracht, und so ist es mit der ganzen Menschheit. Daß die Menschen denken wie Kopernikus oder Giordano Bruno, bekommen sie aus den Kräften des Mars, die sie sich zwischen Tod und neuer Geburt aneignen.

Aber daß man solche Kräfte bekommt, die von Triumph zu Triumph führen, rührt davon her, daß der Mars damals anders wirkte als vorher. Früher waren es andere Kräfte, die vom Mars ausgingen. Die Marskultur, die die Menschen durchleben zwischen Tod und neuer Geburt, hat eine große Krise durchgemacht im fünfzehnten und sechzehnten Jahrhundert der Erde. So einschneidend, so katastrophal war es im fünfzehnten und sechzehnten Jahrhundert auf dem Mars, wie es auf der Erde war zur Zeit des Mysteriums von Golgatha. Wie zur Zeit des Mysteriums von Golgatha das eigentliche Ich des Menschen geboren wurde, so wurde auf dem Mars geboren diejenige Geistesrichtung, die, wenn sie sich dem Menschen einpflanzte, sich zeigt im Kopernikanismus. Nachdem diese Zustände auf dem Mars herrschten, wäre es die ganz natürliche Folge gewesen, daß der Mars immer Menschen auf die Erde geschickt hätte, die nur Ideen wie Kopernikus mitgebracht hätten, die doch eigentlich Maja sind. Wir blicken also auf eine Dekadenz, auf einen Niedergang der

[56] Cusanus' philosophisches Hauptwerk, *De docta ignorantia (Von der gelehrten Unwissenheit,* 1440).

Marskultur. Vorher waren es gute Kräfte gewesen, die vom Mars ausgeströmt waren. Jetzt aber strömten von dort immer mehr Kräfte aus, die den Menschen immer tiefer in die Maja hineingeführt hätten. Geistreich zwar waren die Errungenschaften, die vom Mars stammten in jener Zeit, aber doch eben Maja.

Sie sehen also, daß man im fünfzehnten Jahrhundert hat sagen können: Das Heil des Mars und damit der Erde hängt davon ab, daß auf dem Mars die niedergehende Kultur wieder einen Impuls nach aufwärts erhält. So etwa war es auf dem Mars, wie auf der Erde bis zum Mysterium von Golgatha, wo die Menschheit von spirituellen Höhen in die Tiefe des Materiellen versunken war und der Christus-Impuls dann einen Aufstieg für sie bedeutete. Auf dem Mars war im fünfzehnten Jahrhundert die Notwendigkeit eingetreten, der Marskultur einen Impuls nach aufwärts zu geben. Das war die große Frage, die vor Christian Rosenkreutz und seinen Schülern stand, wie der Marskultur dieser Impuls zum Aufstieg zu geben sei, denn von der Marskultur hing auch das Heil der Erde ab. Die große Aufgabe stand vor dem Rosenkreuzertum, die Frage zu beantworten: Was hat zu geschehen, daß zum Heile der Erde die Marskultur zu einem Aufstieg gelangt? Die Marswesen hätten gar nicht wissen können, was zu ihrem Heile dienen kann, denn nur auf der Erde konnte man wissen, wie es um den Mars stand. Auf dem Mars empfand man den Niedergang gar nicht. Einer praktischen Antwort wegen trat daher jene Konferenz am Ende des sechzehnten Jahrhunderts zusammen, von der gesprochen wurde. Wohlvorbereitet war diese Konferenz von Christian Rosenkreutz dadurch, daß der intimste Schüler und Freund des Christian Rosenkreutz der im Geistleib lebende Gautama Buddha war. Und bei dieser Konferenz ist verkündet worden, daß die Wesenheit, die einst auf Erden inkarniert war als Gautama Buddha, jetzt, als geistige Wesenheit, wie er war, seitdem er «Buddha» geworden, den Schauplatz seiner Tätigkeit auf den Mars verlegen werde. Gleichsam abgeschickt wurde von der Erde auf den Mars die Individualität des Gautama Buddha durch Christian Rosenkreutz. Gautama Buddha verläßt den Schauplatz seiner Tätigkeit und geht nach dem Mars und im Jahre 1604 vollbrachte die Individualität des Gautama Buddha eine ähnliche Tat für den Mars, wie das Mysterium von Golgatha für die Erde war.

Christian Rosenkreutz hatte erkannt, was es für das ganze Weltall bedeuten würde, wenn Buddha dort wirkte, und was des Buddha Lehre vom Nirwana, die Lehre, daß sich der Mensch von der Erde loslösen solle, dort auf dem Mars zu bedeuten hätte. Um die auf das Praktische gerichtete Erdenkultur zu fördern, war die Lehre vom Nirwana ungeeignet. Das zeigte sich am Schüler des Buddha, Franz von Assisi, daß diese Lehre ihre Adepten zu weltfremden Menschen macht. Was aber im Buddhismus nicht geeignet war, um das praktische Leben des Menschen zu fördern zwischen Geburt und Tod, das war von hoher Bedeutung für die Förderung seiner Seele zwischen Tod und neuer Geburt. Das sah Christian Rosenkreutz ein, daß für dasjenige, was auf dem Mars als Läuterung zu geschehen hatte, die Lehre des Buddha das Geeignetste sei. Wie einstmals das göttliche Liebewesen, Christus, auf der Erde weilte in einer Zeit und unter einem Volk, das diesem Liebewesen nicht gerade nahestand, so stieg der Friedensfürst Buddha im siebzehnten Jahrhundert auf den Mars hinauf, wo Krieg und Kampf herrschten, um dort seine Mission zu erfüllen. Dort waren die Seelen vor allem kriegerisch gestimmt. Eine große Opfertat vollzog der Buddha, gleich jener des Trägers des göttlichen Liebewesens im Mysterium von Golgatha. Eine kosmische Opfertat war es, Buddha zu sein auf dem Mars. Dort war er gleichsam das Opferlamm, und man kann es als eine Art von Kreuzigung für den Buddha bezeichnen, daß er sich hineinversetzen ließ in diese kriegerische Umgebung. Buddha hat diese Tat auf dem Mars vollbracht im Dienste des Christian Rosenkreutz. So wirken zusammen im Weltenall die großen führenden Wesenheiten, nicht nur auf der Erde, sondern von einem Planeten zum andern hin.

Seit jener Zeit, in der das Mysterium des Mars sich vollzogen hat durch Gautama Buddha, nimmt der Mensch vom Mars andere Kräfte auf in der Zeit zwischen Tod und neuer Geburt als früher, zur Zeit des Niederganges der Marskultur. Und nicht nur bringt der Mensch sich ganz andere Kräfte mit vom Mars herein in die neue Geburt, sondern durch den Einfluß, den die geistige Tat des Buddha ausübt, strömen dem Menschen vom Mars auch Kräfte zu, wenn er hier der Meditation obliegt, um in die geistige Welt zu kommen. Wenn der moderne Geistesschüler meditiert in dem von Christian Rosenkreutz angegebenen Sinne, so strömen auch Kräfte herein, die der Buddha als Marserlöser in die Erde hereinschickt.

So erscheint uns Christian Rosenkreutz als der große Diener des Christus Jesus. Aber dem Werke, das Christian Rosenkreutz im Dienste des Christus Jesus zu verrichten hatte, mußte zugleich zu Hilfe kommen dasjenige, was der Buddha als der Sendbote des Christian Rosenkreutz zum Werke des Christus Jesus beizutragen hatte. So ist die Seele des Gautama Buddha zwar nicht weiter mehr auf der physischen Erde, aber diese Seele ist ganz zum Helfer geworden des Christus-Impulses. Was ertönte als Friedenswort auf den im Lukas-Evangelium beschriebenen Jesusknaben herab? «Gloria in der Höhe und Friede auf Erden!» Das tönte aus Buddhas Wesen herab, und es tönt dies – geheimnisvoll von Buddha ausgehend – aus dem Planeten des Krieges in die Menschenseelen auf Erden hinein.

Dadurch aber, daß dies alles geschehen ist, war es möglich, daß die Teilung der Menschen in zwei Klassen vermieden wurde, die Teilung in Menschen wie Franz von Assisi, und in solche, die nur im Materialismus aufgehen. Wäre Buddha mit der Erde unmittelbar in Verbindung geblieben, so hätte er um die «praktischen» Menschen sich nicht kümmern können, und die andern hätte er zu Mönchen wie Franz von Assisi gemacht. Durch die Erlösertat des Gautama Buddha auf dem Mars ist es möglich geworden, wenn wir einmal in der Zeit zwischen Tod und neuer Geburt durchmachen unsere Entwicklung auf dem Mars, Anhänger des Franz von Assisi zu sein, ohne daß wir der Erde dadurch etwas zu entziehen brauchen. Grotesk klingt es vielleicht, aber richtig ist es, daß jeder Mensch seit dem siebzehnten Jahrhundert innerhalb des Marszustandes Buddhist, Franziskaner, unmittelbarer Folger des Franz von Assisi ist für eine Zeitlang. Franz von Assisi ist seitdem nur einmal als Kind kurz auf der Erde erschienen und in der Kindheit gestorben und war seither nicht mehr verkörpert. Er ist seitdem verbunden mit der Tätigkeit des Buddha und einer der hervorragendsten Folger des Buddha auf dem Mars.

So haben wir uns vor die Seele gestellt alles, was geschehen ist durch jene bedeutsame Konferenz am Ende des sechzehnten Jahrhunderts und was ähnlich ist dem, was im dreizehnten Jahrhundert auf Erden geschah, als Christian Rosenkreutz seine Getreuen um sich vereinigt hatte. Nichts Geringeres ist geschehen, als daß die Möglichkeit gegeben wurde, dem drohenden Auseinanderfallen der Menschheit in zwei Klassen vorzubeugen, so daß die Menschheit vereinigt bleiben konnte. Und jene Menschen, die eine esoterische Entwicklung durchmachen wollen trotz ihres Aufgehens im praktischen Leben, können ihr Ziel dadurch erreichen, daß der Buddha von dem Mars aus wirkt und nicht von der Erde aus. So daß auch die Kräfte zu einem gesunden esoterischen Leben von der Wirksamkeit des Buddha herrühren.

Wenn der Mensch heute Meditant wird – was das heißt, habe ich schon behandelt in meinem Buche *Wie erlangt man Erkenntnisse der höheren Welten?* –, so ist es gerade das Wesentliche, daß bei der Rosenkreuzerschulung die Entwicklung so ist, daß der Mensch nicht herausgerissen wird aus der Tätigkeit, die sein Karma auf Erden von ihm verlangt. Rosenkreuzerische esoterische Entwicklung ist vereinbar mit jeder Art von Lebenslage und Beschäftigung. Dadurch, daß Christian Rosenkreutz es verstanden hat, die Tätigkeit des Buddha von der Erde auf den Mars zu verlegen, ist es möglich, daß Buddha auch außerhalb der Erde auf die Menschen richtig einwirken kann.

So haben wir wieder eine der spirituellen Taten des Christian Rosenkreutz kennen gelernt und wir müssen uns schon auf den esoterischen Inhalt einlassen, wenn wir seine Taten vom dreizehnten Jahrhundert und die vom sechzehnten Jahrhundert verstehen wollen. Es wäre gut, wenn allgemein begriffen würde, wie unsere abendländische Theosophie konsequent verfuhr seit der Begründung der mitteleuropäischen Sektion der Theosophischen Gesellschaft. Wir haben hier in der Schweiz Vortragszyklen gehabt über die vier Evangelien.[57] Alle die Evangelien-Zyklen sind im Keime enthalten in meiner Schrift *Das Christentum als mystische Tatsache,* die vor zwölf Jahren geschrieben worden ist. In dem Buche *Wie erlangt man Erkenntnisse der höheren Welten?* ist der Weg der abendländischen Entwicklung in der Weise geschildert, wie er bei jeder Art von praktischer Betätigung erlebt werden kann. Heute habe ich Ihnen den Grund dieser Tatsache angegeben in der Mission des Gautama Buddha, die ihm durch Christian Rosenkreutz übertragen wurde, indem ich Ihnen von der Bedeutung gesprochen habe, die seine Ent-

[57] Vgl. GA 100 (darin den Zyklus über das Johannes-Evangelium), GA 114, GA 123, GA 139.

sendung auf den Mars für unser Sonnensystem erhalten hat. So fügt sich und muß sich fügen Baustein auf Baustein in unserer abendländischen Theosophie, die konsequent und folgerichtig aufgebaut worden ist, und bei der alles Spätere auch im Einklang mit dem Früheren sein wird. Innere Folgerichtigkeit ist eine der Eigenschaften, die eine Weltanschauung haben muß, wenn sie auf Wahrhaftigkeit aufgebaut sein soll. Und derjenige, der Christian Rosenkreutz nahestehen darf, blickt voll bewundernder Ehrfurcht darauf hin, wie folgerichtig Christian Rosenkreutz selber die große, ihm auferlegte Mission erfüllt hat, die für unsere Zeit als die rosenkreuzerisch-christliche ihm zugewiesen worden ist. Daß der große Lehrer des Nirwana eine Mission außerhalb der Erde auf dem Mars erfüllt, das ist eine der ungeheuren Folgerichtigkeiten, ist eine der Taten des Christian Rosenkreutz.

An diese Betrachtungen sei noch eine kurze praktische angeschlossen. Wer Schüler des Christian Rosenkreutz werden will, beachte folgendes: Wir haben im vorigen Jahr davon gesprochen, wie man unwillkürlich eine Erkenntnis davon bekommen kann, daß man in einer gewissen Beziehung zu Christian Rosenkreutz stehen kann. Man kann aber auch etwas wie eine Frage an das Schicksal stellen: Kann ich die Eignung erlangen, ein Schüler des Christian Rosenkreutz zu werden? – Es kann auf folgende Weise geschehen: Man versuche, sich das Bild des großen Lehrers der Neuzeit, Christian Rosenkreutz inmitten seiner Zwölf, vor die Seele zu stellen, hinaussendend in den Weltenraum den Gautama Buddha im Beginne des siebzehnten Jahrhunderts, in der Konsequenz erfüllend dasjenige, was ungefähr geschehen ist im sechsten Jahrhundert vor Christus durch die Predigt von Benares.[58]

[58] In Sārnāth bei Benares soll Buddha seine erste Predigt gehalten haben.

Wenn dieses Bild vor der Seele steht mit seiner ganzen Bedeutung, wenn man fühlt, wie von dem Bilde, das einen erschütternden Eindruck macht, etwas ausgeht, so daß sich aus der Seele die Worte herausringen: O Mensch, du bist nicht bloß ein irdisches, du bist ein kosmisches Wesen! –, dann darf man getrost glauben: Ich kann ein dem Christian Rosenkreutz nachstrebender Schüler werden. – Ein wichtiger Meditationsstoff ist dieses Bild, welches das Verhältnis des Christian Rosenkreutz zu Gautama Buddha schildert.

Und das wollte ich als ein aus dieser Betrachtung resultierendes Streben in Ihren Seelen erwecken. Denn das sollen wir uns immer vorhalten: Wir sollen Interesse haben für die Betrachtung der Welt, dann aber daraus die Mittel gewinnen, durch die wir selbst unsere Entwicklung in die höheren Welten hinein vollziehen können.

Wir erleben hier die gewaltigen kosmischen Dimensionen, in die das von Christian Rosenkreutz ausgehende Rosenkreuzertum durch Rudolf Steiner hineingestellt wird. Wir verstehen jetzt aber noch besser, warum es Rudolf Steiner immer darauf ankam, die Verbindung des spirituellen Lebens mit der Lebenspraxis hervorzuheben, die für ihn und für Marie Steiner-von Sivers vor allem in ihren künstlerischen Impulsen zum Ausdruck kam. Deshalb war das Eintreten für das rosenkreuzerische Prinzip in der zunächst theosophischen, seit 1912/13 dann anthroposophischen Bewegung immer verbunden mit der Ausarbeitung künstlerischer Formen. Dies setzte sich nach dem Ersten Weltkrieg dadurch fort, daß die nun beginnende Erneuerung praktischer Lebensfelder wie etwa der Pädagogik immer mit dem Künstlerischen in Verbindung gebracht wurde, so daß Rudolf Steiner nie von einer Erziehungswissenschaft, sondern immer von einer «Erziehungskunst» gesprochen hat. Ebenso hat er von der Medizin immer als von einer «Heilkunst» gesprochen. Daß die erneuerte Pädagogik und Medizin ebenfalls diesem rosenkreuzerischen Impuls entsprungen sind, zeigt auch der nachfolgende Textauszug aus dem bereits oben S. 31 zitierten Vortrag vom 3. Juni 1909.

Im Laufe der Verhandlungen des Kongresses[59] haben Sie ja Gelegenheit gehabt zu sehen, wie fruchtbar diese Theosophie zu wirken vermag; zum Beispiel wie sie eingreift in die Medizin. Lassen Sie nur die Medizin sich so materialistisch weiterentwickeln: wenn Sie vierzig Jahre voraussehen könnten, Sie würden erschrecken, in welch brutaler Weise diese Medizin vorgehen wird, bis zu welchen Formen des Todes die Menschen von dieser Medizin da kuriert würden. – Wie erforscht denn die Medizin heute die Wirkung ihrer Heilmittel? Nun, an dem Menschenmaterial, das sie in den Spitälern und anderwärts findet, also durch äußerliche Beobachtung. Spirituelle Weisheit aber ist eine solche, die in die inneren Zusammenhänge des Geistigen hineinwirkt, die weiß, was im Physischen dem Spirituellen entspricht. Eine völlige Neuschöpfung alles medizinischen Wissens wird ausgehen von dem, was man Rosenkreuzerei nennt. Dieses ist aber nur *ein* Gebiet. Vergleichen Sie unsere komplizierten Lebensbedingungen von heute mit denen der alten Chaldäer. Denken Sie, welch eine Summe von Verstandeskraft und Kombinationsvermögen aufgewendet wird, um einen Scheck, den man in New York ausstellt, in Tokio einzulösen. Eine so geartete Zeit, die eine solche Kultur mit solchen Mitteln über den Erdball hin gesponnen hat, die braucht andere spirituelle Methoden als frühere Zeiten. Der Okkultist weiß dieses.

[59] Es handelte sich um einen theosophischen Kongreß in Budapest im Jahre 1909.

Es reicht einfach das heutige Denken nicht aus, um das Chaos der äußeren Verhältnisse und Aufgaben, in die der Mensch immer mehr hineingeraten wird, zu bezwingen. Das Denken wird erstarren. Heute stehen wir in einer Übergangszeit, aber bald wird das Denken nicht mehr flüssig und geschmeidig genug sein, um die komplizierten Verhältnisse einzufangen und umzugestalten. Warum wir also Theosophie verbreiten? Um praktische Wirkungen zu erzielen. Theosophische Gedanken machen das Denken elastischer, flüssiger, ermöglichen raschere Überschau über größere Zusammenhänge. So hat das Rosenkreuzertum alle Gebiete des Lebens zu befruchten. Damit Sie sehen, wie praktisch Theosophie wirkt, nehmen Sie das kleine Heftchen, das ich über *Die Erziehung des Kindes vom Gesichtspunkte der Geisteswissenschaft* geschrieben habe.[60] Das darin Enthaltene können Sie einfach ohne Rosenkreuzertheosophie nicht wissen. Nicht Theorie soll sie bleiben, sondern ein Handanlegen an das praktische tägliche Leben soll sie werden. Suchen Sie das in den früheren Formen der Theosophie: es ist einfach nicht da. Die Rosenkreuzertheosophie ist da, um des Menschen geistige Sehnsuchten zu befriedigen, und auch um den Geist einfließen zu lassen in die täglichen Verrichtungen. Rosenkreuzertheosophie ist nicht da für den Salon oder den Einsiedler, sondern für die ganze Menschheitskultur.

[60] Diese Schrift bildete den Ausgangspunkt der pädagogischen Erneuerungsbestrebungen Rudolf Steiners, die 1919 dann in die Begründung der Waldorfpädagogik einflossen. Sie ist heute nach wie vor als Einzelausgabe erhältlich und auch in GA 34 enthalten.

Rudolf Steiner hatte 1907 vor allem den Schulungsaspekt in den Vordergrund gestellt und den anthroposophischen Erkenntnisweg somit als einen «rosenkreuzerischen» bezeichnet. 1911 hatte er dann Christian Rosenkreutz als den Meister der mitteleuropäischen Geisteswissenschaft charakterisiert. Beide Darstellungskomplexe können, wie oben schon beschrieben, als deutliche Absetzbewegung gegenüber der Theosophical Society gewertet werden, die sich zunehmend an östlichen Meistern orientierte und in der 1911 dann der Knabe Krishnamurti als Träger des Maitreya Buddha oder des wiederverkörperten Christus propagiert wurde. Wir haben aber auch sehen können, wie das Rosenkreuzertum für Rudolf Steiner vor allem in den künstlerischen Formen der Anthroposophie, wie sie sich im Goetheanumbau und in den Mysteriendramen zeigten, zum Ausdruck kam. Schließlich wurde deutlich, daß alle praktischen Anweisungen, wie sie Rudolf Steiner in dieser Zeit für das soziale Leben geben konnte, als Ausfluß dieses Rosenkreuzerimpulses zu werten sind.

Nach 1911 kommt Rudolf Steiner erst wieder 1917 auf das Rosenkreuzertum zu sprechen. Inzwischen war der Erste Weltkrieg ausgebrochen und hatte Europa zerstört. Rudolf Steiner vergleicht die bisherigen drei Jahre dieses Krieges mit den Auswirkungen des Dreißigjährigen Krieges. Auch damals hatten die Rosenkreuzer versucht, den Krieg zu verhindern, indem sie sich für eine Erneuerung naturwissenschaftlichen Erkennens und des sozialen Lebens einsetzten. Doch der Versuch damals blieb in den Anfängen stecken.

Indem Rudolf Steiner über diese historischen Zusammenhänge spricht, weist er nun auf seine eigenen Bemühungen in dieser Richtung hin, denn zu dieser

Zeit war er intensiv damit beschäftigt, seine mittlerweile drei Jahrzehnte dauernden Studien über den Zusammenhang des Geistig-Seelischen mit dem Leiblichen des Menschen zu einer ersten Veröffentlichung zu bringen, die dann mit dem Buch *Von Seelenrätseln*, das 1917 erschien, auch erfolgte. Darin kam erstmals die Dreigliederung des menschlichen Organismus zur Darstellung. Gleichzeitig bemühte er sich, unter anderem durch politische Kontakte zur Führung des Kaiserreiches, seine Ideen einer Dreigliederung des sozialen Organismus in die immer aussichtsloser werdende politische Lage einfließen zu lassen. Der nachfolgende Textauszug läßt diese Zusammenhänge deutlicher werden.

Ich habe mich in der letzten Zeit viel mit einem bedeutsamen Ansatz beschäftigen müssen, der gemacht worden ist und der dazumal nicht in umfänglicher Art geglückt ist. Es war, als ich für die Zeitschrift *Das Reich*[61] den ersten Teil meines Aufsatzes – der aber weiter fortgesetzt werden wird – über *Die Chymische Hochzeit des Christian Rosenkreutz anno 1459* geschrieben habe. *Diese Chymische Hochzeit des Christian Rosenkreutz anno 1459* ist geschrieben im Anfang des 17. Jahrhunderts. 1603 haben sie schon Leute zu lesen bekommen; 1616 ist sie erschienen. Johann Valentin Andreae hieß der Verfasser, aber Andreae hat auch andere Schriften geschrieben: die sogenannte *Fama fraternitatis und die Confessio* – merkwürdige Schriften, über welche die Leute alle möglichen gereimten, aber meistens ungereimten Meinungen geäußert haben. Ich will heute nichts anderes über diese Schriften

[61] Vierteljahresschrift, herausgegeben von dem in Heidelberg lebenden Freiherrn Alexander von Bernus. Dieser war am 11.1.1916 mit der brieflichen Bitte an Rudolf Steiner herangetreten, für den in *Das Reich* geplanten Neudruck der *Chymischen Hochzeit* eine Einführung zu schreiben.

andeuten, als daß sie, trotzdem sie zunächst den Eindruck von Satiren machen können, doch einen großen Impuls hatten, den Impuls, zu vertiefen die Naturerkenntnis im Geistigen – man könnte sagen: die Geist-Erkenntnis der Natur – bis zu jenem Punkt, wo man durch eine tiefere Erfassung der Naturgesetze auch die Gesetze des sozialen Menschenlebens entdeckt, die Gesetze des menschlichen Zusammenlebens findet.

Auf diesem Gebiete wird es ja den Menschen ganz besonders schwer, die Maja, die Täuschung, von der Wirklichkeit zu unterscheiden. Diejenigen Motive, die wir uns bei unserem Handeln oftmals zuschreiben oder die uns andere zuschreiben, sind ja nicht die wahren. Das schmerzt den Menschen, daß es so ist, aber – ich habe ja das öfter auseinandergesetzt – es sind nicht die wahren. Und diejenigen Positionen im äußeren sozialen Leben, die die Menschen einnehmen, sind auch nicht die wahren. Der innere Mensch ist doch in den meisten Fällen ein ganz anderer als der äußere Mensch im sozialen Dasein und als er sich vor sich selbst erscheint. Wie stark glauben die Menschen, wenn sie dies oder jenes tun, sie handeln aus diesem oder jenem Motiv heraus! Mancher meint, recht selbstlose Motive zu haben, während seine wirklichen Motive nichts anderes als brutalste Selbstsucht sind. Aber das weiß er nicht, weil man über sich selber und über seine sozialen Zusammenhänge in der Maja lebt. Und über die Wirklichkeit kann man sich auch auf diesem Gebiete nur aufklären, wenn man tiefer in der Wesen Zusammenhänge hineinsieht.

Unter anderem war auch Johann Valentin Andreae einer, der tiefer hineinsehen wollte in diese Zusammenhänge. Hineinzuschauen in die Wirklichkeit, über die Maja hinaus: darauf kam es unter anderem auch Johann Valentin Andreae an. Aber er war natürlich kein solcher Trivialling, der da glaubte, das könne man mit all den Tiraden machen, mit denen die heutigen tiefen Pädagogen und dergleichen die Welt reformieren wollen, sondern er war sich klar darüber, daß man zuerst tiefere Blicke hineintun muß in die Zusammenhänge der Natur, um in der Natur den Geist zu finden. Dann findet man auch die Fäden, durch die der Mensch wirklich mit dem Geistigen zusammenhängt. Dann kann man aber auch erst wissen, welche wirklichen sozialen Gesetze man braucht. Man kann nicht über soziale Zusammenhänge nachdenken, wenn man ein naturforscherisch denkender Mensch im heutigen Sinne ist, weil man da die Natur an der Oberfläche und das soziale Leben an der Oberfläche hat. Johann Valentin Andreae suchte die Natur in den Tiefen und das soziale Leben in den Tiefen. Da kommen sie erst zusammen. In Wirklichkeit ist es so: Wenn Sie sich die Grenze zwischen der Maja und der Wirklichkeit denken, so haben Sie auf der einen Seite ein Guckloch für die Natur und auf der andern Seite ein Guckloch für das soziale Leben. Und nur dann, wenn man tiefer hineinsieht, sieht man: Da treffen sie sich rückwärts.

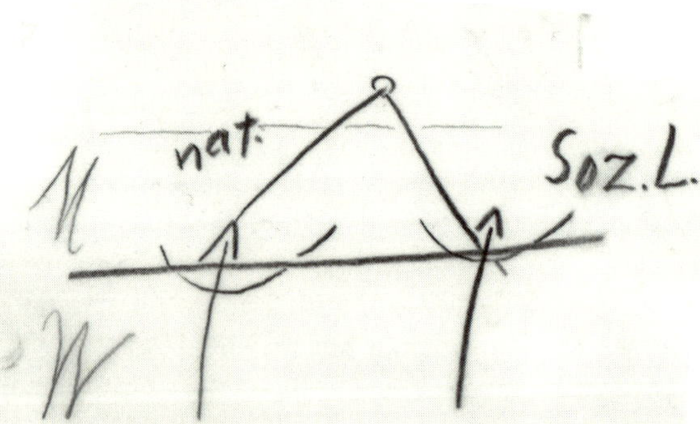

Aber dahin werden die Menschen nicht kommen; sie werden dabei stehenbleiben, einige Naturgesetze an der Oberfläche zu beobachten, und werden dann alles mögliche aus ihrem Empfinden, aus ihrer Oberflächlichkeit heraus über das soziale Leben reden. Da wird man aber kein Erkenner des Zusammenhanges, wie es bei Johann Valentin Andreae angestrebt wurde; da wird man höchstens – verzeihen Sie, man muß manchmal die Dinge beim rechten Namen nennen –, da wird man höchstens ein Woodrow Wilson; da bleiben die Dinge ohne Zusammenhang. Johann Valentin Andreae wollte den Zusammenhang. Dieses Streben durchpulst solche Werke wie seine Fama fraternitatis, seine *Confessio fraternitatis.* Es war eine Adresse an die Staatsoberhäupter, an die Staatsmänner seiner Zeit, es war ein Versuch, eine soziale Ordnung zu begründen, die dem wahren, nicht dem Majawesen entsprechen sollte. 1614 erschien die *Fama fraternitatis,* 1615 die *Confessio,* 1616 die schon 1603 geschriebene *Chymische Hochzeit Christiani Rosencreutz.* 1618 kam der Dreißigjährige Krieg, der durch seine Verhältnisse hinwegfegend war für Edelstes, das angestrebt war durch die *Fama fraternitatis,* durch die *Confessio.*

Wir leben heute in einem Zeitalter, in dem ein Jahr Krieg durch sein Zerstörerisches reichlich so viel bedeutet wie dazumal zehn Jahre. Wir haben schon reichlich einen Dreißigjährigen Krieg, an dem Maßstab der damaligen Zeit gemessen, hinter uns. Dies, meine lieben Freunde, versuchen Sie zu erfassen als einen Gedanken, der Sie hineinführen kann in das Wollen und Streben, das in einer ähnlichen Weise im 17. Jahrhundert aufgetreten ist, aber durch die Tatsachen des Dreißigjährigen Krieges unterbrochen worden ist. Und ich sagte schon: Wenn solche Dinge als Ansatz da sind, muß man sich später nicht abhalten lassen, sondern im Gegenteil sich zu umso stärkerer Tätigkeit ansporen lassen, damit ein folgender Versuch nicht wiederum mißglückt. Aber dazu ist es notwendig, das Leben wirklich kennenzulernen.

Hier wird deutlich, daß Rudolf Steiner jetzt deshalb wieder an die rosenkreuzerischen Bemühungen zu Beginn des 17. Jahrhunderts anknüpfen wollte, weil es ihm um den tieferen Zusammenhang des naturwissenschaftlichen Erkennens mit der sozialen Erkenntnis ging. Wir bemerken, daß er hier auf den Zusammenhang der Dreigliederung des menschlichen Organismus mit der Dreigliederung des sozialen Organismus anspricht.[62]

Wir kommen damit nun zu jenem längeren Aufsatz über *Die Chymische Hochzeit des Christian Rosenkreutz,*[63] der 1917 in der Zeitschrift *Das Reich* des Alchimisten Alexander von Bernus erschien. Der Aufsatz nimmt in diesem Auswahlband den größten Platz ein; zugleich ist es die umfangreichste schriftliche Darstellung Rudolf Steiners zum Rosenkreuzertum. Charakteristisch ist auch hier, daß sich Steiner besonders ausführlich äußert, wo es um Christian Rosenkreutz selbst geht.

[62] Sehr gut zusammengefaßt findet man diese Zusammenhänge in dem Buch *Anthroposophie und Dreigliederung* von Benediktus Hardorp (Stuttgart 1986).

[63] Eine gut lesbare und kommentierte Fassung des Textes der *Chymischen Hochzeit* findet sich in folgender Ausgabe: Johann Valentin Andreä, *Die Chymische Hochzeit des Christian Rosenkreutz,* herausgegeben und kommentiert von Bastian Baan, Stuttgart 2001. Große Verdienste um das Verständnis dieses Textes hat sich vor allem Walter Weber erworben, der mit seiner Neuherausgabe des Textes mit dem Kommentar Rudolf Steiners und eigenen wesentlichen Interpretationen bereits 1957 auf die zentrale Bedeutung dieser Rosenkreuzerschrift für Rudolf Steiner und die Anthroposophie aufmerksam gemacht hat. Diese Ausgabe der *Chymischen Hochzeit* ist deshalb immer wieder aufgelegt worden, zuletzt Dornach 2004. Auf sie sei hier ausdrücklich verwiesen.

Offensichtlich beschreibt er hier, indem er auf die Bilder des von Johann Valentin Andreä 1604 verfaßten Textes eingeht, jene Erkenntnisart, von der er in obigem Textauszug gesprochen hatte, eine Erkenntnisart, die den tieferen Zusammenhang der Natur mit dem sozialen Leben zu erfassen in der Lage ist. Diese neue Art der Erkenntnis kommt vor allem in dem Abschnitt, der sich dem 6. Tag der Hochzeit widmet, zum Ausdruck, wo es um die Umwandlung der dem Erkennen zugrunde liegenden Todeskräfte geht.[64]

[64] Daß dieser Text für Rudolf Steiner aber von noch weiterreichender Bedeutung war, zeigt die Tatsache, daß er bei der Eröffnungsfeier des ersten Goetheanumbaus am 26.9.1920 das Gedicht «Heut, heut, heut ist des Königs Hochzeit» aus dem ersten Tag der Hochzeit in eurythmischer Darstellung zeigen ließ. Damit brachte er erneut die innige Beziehung der Individualität des Christian Rosenkreutz zum Goetheanumbau zum Ausdruck (vgl. den Abschluß des Kapitels «Die Lehren des Christian Rosenkreutz und die Alchimie», S. 127 f.).

Rudolf Steiner: Die Chymische Hochzeit des Christian Rosenkreutz

Wer das Wesen der Erlebnisse kennt, welche die Menschenseele macht, wenn sie sich die Eingangspforten zur geistigen Welt eröffnet hat, der braucht nur wenige Seiten der «Chymischen Hochzeit Christiani Rosencreutz Anno 1459» zu lesen, um zu erkennen, daß die Darstellung des Buches sich auf wirkliche geistige Erfahrungen bezieht. Subjektiv ersonnene Bilder verraten sich als solche demjenigen, der Einsicht in die geistige Wirklichkeit hat, weil sie weder in ihrer eigenen Gestalt noch in der Art, wie sie aneinandergereiht werden, dieser Wirklichkeit vollkommen entsprechen können. – Damit scheint der Gesichtspunkt gegeben, von dem aus die «Chymische Hochzeit» zunächst betrachtet werden kann. Man kann den geschilderten Erlebnissen gewissermaßen seelisch nachgehen und erforschen, was die Einsicht in geistige Wirklichkeiten zu ihnen zu sagen hat. Unbekümmert um alles, was über dieses Buch geschrieben worden ist, soll der damit gekennzeichnete Gesichtspunkt hier zunächst eingenommen werden. Aus dem Buche selbst soll geholt werden, was es sagen will. Dann erst kann über Fragen gesprochen werden, welche viele Betrachter stellen, bevor dafür eine genügende Grundlage geschaffen ist.

In sieben seelische Tagewerke sind die Erlebnisse des Wanderers zur «Chymischen Hochzeit» gegliedert. Der erste Tag beginnt damit, daß dem Träger der Erlebnisse Imaginationen vor die Seele treten, die seinen Entschluß reifen lassen, die Wanderung zu beginnen. Die Schilderung ist so gehalten, daß sie besondere Sorgfalt des Darstellers erkennen läßt, zu unterscheiden zwischen dem, was der Träger der Erlebnisse zur Zeit, da er ein «Gesicht» hat, von demselben versteht, und dem, was seiner Einsicht noch verborgen ist. Ebenso ist unterschieden, was aus der geistigen Welt an den Schauenden herantritt, ohne daß sein Wille daran beteiligt ist, und was durch diesen Willen herbeigeführt wird. Das erste Erlebnis ist kein willkürlich herbeigeführtes und nicht ein solches, das der Schauende völlig versteht. Es bringt ihm die Möglichkeit, in die geistige Welt einzutreten. Es trifft ihn aber nicht unvorbereitet. Vor sieben Jahren ist ihm angekündigt worden durch ein «leibliches Gesicht», daß er zur Teilnahme an der «Chymischen Hochzeit» werde berufen werden. Der Ausdruck *«leibliches Gesicht»* kann von demjenigen nicht mißverstanden werden, der den ganzen Geist des Buches erfaßt. Es handelt sich nicht um eine Vision des krankhaften oder herabgestimmten Seelenlebens, sondern um eine dem geistigen Schauen erreichbare Wahrnehmung, deren Inhalt aber mit dem gleichen Wirklichkeitscharakter vor der Seele steht wie eine Wahrnehmung des leiblichen Auges. Daß der Träger der Erlebnisse ein solches «Gesicht» haben konnte, setzt eine Seelenverfassung voraus, die nicht diejenige des gewöhnlichen menschlichen Bewußtseins ist. Dieses kennt nur die wechselnden Zustände des Wachens und Schlafens und zwischen beiden den Traum, dessen Erlebnisse nicht auf ein Wirkliches bezogen werden. Die Seele, welche sich durch dieses gewöhnliche Bewußtsein erlebt, weiß sich durch die Sinne mit einer Wirklichkeit vereint; hört aber ihre Verbindung mit den Sinnen, im Schlafe, auf, so ist sie *wissend* mit keiner Wirklichkeit in einem Verhältnis, auch nicht mit ihrem eigenen Selbst und dessen Innenerlebnissen. Und welches Verhältnis sie im Traume zu einer Wirklichkeit hat, kann sie zunächst nicht durchschauen. Der Wanderer zur «Chymischen Hochzeit» hatte schon zur Zeit des «leiblichen Gesichts», an das er sich erinnert, noch ein anderes als dieses gewöhnliche Bewußtsein. Er hat erfahren, daß die Seele wahrnehmen kann, auch wenn sie gegenüber den Sinnen in einem solchen Verhältnisse ist wie sonst im Schlafe. Der Begriff der vom Leibe getrennt lebenden und in diesem Leben von einer Wirklichkeit wissenden Seele ist für ihn ein gültiger geworden. Er weiß, die Seele kann ihr eigenes Wesen so erkräftigen, daß sie in ihrer Getrenntheit vom Leibe mit einer geistigen Welt so vereint zu sein vermag, wie durch die leiblichen Sinnesorgane mit der Natur. Daß eine derartige Vereinigung stattfinden kann, daß sie ihm bevorstehe, dies hat er durch das «leibliche Gesicht» erfahren. Das Erlebnis selbst dieser Vereinigung konnte ihm durch dieses Gesicht nicht werden. Auf das hat er gewartet. Es stellt sich in seinen Vorstellungen als die Teilnahme an der «Chymischen Hochzeit» dar. So ist er vorbereitet auf ein erneutes Erleben in der geistigen Welt.

In einer Zeit gehobener Seelenstimmung, am Vorabend des Osterfestes, tritt dieses erneute Erleben ein. Der Träger der Erlebnisse fühlt sich wie von Sturm umbraust. So kündigt sich ihm an, daß er eine Wirklichkeit erlebt, deren Wahrnehmung nicht durch den physischen Leib vermittelt ist. Er ist aus dem Gleichgewichtszustande gegenüber den Weltenkräften herausgehoben, in den der Mensch durch seinen physischen Leib versetzt ist. Seine Seele lebt nicht das Leben dieses physischen Leibes mit; sie fühlt sich nur verbunden mit dem (ätherischen) Bildekräfteleib, der den physischen durchsetzt. Dieser Bildekräfteleib ist aber nicht in das Gleichgewicht der Weltenkräfte eingeschaltet, sondern in die Beweglichkeit derjenigen übersinnlichen Welt, welche der physischen zunächst steht, und die von dem Menschen zuerst wahrgenommen wird, wenn er sich die Pforten des geistigen Schauens eröffnet hat. Nur in der physischen Welt erstarren die Kräfte zu festen, in Gleichgewichtszuständen sich auslebenden Formen; in der geistigen Welt herrscht fortdauernde Beweglichkeit. Das Hingenommen-Werden von dieser Beweglichkeit kommt dem Träger der Erlebnisse als die Wahrnehmung des brausenden Sturmes zum Bewußtsein. –

Aus dem Unbestimmten dieser Wahrnehmung löst sich heraus die *Offenbarung eines Geistwesens.* Diese Offenbarung geschieht durch eine bestimmt gestaltete Imagination. Das Geistwesen erscheint in blauem, sternbesetztem Kleide. Man muß von der Schilderung dieses Wesens alles fernhalten, was an symbolischen Ausdeutungen dilettantische Esoteriker gerne zur «Erklärung» herbeitragen. Man hat es zu tun mit einem *nicht-sinnlichen* Erlebnis, das der Erlebende durch ein Bild für sich und andere zum Ausdrucke bringt. Das blaue, sternbesetzte Kleid ist so wenig Sinnbild etwa für den blauen Nachthimmel oder ähnliches, wie die Vorstellung des Rosenstockes im gewöhnlichen Bewußtsein Sinnbild für die Abendröte ist. Beim übersinnlichen Wahrnehmen ist eine viel regere, bewußtere Betätigung der Seele vorhanden als beim sinnlichen. – In dem Falle des Wanderers zur «Chymischen Hochzeit» wird diese Betätigung durch den Bildekräfteleib ausgeübt, wie im Falle des physischen Sehens durch den sinnlichen Leib vermittels der Augen. Diese Tätigkeit des Bildekräfteleibes läßt sich vergleichen mit der Erregung von ausstrahlendem Licht. Solches Licht trifft auf das sich offenbarende Geistwesen. Es wird von diesem zurückgestrahlt. Der Schauende sieht also sein eigenes ausgestrahltes Licht, und hinter dessen Grenze wird er das begrenzende Wesen gewahr. Durch dieses Verhältnis des Geistwesens zu dem Geisteslicht des Bildekräfteleibes tritt das «Blau» auf; die Sterne sind die nicht rückstrahlenden, sondern von dem Wesen aufgenommenen Teile des Geisteslichtes. Das Geistwesen hat objektive Wirklichkeit, das Bild, durch das es sich offenbart, ist eine durch das Wesen bewirkte Modifikation in der Ausstrahlung des Bildekräfteleibes. Auch diese Imagination darf nicht mit einer Vision verwechselt werden. Das subjektive Erleben des Trägers einer solchen Imagination ist ein völlig anderes als dasjenige des Visionärs. Der Visionär lebt in seiner Vision durch einen inneren Zwang; der Träger der Imagination fügt diese zu dem bezeichneten geistigen Wesen oder Vorgang mit derselben inneren bewußten Freiheit hinzu, mit der ein Wort oder ein Satz als Ausdruck für einen sinnlichen Gegenstand gebraucht wird. Es kann derjenige, welcher keine Erkenntnis von dem Wesen der geistigen Welt hat, auf den Gedanken kommen, daß es völlig unnötig sei, diese in bildlosen Erfahrungen sich offenbarende geistige Welt in Imaginationen zu kleiden, die den Schein des Visionären hervorrufen. Dem ist zu erwidern, daß zwar nicht die Imagination das Wesenhafte ist, das geistig wahrgenommen wird, daß sie aber das Mittel ist, *durch das* dieses Wesenhafte in der Seele sich offenbaren muß. So wenig man eine sinnliche Farbe ohne bestimmte Tätigkeit eines Auges wahrnehmen kann, so wenig kann man ein Geistiges erleben, ohne daß man von innen heraus ihm mit einer bestimmten Imagination begegnet. Dies hindert nicht daran, bei der Darstellung geistiger Erlebnisse, die durch Imagination gemacht sind, sich reiner Begriffe, wie sie in der Naturwissenschaft oder Philosophie üblich sind, zu bedienen. Die vorliegenden Ausführungen bewegen sich in solchen, um den Inhalt der «Chymischen Hochzeit» nachzuzeichnen. Doch war im siebzehnten Jahrhundert, als J.V. Andreae das Buch schrieb, es noch nicht üblich, sich in einem weiteren Umfang solcher Begriffe zu bedienen; man stellte da unmittelbar die Imaginationen hin, durch die man die übersinnlichen Wesen und Vorgänge erlebt hatte.

In der sich ihm offenbarenden Geistgestalt erkennt der Wanderer zur «Chymischen Hochzeit» die Wesenheit, die ihm zu seiner Wanderung den rechten Impuls geben kann. Er fühlt sich durch die Begegnung mit dieser Gestalt bewußt in der geistigen Welt stehend. Die Art, wie er in dieser steht, weist auf die besondere Richtung seines Erkenntnisweges hin. Er wandelt nicht in der Richtung des *Mystikers* im engeren Sinne, sondern in derjenigen des *Alchimisten.* Man halte, um die folgende Darstellung nicht mißzuverstehen, von dem Begriffe «Alchimie» alles fern, was sich durch Aberglauben, Schwindel, Abenteurersucht und dergleichen an ihn geheftet hat. Man denke an dasjenige, was die ehrlichen, vorurteilslosen Wahrheitssucher, die diesen Begriff gebildet haben, erstrebten. Sie wollten gesetzmäßige Zusammenhänge zwischen den Dingen der Natur erkennen, die nicht von der Naturtätigkeit selbst bedingt sind, sondern von einem geistig Wesenhaften, das durch die Natur sich offenbart. Sie suchten übersinnliche Kräfte, die in der sinnlichen Welt wirksam sind, sich aber nicht auf sinnliche Art erkennen lassen. Auf den Weg solcher Forscher begibt sich der Wanderer der «Chymischen Hochzeit». Er ist in diesem Sinne Repräsentant alchymistischen Suchens. Als solcher ist er überzeugt, daß die übersinnlichen Kräfte der Natur sich vor dem gewöhnlichen Bewußtsein verbergen. Er hat in seinem Innern Erlebnisse herbeigeführt, die durch ihre Wirkung die Seele befähigen, den Bildekräfteleib als Wahrnehmungsorgan zu gebrauchen. Durch dieses Wahrnehmungsorgan gelangt er zur Anschauung der übersinnlichen Naturkräfte. In einer geistigen Daseinsform, die außer dem Bereich der sinnlichen Wahrnehmung und der gewöhnlichen Verstandestätigkeit erlebt wird, will er zuerst die außermenschlichen übersinnlichen Kräfte der Natur erkennen, um dann, mit der Erkenntnis dieser Kräfte ausgerüstet, die wahre Wesenheit des menschlichen Leibes selbst zu durchschauen. Er glaubt, daß man durch eine Erkenntnis, die von der Seele im Verein mit dem vom physischen Organismus unabhängig betätigten Bildekräfteleib gewonnen wird, die menschliche Leibeswesenheit durchschauen und dadurch dem Geheimnis nahe kommen kann, welches das Weltall durch diese Wesenheit auswirkt. Für die gewöhnliche sinnliche Wahrnehmung ist dieses Geheimnis verhüllt; der Mensch *lebt* in demselben; er *durchschaut* aber das Erlebte nicht. Von der übersinnlichen Erkenntnis der Natur ausgehend, wollte der Wanderer zur «Chymischen Hochzeit» zuletzt zum Anschauen der übersinnlichen Wesenheit des Menschen gelangen. Durch diesen Forschungsweg ist er Alchimist, im Gegensatz zu dem Mystiker im engeren Sinne. Auch dieser strebt nach einem anderen Erleben der Menschenwesenheit, als sie durch das gewöhnliche Bewußtsein möglich ist. Aber er wählt nicht den Weg, der zu einem vom physischen Leibe unabhängigen Gebrauch des Bildekräfteleibes führt. Er geht von dem unbestimmten Gefühle aus, daß eine innigere Durchdringung des physischen Leibes mit dem Bildekräfteleib, als die des gewöhnlichen wachen Lebens ist, von der Gemeinschaft mit dem sinnlich Wesenhaften hinwegführt und zum Zusammensein mit dem geistig Wesenhaften des Menschen hingeleitet. Der Alchimist strebt danach, sich mit seinem bewußten Wesen aus dem gewöhnlichen Zusammenhang des Leiblichen herauszuziehen und in die Welt einzutreten, welche als «Geistiges der Natur» hinter dem Bereich der sinnlichen Wahrnehmungswelt liegt. Der Mystiker versucht, die bewußte Seele tiefer hineinzuführen in den Zusammenhang des Leiblichen, um selbstbewußt in dasjenige Gebiet der Leiblichkeit unterzutauchen, das sich dem Selbstbewußtsein verbirgt, wenn dieses mit den Wahrnehmungen der Sinne erfüllt ist. Von diesem seinem Bestreben sucht der Mystiker sich nicht immer vollkommen Rechenschaft zu geben. Er wird nur zu oft bestrebt sein, seinen Weg in anderer Art zu kennzeichnen. Aber der Mystiker ist in den meisten Fällen ein schlechter Erklärer seines eigenen Wesens. Es hängt dies damit zusammen, daß sich an das geistige Suchen bestimmte Gefühle knüpfen. Weil die Seele des Mystikers dasjenige Zusammensein mit dem Leibe, das im gewöhnlichen Bewußtsein erlebt wird, überwinden will, bemächtigt sich ihrer durch eine Art

Selbsttäuschung nicht nur eine gewisse Verachtung dieses Zusammenseins, sondern eine solche des Leibes selbst. Daher will sie sich nicht eingestehen, daß ihr mystisches Erleben auf einem noch innigeren Zusammenhang mit dem Leibe beruht, als derjenige ist, der das gewöhnliche Bewußtsein erzeugt. – Der Mystiker nimmt durch diesen innigeren Zusammenhang in sich eine Veränderung seines Vorstellens, Fühlens und Wollens wahr. Dieser Wahrnehmung gibt er sich hin, ohne Neigung zu entwickeln, sich über den Grund der Veränderung aufzuklären. Diese Veränderung offenbart sich ihm, trotzdem er tiefer in die Leiblichkeit hinuntergestiegen ist, als eine Vergeistigung seines Innenlebens. Und sie als solche anzusehen, hat er ein volles Recht. Denn Sinnlichkeit ist nichts anderes als diejenige Daseinsform, welche die Seele erlebt, wenn sie in demjenigen Zusammenhange mit dem Leibe steht, der dem gewöhnlichen wachen Bewußtsein zugrunde liegt. Verbindet sich die Seele inniger mit dem Leibe, als es in dieser Daseinsform der Fall ist, dann erlebt sie ein Verhältnis des Menschenwesens zur Welt, das geistiger ist als das durch die Sinne hergestellte. Die Vorstellungen, die dann entstehen, sind zu Imaginationen verdichtet. Diese Imaginationen sind Offenbarungen der Kräfte, mit denen der Bildekräfteleib an dem physischen Leib wirkt. Sie bleiben dem gewöhnlichen Bewußtsein verborgen. Das Fühlen erkräftigt sich zu einer solchen Stärke, daß die ätherisch-geistigen Kräfte, die aus dem Kosmos in das Menschenwesen wirkend hereinstrahlen, wie durch eine innere Berührung erlebt werden. Im Wollen weiß sich die Seele an ein geistiges Wirken hingegeben, das den Menschen eingliedert in einen übersinnlichen Weltzusammenhang, aus dem er durch das subjektive Wollen des gewöhnlichen Bewußtseins sich heraussondert. Wahre Mystik entsteht nur, wenn der Mensch sein vollbewußtes seelisches Wesen in den gekennzeichneten innigeren Zusammenhang mit dem Leibe hineinträgt und er nicht durch den Zwang der Leibesorganisation zu krankhaft visionärem oder herabgestimmtem Bewußtsein getrieben wird. Echte Mystik ist bestrebt, das nach dem menschlichen Innern zu gelegene geistig Wesenhafte des Menschen, das von der Sinneswahrnehmung für das gewöhnliche Bewußtsein *überdeckt* wird, zu erleben. Echte Alchimie macht sich unabhängig von der sinnlichen Wahrnehmung, um das außerhalb des Menschen vorhandene geistig Wesenhafte der Welt zu schauen, das von der Sinneswahrnehmung *verdeckt* wird. Der Mystiker muß vor seinem Eintreten in das Menschen-Innere seine Seele in eine solche Verfassung bringen, daß sie ihr Bewußtsein gegenüber dem erhöhten Gegendruck, den sie durch das innigere Zusammensein mit dem Leibe erfährt, nicht dem Herabdämmern oder Auslöschen aussetzt. Der Alchimist bedarf vor seinem Betreten der hinter dem Sinnesgebiet liegenden Geistwelt einer Erkräftigung seines Seelenwesens, damit dieses sich nicht an die Wesen und Vorgänge dieser Welt verliert. Die Forschungswege des Mystikers und des Alchimisten liegen nach entgegengesetzten Richtungen. Der Mystiker geht unmittelbar in das eigene Geistwesen des Menschen hinein. Sein Ziel ist, was die *Mystische Hochzeit* genannt werden kann, die Vereinigung der bewußten Seele mit der eigenen geistigen Wesenheit. Der Alchimist will das Geistgebiet der Natur durchwandeln, um nach der erfolgten Wanderung mit den in diesem Gebiet erworbenen Erkenntniskräften das Geistwesen des Menschen zu schauen. Sein Ziel ist die «Chymische Hochzeit», die Vereinigung mit dem Geistgebiet der Natur. Nach *dieser* Vereinigung erst will er die Anschauung der Menschenwesenheit erleben.

Sowohl der Mystiker wie auch der Alchimist erleben schon im Anfange ihrer Wege ein Geheimnis, das sich innerhalb des gewöhnlichen Bewußtseins seinem Wesen nach nicht durchschauen läßt. Es bezieht sich auf das Verhältnis von Menschenleib und Menschenseele. Der Mensch lebt, als seelisches Wesen, zwar in Wahrheit in der geistigen Welt; aber er hat auf der gegenwärtigen Entwicklungsstufe, die er innerhalb des Weltenwerdens einnimmt, keine eigene Orientierungsfähigkeit im Geistgebiet. Durch die Kräfte seines gewöhnlichen Bewußtseins kann er sein Verhältnis zu sich selbst und zur außermenschlichen Welt nur dadurch im Sinne der Wahrheit herstellen, daß der Leib ihm die Richtungen für die Seelenbetätigung anweist. Der Leib ist so in die Welt eingegliedert, daß diese Eingliederung der kosmischen Harmonie entspricht. Lebt die Seele innerhalb der Sinneswahrnehmung und der gewöhnlichen Verstandestätigkeit, so ist sie gerade mit derjenigen Stärke an den Leib hingegeben, durch die dieser seine Harmonie mit dem Weltall auf sie übertragen kann. Hebt sich die Seele aus diesem Erleben nach der mystischen oder der alchimistischen Richtung heraus, so wird für sie nötig, Vorsorge zu treffen, damit sie die durch den Leib gewonnene Harmonie mit dem Weltall nicht verliere. Träfe sie diese Vorsorge nicht, so drohte ihr auf dem mystischen Wege der Verlust des geistigen Zusammenhanges mit dem Weltall; auf dem alchimistischen Pfade die Einbuße des Unterscheidungsvermögens für Wahrheit und Irrtum. Der Mystiker würde ohne diese Vorsorge durch den dichteren Zusammenhang mit dem Leib die Kraft des Selbstbewußtseins so verdichten, daß er von ihr überwältigt in dem Eigenleben nicht mehr das Weltleben miterfahren könnte. Dadurch würde er in den Bereich einer anderen geistigen Welt mit seinem Bewußtsein eintreten, als die dem Menschen entsprechende ist. (Ich habe in meinen geisteswissenschaftlichen Schriften diese Welt die luziferische genannt.) Der Alchimist käme ohne nötige Vorsorge zu einer Entkräftung seines Unterscheidungsvermögens gegenüber Wahrheit und Täuschung. Im großen Zusammenhange des Alls, ist die Täuschung eine Notwendigkeit.

Der Mensch kann ihr auf seiner gegenwärtigen Entwicklungsstufe aber nicht verfallen, weil ihm das Gebiet der Sinneswahrnehmung Schutz gewährt. Wäre die Täuschung nicht im Hintergrunde des menschlichen Welt-Erlebens, so könnte der Mensch nicht die verschiedenen Stufen seines Bewußtseins entwickeln. Denn die Täuschung ist die treibende Kraft dieser Bewußtseinsentwicklung. Auf der gegenwärtigen Stufe der menschlichen Bewußtseinsentwicklung muß die Täuschung zwar zur Entstehung des Bewußtseins wirken; sie muß aber selbst im Unbewußten bleiben. Denn träte sie in das Bewußtsein ein, so würde sie die Wahrheit überwältigen. Sobald nun die Seele auf dem alchymistischen Wege in das hinter der Sinneswahrnehmung gelegene Geistgebiet eintritt, gerät sie in die Wirbel der Täuschung, innerhalb derer sie ihr Wesen nur in rechter Art bewahren kann, wenn sie aus dem Erleben in der Sinneswelt ein genügend großes Unterscheidungsvermögen für Wahrheit und Täuschung mitbringt. Sorgte sie für ein solches Unterscheidungsvermögen nicht, so würden sie die Wirbel der Täuschung in eine Welt verschlagen, in der sie sich selbst verlieren müßte. (Ich habe in meinen geisteswissenschaftlichen Schriften diese Welt die ahrimanische genannt.) – Der Mystiker hat nötig, bevor er seinen Weg antritt, die Seele in eine solche Verfassung zu bringen, daß das Eigenleben nicht überwältigt werden kann; der Alchimist muß den Sinn für die Wahrheit erkräftigen, damit er ihm nicht verlorengehe, auch wenn er nicht durch die Sinneswahrnehmung und den an diese gebundenen Verstand unterstützt wird.

Der Träger der Erlebnisse, die in der «Chymischen Hochzeit» geschildert sind, ist als Alchimist sich bewußt, daß er auf seinem Wege ein erstarktes Unterscheidungsvermögen für Wahrheit und Täuschung braucht. Nach den Lebensverhältnissen, aus denen heraus er seinen alchymistischen Pfad antritt, sucht er seine Stütze aus der christlichen Wahrheit zu gewinnen. Er weiß: was ihn mit Christus verbindet, hat schon innerhalb seines Lebens in der Sinnenwelt eine zur Wahrheit führende Kraft in seiner Seele zur Entfaltung gebracht, welche der Sinnesgrundlage nicht bedarf, die sich also auch bewähren kann, wenn diese Sinnesgrundlage nicht da ist. Mit dieser Gesinnung steht seine Seele vor dem Wesen im blauen Kleide, das ihn auf den Weg zur «Chymischen Hochzeit» weist. Dieses Wesen könnte zunächst ebensogut der Welt der Täuschung und des Irrtums wie derjenigen der Wahrheit angehören. Der Wanderer zur «Chymischen Hochzeit» muß unterscheiden. Aber sein Unterscheidungsvermögen wäre verloren, der Irrtum müßte ihn überwältigen, könnte er nicht im übersinnlichen Erleben erinnern, was ihn in der sinnlichen mit einer inneren Kraft an die Wahrheit bindet. Aus der eigenen Seele steigt auf, was in dieser durch Christus geworden ist. Und so wie sein übriges Licht, so strahlt der Bildekräfteleib dieses Christuslicht nach dem sich offenbarenden Wesen hin. Es bildet sich die rechte Imagination. Der *Brief*, der ihn auf den Weg zur «Chymischen Hochzeit» weist, enthält das Christuszeichen und die Worte: in hoc signo vinces.[65] – Der Wanderer weiß: er ist durch eine Kraft, die nach der Wahrheit weist, mit dem erscheinenden Wesen verbunden. Wäre die Kraft, die ihn in die übersinnliche Welt geführt hat, eine zur Täuschung neigende gewesen, so stünde er vor einer Wesenheit, die sein Erinnerungsvermögen für den in ihm lebenden Christusimpuls gelähmt hätte. Er würde dann nur der verführerischen Macht gefolgt sein, welche den Menschen auch

[65] «In diesem Zeichen wirst du siegen». Konstantin dem Großen soll im Traum das Christus-Monogramm mit diesen Worten erschienen sein, worauf er dies 312 im Kampf um die Oberherrschaft im Römischen Reich auf die Feldzeichen habe schreiben lassen und tatsächlich siegte.

dann anzieht, wenn die übersinnliche Welt ihm Kräfte entgegenführt, die seinem Wesen und Wollen verderblich sind.

Der Inhalt des Briefes, welcher dem Wanderer nach der «Chymischen Hochzeit» von dem ihm erscheinenden Wesen überreicht wird, enthält in der Ausdrucksweise des fünfzehnten Jahrhunderts eine Kennzeichnung seines Verhältnisses zur geistigen Welt, soweit ihm davon am Beginne des ersten Tages seiner Geisterlebnisse ein Bewußtsein aufgegangen ist. Das *Zeichen*, welches den Worten beigegeben ist, bringt zum Ausdrucke, wie das gegenseitige Verhältnis von physischem Leib, Bildekräfteleib und Seelisch-Geistigem sich bei ihm gestaltet hat. Bedeutungsvoll für ihn ist, daß er sich sagen darf, diese Verfassung in seiner Menschen-Wesenheit stehe im Einklang mit den Verhältnissen im Weltall. Er hat in «fleißiger Nachrechnung und Kalkulation» seiner «annotierten Planeten» gefunden, daß diese Verfassung bei ihm in dem Zeitpunkte eintreten darf, in dem sie nunmehr stattfindet. Wer das hier in Betracht Kommende im Sinne der Torheiten mancher «Astrologen» ansieht, der wird es mißverstehen, gleichgültig ob er sich als Gläubiger zustimmend oder als «Aufgeklärter» hohnlächelnd dazu verhält. Der Darsteller der «Chymischen Hochzeit» hat aus guten Gründen dem Titel seines Buches die *Jahreszahl 1459* hinzugefügt. Er war sich bewußt, daß die Seelenverfassung des Trägers der Erlebnisse zusammenstimmen muß mit der Verfassung, bei der in einem bestimmten Zeitpunkte das Weltwerden angelangt ist, wenn innere Seelenverfassung und äußerer Weltinhalt nicht eine Disharmonie ergeben sollen. Der von der gewöhnlichen Sinneswahrnehmung unabhängigen Seele muß der äußere übersinnliche Weltinhalt in Harmonie begegnen, wenn durch den Zusammenklang der beiden derjenige Bewußtseinszustand entstehen soll, welcher die «Chymische Hochzeit» ausmacht. Wer glaubt, daß die Konstellation der «annotierten Planeten» eine geheimnisvolle Kraft enthält, welche den Erlebniszustand des Menschen bestimmt, der gliche demjenigen, welcher der Meinung wäre, die Zeigerstellungen seiner Uhr hätten die Kraft, ihn zu einem Ausgang zu veranlassen, den er aus seinen Lebensverhältnissen heraus zu einer bestimmten Stunde hat unternehmen müssen.

In dem Briefe wird auf *drei Tempel* verwiesen. Was mit diesen gemeint ist, wird von dem Träger der Erlebnisse in dem Zeitpunkte noch nicht verstanden, in dem er den Hinweis erhält. Wer in der geistigen Welt wahrnimmt, muß wissen, daß ihm zuweilen Imaginationen zuteil werden, auf deren Verständnis er zunächst verzichten muß. Er muß sie als Imaginationen hinnehmen und als solche in der Seele ausreifen lassen. Während dieser Reifung bringen sie im Menschen-Innern die Kraft hervor, welche das Verständnis bewirken kann. Wollte sie der Beobachter in dem Augenblicke sich erklären, in dem sie sich ihm offenbaren, so würde er dieses mit einer dazu noch ungeeigneten Verstandeskraft tun und Ungereimtes denken. In der geistigen Erfahrung hängt vieles davon ab, daß man die Geduld hat, Beobachtungen zu machen, sie zunächst einfach hinzunehmen und mit dem Verstehen bis zu dem geeigneten Zeitpunkte zu warten. Was der Wanderer zur «Chymischen Hochzeit» am ersten Tage seiner Geist-Erlebnisse erfährt, bezeichnet er als ihm vor «sieben Jahren» angekündigt. Er durfte in dieser Zeit nicht über sein damaliges «Gesicht» eine verstandesmäßige Meinung sich bilden, sondern mußte warten, bis das «Gesicht» in seiner Seele so lange nachgewirkt habe, daß er weiteres mit Verständnis erfahren konnte.

Die Erscheinung des Geistwesens im blauen, sternbesetzten Kleide und die Überreichung des Briefes sind Erlebnisse, welche der Wanderer zur «Chymischen Hochzeit» macht, ohne daß ein eigener freier Entschluß seiner Seele dazu führt. Er geht im weiteren dazu über, durch einen solchen freien Entschluß Erlebnisse herbeizuführen. Er tritt in einen schlafähnlichen Zustand ein; in einen solchen, der ihm Traumerfahrungen bringt, deren Inhalt Wirklichkeitswert besitzt. Er kann dieses, weil er nach den Erlebnissen, die er hinter sich hat, durch den Schlafzustand in ein anderes Verhältnis zur geistigen Welt tritt, als das gewöhnliche ist. Die Seele des Menschen ist im gewöhnlichen Erleben während des Schlafzustandes nicht durch Bande an die geistige Welt geknüpft, die ihr Vorstellungen mit Wirklichkeitswert geben können. Die Seele des Wanderers zur «Chymischen Hochzeit» ist aber verwandelt. Sie ist innerlich so erkräftigt, daß sie in die Traumerfahrung aufnehmen kann, was in ihrem Erleben Zusammenhang hat mit der geistigen Welt, in der sie sich befindet. Und sie erlebt durch eine solche Erfahrung zunächst ihr eigenes, neu gewonnenes Verhältnis zu dem Sinnenleibe. Sie erlebt dieses Verhältnis durch die *Imagination des Turmes,* in dem der Träumende eingeschlossen ist, und aus dem er befreit wird. Sie erlebt bewußt, was unbewußt im gewöhnlichen Dasein erlebt wird, wenn die Seele einschlafend aus dem Gebiet der Sinneserfahrung in dasjenige übersinnlicher Daseinsform übergeht. Die Beengungen und Nöte in dem Turm sind der Ausdruck für die Sinneserlebnisse nach dem Seelen-Inneren zu, wenn dieses sich dem Gebiet solcher Erlebnisse entwindet. Was die Seele in der Art an den Leib bindet, daß das Ergebnis dieser Bindung die Sinneserfahrung ist, dies sind die wachstumfördernden Lebenskräfte. Unter dem alleinigen Einfluß dieser Kräfte könnte nie Bewußtsein entstehen. Das bloß Lebendige bleibt unbewußt. Zur Entstehung des Bewußtseins führen im Verein mit der Täuschung diejenigen Kräfte, welche das Leben vernichten. Trüge der Mensch nicht in sich, was ihn dem physischen Tode entgegenführt: er könnte zwar im physischen Leibe leben, aber in demselben nicht Bewußtsein entwickeln. Für das gewöhnliche Bewußtsein bleibt der Zusammenhang zwischen den tod-bringenden Kräften und diesem Bewußtsein verborgen. Wer wie der Träger der Erlebnisse in der «Chymischen Hochzeit» ein Bewußtsein für die geistige Welt entwickeln soll, dem muß dieser Zusammenhang vor das «Geistesauge» treten. Er muß erfahren, daß mit seinem Dasein der *«eisgraue Mann»* verbunden ist, das Wesen, das seiner Natur nach die Kraft des Alterns in sich trägt. Das Schauen im Geistgebiet kann nur derjenigen Seele zuteil werden, welche, während sie in diesem Gebiete weilt, die Kraft auf sich wirken sieht, die im gewöhnlichen Leben hinter dem Altern steht. Diese Kraft ist imstande, die Seele dem Gebiet der Sinneserfahrung zu entreißen. – Der Wirklichkeitswert des Traumerlebnisses liegt darin, daß der Wanderer zur «Chymischen Hochzeit» durch dasselbe sich bewußt ist, er kann nunmehr der Natur und der Menschenwelt mit einer Seelenverfassung entgegentreten, die ihn schauen läßt, was in beiden dem gewöhnlichen Bewußtsein verborgen ist. Dadurch ist er gereift für die Erfahrungen der nächsten Tage.

Im Beginne der Schilderung des zweiten Tages wird auch sogleich darauf hingewiesen, wie ihm die Natur in einer neuen Art erscheint. Aber er soll nicht nur in die Hintergründe der Natur schauen; er soll in die Beweggründe des menschlichen Wollens und Handelns tiefere Blicke tun, als sie dem gewöhnlichen Bewußtsein zuteil werden. Der Darsteller der «Chymischen Hochzeit» will sagen, daß dieses gewöhnliche Bewußtsein nur die Außenseite des Wollens und Handelns kennenlernt, und daß auch die Menschen durch dieses Bewußtsein von ihrem eigenen Wollen und Handeln nur diese Außenseite gewahr werden. Die tiefer liegenden geistigen Impulse, die aus der übersinnlichen Welt heraus in dieses Wollen und Handeln sich ergießen, und die das menschliche soziale

Zusammenleben gestalten, bleiben diesem Bewußtsein unbekannt. Der Mensch kann in dem Glauben leben, ein bestimmter Beweggrund führe ihn zu einer Handlung; in Wahrheit ist dieser Beweggrund nur die bewußte Maske für einen unbewußt bleibenden. Insofern die Menschen ihr *soziales Zusammenleben* nach dem gewöhnlichen Bewußtsein regeln, greifen in dieses Zusammenleben Kräfte ein, die nicht im Sinne der Entwicklung liegen, welche der Menschheit heilsam sind. Diesen Kräften müssen andere entgegengestellt werden, welche durch übersinnliches Bewußtsein erschaut und dem sozialen Wirken einverleibt werden. Zur Erkenntnis solcher Kräfte soll der Wanderer der «Chymischen Hochzeit» geführt werden. Dazu soll er die Menschen durchschauen nach dem Wesen, das wirklich in ihnen lebt, und das ein ganz anderes ist, als das in ihrem Glauben von sich vorhandene, oder das der Stelle entspricht, die sie in der vom gewöhnlichen Bewußtsein bestimmten sozialen Ordnung einnehmen. – Das Bild der Natur, welches sich dem gewöhnlichen Bewußtsein offenbart, ist sehr verschieden von demjenigen einer sozialen Menschenordnung. Die übersinnlichen Naturkräfte, welche das geistige Bewußtsein kennenlernt, sind aber verwandt den übersinnlichen Kräften dieser sozialen Menschenordnung. Der Alchimist strebt nach einem Naturwissen, das für ihn Grundlage wahrhaftiger Menschenkenntnis werden soll. Den *Weg* zu einem solchen Wissen muß der Wanderer zur «Chymischen Hochzeit» suchen. Doch nicht *ein* solcher Weg, sondern mehrere werden ihm gezeigt. Der *erste* führt in ein Gebiet, in welchem die in der Sinneswahrnehmung gewonnenen verstandesmäßigen Vorstellungen des gewöhnlichen Bewußtseins in den Gang der übersinnlichen Erfahrung einwirken, so daß durch das Zusammenwirken der beiden Erfahrungskreise die Einsicht in die Wirklichkeit ertötet wird. Der *zweite* stellt in Aussicht, daß der Seele die Geduld verloren gehen kann, wenn sie nach geistigen Offenbarungen sich langen Wartezeiten unterwerfen muß, um stets ausreifen zu lassen, was zunächst nur als unverstandene Offenbarung hingenommen werden darf. Der dritte fordert Menschen, welche durch ihre bereits unbewußt erlangte Entwicklungsreife in kurzer Zeit schauen dürfen, was andere in langem Ringen erwerben müssen. Der vierte bringt den Menschen zur Begegnung mit all den Kräften, die aus der übersinnlichen Welt heraus sein Bewußtsein umnebeln und verängstigen, wenn dieses sich der Sinneserfahrung entreißen will. – Welcher Weg für die eine oder die andere Menschenseele zu nehmen ist, das hängt ab von der Verfassung, in welche sie durch die Erfahrungen des gewöhnlichen Bewußtseins gebracht ist, bevor sie die geistige Wanderung antritt. «Wählen» im gewöhnlichen Sinne kann sie nicht, denn ihre Wahl würde aus dem sinnlichen Bewußtsein hervorgehen, dem eine Entscheidung in übersinnlichen Dingen nicht zusteht. Die Unmöglichkeit einer solchen Wahl sieht der Wanderer nach der «Chymischen Hochzeit» ein. Er weiß aber auch, daß seine Seele für ein Verhalten in einer übersinnlichen Welt genügend erstarkt ist, um zum Rechten veranlaßt zu werden, wenn eine solche Veranlassung aus der geistigen Welt selbst kommt. Die Imagination seiner Befreiung «aus dem Turm» gibt ihm dieses Wissen. Die *Imagination des «schwarzen Raben»,* welcher der «weißen Taube» die ihr geschenkte Speise entreißt, ruft in der Seele des Wanderers ein gewisses Gefühl hervor; und dieses aus übersinnlichem, imaginativem Wahrnehmen erzeugte Gefühl führt auf den Weg, auf den die Wahl des gewöhnlichen Bewußtseins nicht hätte leiten dürfen. – Auf diesem Wege gelangt der Wanderer dahin, wo sich seinem Schauen Menschen und Menschenzusammenhänge in dem Lichte zeigen sollen, das dem Erleben im Sinnesleibe nicht zugänglich ist. Er tritt durch eine *Pforte* in eine Behausung ein, innerhalb welcher sich die Menschen so verhalten, wie es den in ihre Seelen sich ergießenden übersinnlichen Kräften entspricht. Er soll durch die Erfahrungen, die er innerhalb dieser Behausung macht, zu einem neuen Leben erwachen, das zu führen ihm obliegen wird, wenn von seinem übersinnlichen Bewußtsein ein genügend großes Gebiet dieser Erfahrungen umfaßt sein wird. – Es haben manche Beurteiler der «Chymischen Hochzeit Christiani Rosencreutz» die Meinung geäußert, daß sie nichts weiter sei als ein satirischer Roman auf das Treiben gewisser Sektierer oder abenteuerlicher Alchimisten oder auf ähnliches. Vielleicht ergibt aber schon eine wirklich richtige Ansicht über die Erlebnisse, welche der Verfasser des Buches seinen Wanderer «vor dem Tore» machen läßt, daß die satirische Stimmung, die das Werk in seinen weiteren Teilen zeigt, zurückzuführen ist auf Seelenerfahrungen, deren Ernst eine Gestalt annimmt, welche dem wie bloße Satire erscheint, der nur im Gebiete des Sinnes-Erlebens bleiben will. Es könnte gut sein, wenn dieses bei der Betrachtung der weiteren Erlebnisse des Wanderers nach der «Chymischen Hochzeit» nicht unberücksichtigt bliebe.

Das zweite seelische Tagewerk bringt den Geistsucher, dessen Erfahrungen Johann Valentin Andreae schildert, zu Erlebnissen, durch die es sich entscheidet, ob er die Fähigkeit des wahren geistigen Schauens erlangen kann, oder ob eine Welt geistigen Irrtums seine Seele umfangen soll. Diese Erlebnisse kleiden sich für sein Wahrnehmungsvermögen in die *Imaginationen des Eintrittes in ein Schloß,* in dem die Welt der geistigen Erfahrung verwaltet wird. Solche Imaginationen kann nicht nur der echte, sondern auch der unechte Geistsucher haben. Die Seele gelangt zu ihnen, wenn sie gewissen Gedankenrichtungen und Empfindungsweisen folgt, durch die sie eine Umgebung vorzustellen vermag, die ihr nicht durch sinnliche Eindrücke vermittelt ist. – An der Art, wie Andreae die Gesellschaft *unechter Geistsucher* darstellt, innerhalb welcher der «Bruder vom roten Rosenkreuz» sich am «zweiten Tage» noch befindet, erkennt man, daß ihm das Geheimnis vom Unterschied des echten und des unechten Geistsuchers wohl bewußt ist. Wer die Möglichkeit hat, solche innere Zeugnisse von der geistigen Einsicht des Verfassers der «Chymischen Hochzeit» richtig zu beurteilen, der wird über den wahren Charakter dieser Schrift und über die Absicht Andreaes nicht im Zweifel sein können. Sie ist ganz offenbar geschrieben, um ernst strebenden Menschen Aufklärung zu geben über das Verhältnis der sinnenfälligen Welt zur geistigen und über die Kräfte, welche der Menschenseele für das soziale und sittliche Leben aus der Erkenntnis der Geisteswelt erwachsen können. Die unsentimentale, humoristisch-satirische Darstellungsart Andreaes spricht nicht gegen, sondern für die tiefernste Absicht. Nicht nur kann man innerhalb der scheinbar leicht wiegenden Szenen den Ernst wohl durchempfinden; man hat auch das Gefühl, Andreae schildert wie jemand, der das Gemüt seines Lesers nicht durch Sentimentalität gegenüber den Geheimnissen der Geistwelt umnebeln, sondern der bei dem Leser ein seelisch freies, selbstbewußt-vernünftiges Verhalten zu dieser Welt als Stimmung erzeugen will.

Hat sich jemand durch Gedankenverrichtungen und Empfindungsweisen in die Lage versetzt, in Imaginationen eine übersinnliche Welt vorstellen zu können, so ist mit einer solchen Fähigkeit noch keineswegs die Gewähr verbunden, daß die Imaginationen dazu geeignet sind, ihn in ein wirkliches Verhältnis zur Geisteswelt zu bringen. Der Bruder vom Rosenkreuz sieht sich auf dem Felde des imaginativen Erlebens umgeben von zahlreichen Seelen, die zwar in Vorstellungen über die geistige Welt leben, die aber durch ihre innere Verfassung in eine wirkliche Berührung mit dieser Welt nicht kommen können. Die Möglichkeit dieser wirklichen Berührung hängt davon ab, wie der Geistsucher seine Seele gegenüber der sinnenfälligen Welt einstellt, bevor er an die Schwelle zur geistigen Welt herantritt. Diese Einstellung bringt in der Seele eine Verfassung hervor, die über die Schwelle getragen wird und sich innerhalb der Geisteswelt so offenbart, daß diese den Suchenden aufnimmt oder zurückweist. Die *rechtmäßige Seelenverfassung* kann nur dadurch erlangt werden, daß der Suchende bereit ist, alles vor der Schwelle abzulegen, das sein Verhältnis zur Welt innerhalb der sinnenfälligen Wirklichkeit bestimmt. Diejenigen Gemütsimpulse müssen für das Verweilen in der Geisteswelt unwirksam werden, durch die der Mensch aus der äußeren Lebenslage und dem äußeren Lebensschicksale heraus den Charakter und die Geltung – das Gewicht – seiner Persönlichkeit empfindet. Ist schon diese Notwendigkeit, durch die sich der Mensch in eine Art seelischer Kindheit versetzt fühlt, schwierig zu erfüllen, so widerstrebt dem gewöhnlichen Empfinden noch mehr die andere, auch die Art des Urteilens zu unterdrücken, durch die man sich innerhalb der Sinneswelt orientiert. Man muß zu der Einsicht kommen, daß diese Urteilsart an der Sinneswelt gewonnen ist, daß sie nur innerhalb dieser Geltung haben kann, und daß man bereit sein muß, die Art, wie man in der Geisteswelt zu urteilen hat, aus dieser selbst erst zu erfahren. Der Bruder vom Rosenkreuz entwickelt bei seinem Eintritte in das Schloß eine Seelenstimmung, die aus dem Gefühle von diesen Notwendigkeiten herrührt. Er läßt sich nicht zum Verbringen der ersten Nacht im Schlosse in ein Gemach führen, sondern verbleibt in dem Saal, bis zu dem er durch seine Teilnahme an den Vorgängen des zweiten Tages gelangt ist. Auf diese Art bewahrt er sich davor, seine Seele in ein Gebiet der geistigen Welt zu tragen, mit der sich die in seinem Innern wirksamen Kräfte noch nicht würdig verbinden können. Diejenige Seelenstimmung, die ihn davon abhält, weiter in den Geistesort einzudringen, als ihn der zweite Tag gebracht hat, ist in seiner Seele die Nacht hindurch wirksam und rüstet ihn mit einem Wahrnehmungs- und Willensvermögen aus, die er am folgenden Tage braucht. Solche Eindringlinge, die mit ihm gekommen sind ohne die Fähigkeit derartiger Seelenstimmung, müssen am folgenden Tage von der geistigen Welt wieder ausgestoßen werden, da sie die Frucht dieser Stimmung nicht entwickeln können. Ohne diese Frucht ist es ihnen unmöglich, die Seele durch wirkliche Innenkräfte mit derjenigen Welt zu verbinden, von der sie gewissermaßen nur äußerlich umfangen werden.

Die Vorgänge an den Pforten, die Begegnung mit dem Löwen, das Lesen der Inschriften an den zwei Säulen des Eingangs und anderes von den Vorkommnissen des zweiten Tages wird von dem Bruder des Rosenkreuzes so durchlebt, daß man sieht, seine Seele webt in der gekennzeichneten Stimmung. Er erfährt dies alles so, daß ihm derjenige Teil davon unbekannt bleibt, der zu dem gewöhnlichen an die Sinneswelt gebundenen Verstand spricht, und daß er nur das aufnimmt, was zu den tieferen Gemütskräften in ein geistig anschauliches Verhältnis tritt. – Die *Begegnung mit dem «grausamen Löwen»* bei der zweiten Pforte ist ein Glied in der Selbsterkenntnis des Geistsuchers. Der Bruder vom Rosenkreuz durchlebt sie so, daß sie als Imagination auf seine tieferen Gemütskräfte wirkt, daß ihm aber unbekannt bleibt, was sie für seine Stellung innerhalb der geistigen Welt bedeutet. Dieses ihm unbekannte Urteil fällt der «Hüter», der sich bei dem Löwen befindet, diesen beruhigt und zu dem Eintretenden gemäß dem Inhalt eines Briefes, der diesem Eintretenden auch unbekannt ist, die Worte spricht: «Nun sei mir Gott willkommen, der Mensch, den ich längst gern gesehen hätte.» Der geistige Anblick des «grausamen Löwen» ist das Ergebnis der Seelenverfassung des Bruders vom Rosenkreuz. Diese Seelenverfassung spiegelt sich in dem

Bildekräfteteil der geistigen Welt und gibt die Imagination des Löwen. In dieser Spiegelung ist ein Bild des eigenen Selbstes des Beschauers gegeben. Dieser ist im Felde der geistigen Wirklichkeit ein anderes Wesen als im Gebiete des sinnenfälligen Daseins. Die im Bereiche der Sinneswelt wirksamen Kräfte formen ihn zum sinnlichen Menschenbilde. Im Umkreis des Geistigen ist er noch nicht Mensch; er ist ein Wesen, das sich imaginativ durch die Tierform ausdrücken läßt. Was im sinnenfälligen Dasein des Menschen an Trieben, an Affekten, an Gefühls- und Willensimpulsen lebt, das ist innerhalb dieses Daseins in Fesseln gehalten durch das an den Sinnesleib gebundene Vorstellungs- und Wahrnehmungsleben, die selbst ein Ergebnis der Sinneswelt sind. Will der Mensch aus der Sinneswelt heraustreten, so muß er sich bewußt werden, was an ihm außer dieser Welt nicht mehr durch die Gaben der Sinneswelt gefesselt ist und durch neue Gaben aus der Geisteswelt auf den rechten Weg gebracht werden muß. Der Mensch muß sich schauen *vor* der sinnenfälligen Menschwerdung. Dieses Schauen wird dem Bruder vom Rosenkreuz durch die Begegnung mit dem Löwen, dem Bilde seines eigenen Wesens *vor* der Menschwerdung, zuteil. – Nur um nicht Mißverständnisse hervorzurufen, mag hier angemerkt werden, daß die Daseinsform, in der sich die dem Menschen zugrunde liegende Wesenheit vor der Menschwerdung auf geistige Art erblickt, nichts zu tun hat mit der Tierheit, mit welcher der landläufige Darwinismus die Menschenart durch Abstammung verknüpft denkt. Denn die Tierform des geistigen Anblickes ist eine solche, die durch ihre Wesenheit nur der Bildekräftewelt angehören kann. Innerhalb der Sinneswelt kann sie nur als unterbewußtes Glied der Menschennatur ein Dasein haben. – Daß er mit dem Teil seiner Wesenheit, der durch den Sinnesleib in Fesseln gehalten ist, noch vor der Menschwerdung steht, das drückt sich in der Seelenstimmung aus, in der sich der Bruder vom Rosenkreuz beim Eintritte in das Schloß befindet. Was er zu erwarten hat, dem stellt er sich unbefangen gegenüber und trübt es sich nicht durch Urteile, die noch von dem an die Sinneswelt gebundenen Verstand herstammen. Solche Trübung muß er später an denjenigen bemerken, die nicht mit einer rechtmäßigen Seelenstimmung gekommen sind. Auch sie sind an dem «grausamen Löwen» vorbeigekommen und haben ihn gesehen, denn dies hängt nur davon ab, daß sie die entsprechenden Gedankenrichtungen und Empfindungsweisen in ihre Seele aufgenommen haben. Aber die Wirkung dieses geistigen Anblickes konnte bei ihnen nicht stark genug sein, um sie zum Ablegen der Urteilsart zu bewegen, an die sie für die Sinneswelt gewohnt waren. Ihre Art zu urteilen erscheint dem Geistesauge des Bruders vom Rosenkreuz innerhalb der Geisteswelt als eitel Prahlerei. Sie wollen Platos Ideen sehen, Demokrits Atome zählen, geben vor, das Unsichtbare zu sehen, während sie in Wahrheit nichts sehen. An diesen Dingen zeigt sich, daß sie die inneren Seelenkräfte nicht verbinden können mit der Welt, die sie umfangen hat. Ihnen fehlt das Bewußtsein von den wahren Anforderungen, welche die Geistwelt an den Menschen stellt, der sie schauen will. Der Bruder vom Rosenkreuz kann in den folgenden Tagen seine Seelenkräfte mit der geistigen Welt deswegen verbinden, weil er sich am zweiten Tage der Wahrheit gemäß eingesteht, das alles nicht zu sehen und nicht zu können, was die andern Eindringlinge vor sich oder andern behaupten, zu sehen oder zu können. Das Erfühlen seiner Ohnmacht wird ihm später zur Macht des geistigen Erlebens. Er muß sich am Ende des zweiten Tages fesseln lassen, weil er die Fesseln der seelischen Ohnmacht gegenüber der Geisteswelt fühlen soll, bis diese Ohnmacht als solche so lange dem Lichte des Bewußtseins ausgesetzt war, als sie nötig hat, um sich selbst in Macht umzuwandeln.

Andreae will zeigen, wie *die sieben «Wissenschaften und freien Künste»*, in die man im Mittelalter die innerhalb der Sinneswelt zu gewinnenden Erkenntnisse gliederte, als Vorbereitung zur Geist-Erkenntnis wirken sollen. Als diese sieben Erkenntnisglieder waren gewöhnlich angesehen: Grammatik, Dialektik, Rhetorik, Arithmetik, Geometrie, Musik und Astronomie. Aus der Schilderung in der «Chymischen Hochzeit» erkennt man, daß Andreae sowohl den Bruder vom Rosenkreuz und seine rechtmäßigen Genossen wie auch die unrechtmäßigen Eindringlinge ausgerüstet denkt mit dem Wissen, das aus diesen Erkenntnisgliedern zu gewinnen ist. Allein der Besitz dieses Wissens ist bei den Ankömmlingen ein verschiedenartiger. Die rechtmäßigen, vor allen der Bruder vom Rosenkreuz, dessen Erlebnisse geschildert werden, haben sich dieses Wissen so angeeignet, daß sie durch dessen Besitz in der Seele die Kraft entwickelt haben, das Unbekannte, das für diese «freien Künste» noch verborgen bleiben muß, aus der Geisteswelt zu empfangen. Ihre Seele ist durch diese Künste so vorbereitet, daß sie nicht nur weiß, was durch sie gewußt werden kann, sondern daß dieses Wissen ihr das Gewicht gibt, durch das sie Erfahrungen in der Geistwelt machen kann. Den unrechtmäßigen Ankömmlingen ist das Gewicht dieser Künste nicht zum Seelengewicht geworden. Sie haben in ihrer Seele nicht dasjenige, was an wahrem Weltgehalt diese «sieben freien Künste» enthalten. Am dritten Tage nimmt der Bruder vom Rosenkreuz an der *Wägung der Seelen* teil. Diese wird durch die Imagination einer Waage geschildert, durch welche die Seelen gewogen werden, um zu finden, ob sie sich zu ihrem eigenen Menschengewicht auch noch dasjenige hinzuerworben haben, das sieben anderen Gewichten gleichkommt. Diese sieben Gewichte sind die imaginativen Repräsentanten der «sieben freien Künste».

Der Bruder vom Rosenkreuz hat in seiner Seele nicht nur den Gehalt, der den sieben Gewichten gewachsen ist, sondern auch noch einen Überschuß. Dieser kommt einer andern Persönlichkeit zugute, die für sich selbst nicht genügend befunden wird, die aber durch den wahren Geistsucher vor der Ausstoßung aus der Geistwelt bewahrt wird. Durch die Anführung dieses Vorganges zeigt Andreae, wie gut er mit den Geheimnissen der geistigen Welt vertraut ist. Von all den Kräften der Seele, die sich schon in der Sinneswelt entwickeln, ist die Liebe die einzige, die unverwandelt bleiben kann beim Übergange der Seele in die Geistwelt. Den schwächeren Menschen helfen nach der Kraft, die man selbst besitzt, das kann geschehen innerhalb der Sinneswelt, und es kann sich auch in gleicher Art vollziehen mit dem Besitze, der dem Menschen im Bereich des Geistigen wird.

Durch die Art, wie Andreae die *Vertreibung der unrechtmäßigen Eindringlinge* aus der Geistwelt schildert, ist ersichtlich, daß er durch seine Schrift seinen Zeitgenossen zum Bewußtsein bringen will, wie weit entfernt von dieser Geistwelt und somit von der wahren Wirklichkeit ein Mensch sein kann, der sich zwar bekannt gemacht hat mit allerlei Schilderungen des Weges nach dieser Welt, dem aber das Bewußtsein von einer wirklichen inneren Seelen-Umwandlung fremd geblieben ist. Ein unbefangenes Lesen der «Chymischen Hochzeit» verrät als eines der Ziele ihres Verfassers, seinen Zeitgenossen zu sagen, wie verderblich für die wahre Menschheitsentwicklung diejenigen sind, welche in das Leben eingreifen mit Impulsen, die auf unrechtmäßige Art sich zu der Geistwelt in Beziehung setzen. Andreae erwartet gerade für seine Zeit rechte soziale, sittliche und andere menschliche Gemeinschaftsziele von einem rechtmäßigen Erkennen der geistigen Untergründe des Daseins. Deshalb läßt er in seiner Schilderung auf alles dasjenige ein deutliches Licht fallen, das dem Menschheitsfortschritt dadurch schädlich wird, daß es solche Ziele aus einer unrechtmäßigen Beziehung zur Geistwelt holt.

Am dritten Tag, nachdem er die Ausstoßung der unrechtmäßigen Ankömmlinge erlebt hat, empfindet der Bruder des Rosenkreuzes, daß für ihn die Möglichkeit beginnt, die Verstandesfähigkeit in einer Art zu gebrauchen, die für die geistige Welt geeignet ist. Der Besitz dieser Fähigkeit stellt sich vor die Seele als die *Imagination des Einhorns,* das sich vor einem Löwen neigt. Der Löwe ruft darauf durch sein Brüllen eine Taube herbei, die ihm einen Ölzweig bringt. Er verschluckt diesen. Wer solch ein Bild als Symbol und nicht als wirkliche Imagination behandeln wollte, der könnte sagen, es verbildliche den Vorgang in der Seele des Geistsuchers, durch den er sich fähig fühlt, Geistiges zu denken. Allein diese abstrakte Idee würde den Seelenvorgang, um den es sich tatsächlich handelt, nicht in seiner vollen Wesenhaftigkeit zum Ausdrucke bringen. Denn dieser Vorgang wird so erlebt, daß der Umkreis des persönlichen Erlebens, der für das Sinnesdasein sich bis an die Grenze des Leibes ausdehnt, über diese Grenze hinaus erweitert wird. Der Seher erlebt im geistigen Felde Wesen und Vorgänge außerhalb seiner eigenen Wesenhaftigkeit so, wie der Mensch durch das gewöhnliche Wachbewußtsein die Vorgänge innerhalb des eigenen Leibes erlebt. Tritt ein solches erweitertes Bewußtsein ein, dann hört das bloß abstrakte Vorstellen auf, und die Imagination stellt sich als die notwendige Ausdrucksform des Erlebten ein. Will man sich über solches Erleben dennoch in abstrakten Ideen ausdrücken, was namentlich in der Gegenwart zur Mitteilung geisteswissenschaftlicher Erkenntnisse in weitem Umfange notwendig ist, dann muß man die Imaginationen erst in sachgemäßer Weise auf die Ideenform bringen. Andreae unterläßt dies in der «Chymischen Hochzeit», weil er ohne Veränderung die Erlebnisse eines

Geistsuchers aus der Mitte des fünfzehnten Jahrhunderts darstellen will; in dieser Zeit pflegte man die erlebten Imaginationen nicht in Ideen und Begriffe umzusetzen.

Wenn das imaginative Erkennen soweit gereift ist wie bei dem Bruder vom Rosenkreuz am dritten Tage, dann kann die Seele selbst mit ihrem inneren Leben in das Gebiet der Wirklichkeit eintreten, aus dem die Imaginationen stammen. Erst durch diese Fähigkeit gelangt der Mensch dazu, von einem in der Geistwelt gelegenen Gesichtspunkt aus die Wesenheiten und Vorgänge der Sinneswelt auf eine neue Art zu sehen. Er schaut, inwiefern diese aus ihren wahren, in dem übersinnlichen Bereich gelegenen Quellen herausfließen. Andreae macht bemerklich, daß der Bruder vom Rosenkreuz diese Fähigkeit in einem stärkeren Maße sich erringt als seine Genossen. Er gelangt dazu, vom Gesichtspunkt der geistigen Welt aus die *Bibliothek des Schlosses und die Begräbnisse der Könige* zu sehen. Daß er dies vermag, hängt davon ab, daß er in hohem Grade den eigenen Willen in der imaginativen Welt betätigen kann. Seine Genossen können nur dasjenige schauen, was durch fremde Kraft, ohne solche starke eigene Willensbetätigung an sie herankommt. Der Bruder vom Rosenkreuz lernt bei «der Könige Begräbnissen» mehr «denn in allen Büchern geschrieben steht». Die Anschauung dieser Begräbnisse wird in unmittelbaren Zusammenhang gebracht mit derjenigen des herrlichen «Phönix». In diesen Anschauungen enthüllt sich das Geheimnis des Todes und der Geburt. Diese beiden Grenzvorgänge des Lebens walten nur in der sinnenfälligen Welt. Im Geistigen entspricht der Geburt und dem Tode nicht ein Entstehen und Vergehen, sondern die Verwandlung einer Lebensform in die andere. Man kann das Wesen von Geburt und Tod nur erkennen, wenn man es schaut von einem Gesichtspunkte außerhalb der Sinnenwelt, von einem Bereiche aus, in dem sie selbst nicht vorhanden sind.

Daß der Bruder vom Rosenkreuz zu der «Könige Begräbnissen» dringt und im Bilde des Phönix das Erstehen einer jungen königlichen Kraft aus der in den Tod eingegangenen der alten Könige schaut, verzeichnet Andreae deswegen, weil er den besonderen Geistesweg eines Erkenntnissuchers aus der Mitte des fünfzehnten Jahrhunderts schildern will. Es ist dies ein *Zeitenwendepunkt* in bezug auf das geistige Erleben der Menschheit. Die Formen, in denen sich durch Jahrhunderte hindurch vorher die Menschenseele der geistigen Welt nähern konnte, wandelten sich in diesem Zeitpunkte in andere. Auf dem Gebiete des äußeren Menschheitslebens trat diese Wandlung durch die aufkommende naturwissenschaftliche Denkungsart der neuen Zeit und die übrigen Umwälzungen im Leben der Erdenvölker in dieser Epoche zutage. Im Bereiche derjenigen Welt, in welcher die Geistsucher nach den Geheimnissen des Daseins forschen, offenbart sich in solchen Zeitenwenden das Vergehen einer bestimmten Richtung der menschlichen Seelenkräfte und das Auftreten einer anderen. Trotz aller andern umwälzenden Ereignisse im geschichtlichen Werden der Menschheit war der Charakter der Geistesschau seit den Zeiten des griechisch-römischen Lebens im wesentlichen bis in das fünfzehnte Jahrhundert der gleiche geblieben. Der Geistsucher hatte den im Gemüte wurzelnden instinktiven Verstand, welcher die wesentliche Seelenkraft dieses Zeitalters war, in das Feld der geistigen Wirklichkeit hineinzutragen und dort zu der Kraft der Geistesschau umzuwandeln. Von der Mitte des fünfzehnten Jahrhunderts an tritt an die Stelle dieser Seelenkraft der im Lichte des vollen Selbstbewußtseins wirkende, von den instinktiven Kräften sich befreiende Verstand. Ihn zum schauenden Bewußtsein zu erheben, wird die Aufgabe des Geistsuchers.

In Christian Rosenkreutz, als führendem Bruder vom Rosenkreuz, kennzeichnet Andreae eine Persönlichkeit, welche auf die Art in die geistige Welt eingetreten ist, die im fünfzehnten Jahrhundert zu Ende ging. Die Erlebnisse der «Chymischen Hochzeit» stellen ihm dies Zu-Ende-Gehen und das Heraufkommen einer neuen Art vor das Seelenauge. Er muß deshalb in Geheimnisse eindringen, die ihm die Beherrscher des Schlosses, die in der alten Art das geistige Leben weiter verwalten möchten, verhüllen wollen. Den größten Geistesforscher vom Ende einer abgelaufenen Epoche, der aber den Tod dieser Epoche und den Aufgang einer neuen auf geistigem Feld durchschaut, will Andreae für seine Zeitgenossen charakterisieren. Er fand, daß diese sich mit den Überlieferungen der alten Epoche begnügten, daß sie im Sinne dieser Überlieferungen sich die geistige Welt erschließen wollten. Ihnen wollte er sagen: euer Weg ist ein fruchtloser; der Größte, der ihn zuletzt gegangen ist, hat seine Fruchtlosigkeit durchschaut. Erkennet, was er durchschaut hat, und ihr werdet euch ein Gefühl für einen neuen Weg aneignen. *Christian Rosenkreutz' Geistesweg* als das Vermächtnis der Geistforschung des fünfzehnten Jahrhunderts wollte Andreae in seine Zeit hineinstellen, um zu zeigen, daß die Initiative ergriffen werden muß zu einer neuen Art der Geistforschung. In der Fortsetzung von Bemühungen, wie sie durch Johann Valentin Andreae ihren Anfang genommen haben, steht auch gegenwärtig der Geistesforscher noch darinnen, der die Zeichen seiner Zeit versteht. Ihm treten die stärksten Widerstände von seiten derjenigen Geistsucher entgegen, welche aus einer Erneuerung oder Wieder-Belebung alter geisteswissenschaftlicher Überlieferungen den Weg in die übersinnliche Welt bahnen wollen.

In zarten Andeutungen spricht Andreae von den Erkenntnis-Ausblicken, die sich durch das schauende Bewußtsein der Menschheit in der Zeitepoche ergeben müssen, die mit der Mitte des fünfzehnten Jahrhunderts begonnen hat. Zu einem großen *Globus* dringt Christian Rosenkreutz vor, durch den ihm die Abhängigkeit der irdischen Ereignisse von außerirdischen, kosmischen Impulsen vor die Seele dringt. Es ist damit das erste Hineinsehen in eine «Himmelskunde» gekennzeichnet, die ihren Anfang genommen hat mit der kopernikanischen Weltansicht, die aber in dieser nur eben einen Anfang sieht, der nur geben kann, was für die sinnenfällige Welt Geltung hat. Im Sinne dieses Anfanges forscht die neuere naturwissenschaftliche Vorstellung bis heute. In ihrem Weltbilde sieht sie die Erde umgeben von «Himmelsvorgängen», die sie nur mit verstandesgemäßen Begriffen erfassen will. Im Erdgebiete selbst sucht sie die Kräfte für die wesentlichen Vorgänge des Erd-Geschehens. Wenn sie die Bedingungen untersucht, unter denen der Keim zu einem neuen Wesen in einem Mutterwesen entsteht, so sieht sie auf die Kräfte allein, die in der Vererbungsströmung bei den irdischen Vorfahren zu suchen sind. Sie hat kein Bewußtsein davon, daß bei der Keimesentstehung der «himmlische Umkreis» der Erde hereinwirkt in das Erdgeschehen, daß im Mutterwesen nur der Ort ist, an dem der außerirdische Kosmos den Keim ausbildet. Die Ursachen für historische Ereignisse sucht diese Denkweise ausschließlich bei den Tatsachen, die im Erdenleben diesen Ereignissen vorangegangen sind. Sie blickt nicht auf zu den außerirdischen Impulsen, die irdische Tatsachen befruchten, daß aus dem Geschehen der einen Epoche dasjenige der nächsten hervorgehe. Vom Außerirdischen läßt diese Denkungsart lediglich die leblosen Erdenvorgänge beeinflußt sein. Der Ausblick auf eine organische, eine geistige «Himmelskunde» eröffnet sich für Christian Rosenkreutz, die nichts mehr gemein haben kann mit der Art der alten Astrologie, die auf denselben Grundlagen für das Übersinnliche ruht wie der Kopernikanismus für das Sinnliche.

Man kann gewahr werden, wie Andreae in der «Chymischen Hochzeit» das imaginative Leben durchaus sachgemäß behandelt. Alles, was an Christian Rosenkreutz als sich offenbarendes Wissen herantritt, zu dem sein eigener Wille nicht mitwirkt, läßt er durch Kräfte herankommen, die in *Bildern des Weiblichen* ihre Repräsentation finden. Wozu der eigene Wille des Geistsuchers sich den Weg bahnt, das wird durch *Bilder von geleitenden Knaben,* durch Männliches veranschaulicht. Im Menschen walten, gleichgültig ob er als Sinneswesen Mann oder Weib ist, das Männliche und das Weibliche als polarische Gegensätze. Aus dieser Anschauung heraus charakterisiert Andreae. Das Vorstellungsgemäße wird zu dem Willensartigen in das rechte Verhältnis gebracht, wenn dieses Verhältnis sich in Bildern darstellt, die an den Bezug des Männlichen und Weiblichen in der Sinneswelt erinnern. – Wieder soll, um Mißverständnissen vorzubeugen, angemerkt werden, daß die Imagination des Männlichen und Weiblichen mit den Beziehungen von Mann und Weib in der Sinnenwelt selbst nicht verwechselt werden darf; so wenig, wie die Imagination der Tierform, die sich dem schauenden Bewußtsein ergibt, zu tun hat mit der tierischen Natur, auf welche der landläufige Darwinismus die Menschheit bezieht. In der Gegenwart glaubt so mancher, durch die Sexual-Physiologie in verborgene Geheimnisse des Daseins eindringen zu können. Eine flüchtige Bekanntschaft mit echter Geisteswissenschaft könnte ihn überzeugen, daß dieses Bestreben nicht zu den Geheimnissen des Daseins hin-, sondern von ihnen weit wegführt. Und jedenfalls ist es Unfug, die Meinung solcher Persönlichkeiten, wie Andreae eine ist, in irgendwelche Beziehung zu Vorstellungen zu bringen, die mit Sexual-Physiologie etwas zu tun haben.

In deutlicher Art weist Andreae auf Wichtiges, das er in seine «Chymische Hochzeit» hineingeheimnissen will, da, wo er die *«Jungfrau»* charakterisiert, welche er zu dem Geistsucher in besonders nahe Beziehung bringt. Diese «Jungfrau» ist die imaginative Repräsentation eines übersinnlichen Wissens, das im Gegensatze zu den «sieben freien Künsten», die auf sinnlichem Felde erworben werden, aus dem Geistgebiete geholt werden muß. Diese «Jungfrau» gibt in etwas rätselvoller Art ihren Namen, der «Alchimie» ist. Andreae will also sagen, daß wahre Alchimie in andrer Art eine Wissenschaft ist als die aus dem gewöhnlichen Bewußtsein entsprungenen. Nach seiner Meinung vollzieht der Alchimist seine Verrichtungen mit sinnenfälligen Stoffen und Kräften nicht deshalb, weil er die Wirkung dieser Stoffe und Kräfte im Bereich der Sinneswelt kennenlernen will, sondern darum, weil er durch den sinnlichen Vorgang sich ein Übersinnliches offenbaren lassen will. Er will durch den sinnlichen Prozeß auf einen übersinnlichen hindurchschauen. Was er verrichtet, ist von der Untersuchung des gewöhnlichen Naturforschers durch die Art verschieden, wie er den Vorgang anschaut.

Zu den Erlebnissen des «dritten Tages» gehört die völlige Überwindung des Glaubens, daß die Urteilsart, an die der Mensch in der Sinneswelt gewöhnt ist, in ihrer unverwandelten Gestalt auch eine leitende Kraft in der übersinnlichen Welt sein kann. Es werden innerhalb der Gesellschaft, in der Christian Rosenkreutz weilt, *Fragen* vorgelegt, die alle dazu führen, daß man mit der Entscheidung für eine Antwort zurückhält. Es soll dadurch auf die Begrenztheit des gewöhnlichen Urteilsvermögens hingewiesen werden. Die Wirklichkeit ist reicher als die Entscheidungsmöglichkeit, welche in dem an der Sinneswelt herangezogenen Verstande liegt. – Nach der Schilderung dieser Erlebnisse führt Andreae noch eine *«Herzogin»* ein; er bringt also Christian Rosenkreutz in Beziehung zu der durch sie gekennzeichneten übersinnlichen Wissensart, der Theologie. Wie sie auf das Menschengemüt wirken soll, wird charakterisiert. Von besonderer Bedeutung ist, daß der Geistsucher nach allen diesen Erlebnissen in der folgenden Nacht doch noch von dem *Traume* heimgesucht wird, der ihm eine Tür zeigt, die er öffnen will und die ihm lange Widerstand entgegensetzt. In seiner Seele wird eben dieses Bild durch die Meinung ausgewirkt, daß er alle vorangegangenen Erlebnisse nicht als etwas betrachten soll, was durch seinen unmittelbaren Inhalt Wert hat, sondern allein als Erzeuger einer Kraft, die sich weiteren Anstrengungen unterwerfen muß.

Entscheidend für die Stellung des Geistsuchers in der übersinnlichen Welt wird der «vierte Tag». Der Geistsucher begegnet wieder dem Löwen. Die *alte Inschrift,* die ihm durch den Löwen entgegengebracht wird, enthält im wesentlichen die Aufforderung, an die Quelle heranzutreten, aus welcher die Inspirationen aus der geistigen Welt erfließen. Die Seele, welche im bloß imaginativen Erleben stehenbleiben wollte, könnte sich doch gewissermaßen von der geistigen Welt nur *anreden* lassen und die Kraft des eigenen Willens dazu verwenden, die Offenbarungen sich zum Verständnis zu bringen. Soll die volle Kraft des menschlichen «Ich» in die übersinnliche Welt eintreten, dann muß dieses «Ich» das eigene Bewußtsein in diese Welt hineintragen. Es muß die Seele das «Ich» mit seinen sinnenfälligen Erlebnissen in der geistigen Welt wiederfinden. Es muß im Übersinnlichen gewissermaßen die Erinnerung an die Erlebnisart der Sinneswelt auftauchen. Andreae stellt dies dadurch dar, daß er unter die Erfahrungen des «vierten Tages» eine *«Komödie»* stellt, also ein Scheinbild von Vorgängen der sinnenfälligen Welt. In der Anschauung dieses Scheinbildes von der sinnenfälligen Welt, die innerhalb des übersinnlichen Bereiches gewonnen wird, erkraftet sich das «Ich» des Geistsuchers, so daß er den festen Zusammenhang erfühlt zwischen dem im Übersinnlichen erlebenden Seelenglied und demjenigen, das sich in der Sinneswelt durch den Leib betätigt.

Aus der Einsicht in die sachgemäße Darstellungsart Andreaes kann die Überzeugung sich ergeben, daß dieser in ernster Art zu seinen Zeitgenossen von einem Weg in die Geisteswelt reden wollte, der angemessen ist der mit dem sechzehnten Jahrhundert einsetzenden Epoche der Menschheitsentwicklung, an deren Beginn sich der Verfasser der «Chymischen Hochzeit» gestellt fühlt. Daß zunächst der Verwirklichung dessen, was Andreae als ideale Anforderungen vor seine Zeitgenossen hinstellte, schwere Hindernisse sich darboten, liegt in der Tatsache begründet, daß die Wirren des Dreißigjährigen Krieges mit allem, was sie über die neuere Zeit brachten, verheerend sich geltend machten. Ein Fortschritt in der Menschheitsentwicklung ist aber nur möglich, wenn von Persönlichkeiten, die gleich Johann Valentin Andreae gesinnt sind, den hemmenden Kräften einer gewissen Weltenströmung die wahrhaft fortbildenden entgegengehalten werden.

Ob es Andreae gelungen ist, in Christian Rosenkreutz einen Geistsucher zu schildern, der von dem Wege aus, den er aus den Geist-Erfahrungen einer verflossenen Epoche heraus eingeschlagen hat, auf den neuen wirksam weisen kann, welcher dem neuen Zeitabschnitt entspricht, das kann nur behauptet werden, wenn es gelingt, zu zeigen, daß die letzten «Tage» der «Chymischen Hochzeit» von Erlebnissen berichten, welche die Perspektive in diesen neuen Zeitabschnitt hinein eröffnen; wenn Christian Rosenkreutz sein «Ich» in diesen Zeitabschnitt hinübertragen kann.

Das bedeutungsvollste Erlebnis des «vierten Tages» ist für Christian Rosenkreutz seine Vorführung vor die Könige und deren nachfolgende Enthauptung. Der Verfasser der «Chymischen Hochzeit» deutet auf das Wesen dieses Erlebnisses durch die *Sinnbilder*, die *auf einem kleinen Altar* stehen. In diesen Sinnbildern kann die menschliche Seele ihr Verhältnis zum Weltall und dessen Werden schauen. In solchen Sinnbildern haben die Geistsucher immer der Seele nahezubringen gesucht, wie deren eigenes Wesen im Wesen des Kosmos lebt. Durch das *Buch* wird auf den Gedankeninhalt des Menschen gewiesen, der in Gemäßheit der menschlichen Organisation ein Hereinfluten der objektiven weitschöpferischen Gedanken in die Seele ist. In dem *«Lichtlein»* wird angezeigt, wie die weitschöpferischen Gedanken als Lichtäther im All wirksam sind und im Menschen erkenntnis-erzeugend, erleuchtend werden. Das Hereinspielen *Cupidos* durch sein Anblasen des Lichtleins bezieht sich auf die Anschauung des Geistsuchers, der in dem Wesenhaften, das ätherisch allem Dasein und Werden zugrunde liegt, zwei polarisch zueinanderstehende Kräfte sieht: das Licht und die Liebe. Man beurteilt aber diese Anschauung nur richtig, wenn man in dem physischen Lichte und der innerhalb der physischen Welt tätigen Liebe die materiell wirksamen Offenbarungen geistiger Urkräfte sieht. Innerhalb der geistigen Urkraft des Lichtes lebt sich das schöpferische Gedankenelement der Welt aus und innerhalb der Liebe das schöpferische Willenselement. Eine *«Sphäre»* ist unter den Sinnbildern, um anzudeuten, wie das menschliche Erleben im All-Erleben als dessen Glied drinnensteht. Die *Uhr* spricht von dem Eingewobensein der Seele in den Zeitverlauf des Kosmos, wie die Sphäre von demjenigen in dessen räumliches Dasein. Das *Brünnlein,* aus dem blutrotes Wasser fließt, und der *Totenkopf mit der Schlange weisen* auf die Art hin, wie Geburt und Tod von dem Geist-Erkenner im Weltall gegründet gedacht werden. Valentin Andreae verwendet für seine Schilderung diese Sinnbilder in einer ähnlichen Art, wie sie seit grauer Vorzeit in den Versammlungsstätten gebraucht wurden, die solchen Gesellschaften dienten, durch welche die zu ihnen zugelassenen Menschen in die Geheimnisse des Lebens eingeweiht werden sollten. Indem er sie so verwendet, zeigt er, daß sie nach seiner Meinung wirklich in der Entwicklung der Menschenseele begründete Imaginationen sind, welche diese anregen können, die Geheimnisse des Lebens zu empfinden.

Es drängt sich die Frage auf: Was stellt der *«Königssaal»* dar, in den Christian Rosenkreutz geführt wird, und was erlebt er durch die *Gegenwart der Könige und ihre Enthauptung?* Die Sinnbilder weisen auf die Antwort hin. Der Geistsucher soll schauen, wie er mit seinem eigenen Wesen im Wesen des Weltalls gegründet ist. Was in ihm ist, soll er in der Welt, was in der Welt ist, in sich selber schauen. Er kann es nur, wenn er in den Dingen und Vorgängen der Welt Bilder dessen sieht, was in ihm wirkt und webt. Er kommt dazu, was in ihm vorgeht, nicht mehr bloß durch Vorstellungen anzuschauen, die aus der Seele entnommen sind; sondern er sieht die Erlebnisse dieser Seele durch Bilder, welche das Werden des Weltalls darstellen. Die Könige stellen sich vor Christian Rosenkreutz hin, um ihm anzuzeigen: so leben deine Seelenkräfte in deinem eigenen Innern; und die Erlebnisse der Könige spiegeln, was in der Seele unter gewissen Bedingungen sich ereignen muß. Christian Rosenkreutz steht vor den Vorgängen im «Königssaal» so, daß seine Seele sich in ihnen *selbst* schaut. Die Enthauptung der Könige ist ein Ereignis innerhalb seiner eigenen Seelenentwicklung. Er ist in den «Königssaal» gekommen mit den Erkenntniskräften, die noch immer nur diejenige Wesenheit haben, welche sie sich vor dem Betreten der geistigen Welt aneignen konnten. Durch das Einleben in diese Welt machen aber diese *Erkenntniskräfte* Erfahrungen, die sich auch auf die stoffliche Welt beziehen. Es leuchtet nicht nur die geistige Welt vor der Seele auf, sondern es zeigt sich auch die stoffliche in Formen, die derjenige nicht in ihrer vollen Bedeutung schauen kann, der im Stoffgebiete mit seiner Beobachtung stehenbleibt. Zu diesen Erfahrungen gehört, daß sich die zwiespältige Art der Menschenwesenheit enthüllt. Es zeigen sich die Kräfte, welche dem physischen Wachstum zugrunde liegen, auch wirksam in den Erscheinungen, die man gewöhnlich als seelische bezeichnet.

Die Gedächtniskraft, die vorstellungbildenden Impulse erweisen sich als solche, denen gleichgeartete physische Bedingungen zugrunde liegen wie dem Wachstum. Nur wirken die Wachstumskräfte so, daß sie in der menschlichen Kinder- und Jugendzeit in aufsteigender Entwicklung sind, daß sie dann abnehmen und durch ihren Verfall in sich den Tod bedingen, während Gedächtnis- und Vorstellung-bildende Kräfte von einem gewissen, sehr frühen Lebenszeitpunkte an die Möglichkeit des In-sich-Verfallens annehmen. In jeder Wachperiode machen diese Kräfte die absteigende, bis zum Verfall reichende Entwicklung durch, welche der Gesamtorganismus von der zweiten Lebenshälfte bis zum Tode durchmacht. In jeder Schlafperiode wird dieser Verfall wieder ausgeglichen, und Gedächtnis- und Vorstellungskräfte erleben eine Auferstehung. Es ist dem menschlichen Gesamtorganismus wie ein Parasit sein Seelenorganismus aufgesetzt, der deshalb zur Erinnerung und Vorstellung die Bedingung liefern kann, weil er im Tageslaufe den Weg zum Tode durchmacht, den der Gesamtorganismus im Erdenlebenslaufe durchführt. Auf diese Art wird für den Geistsucher der Seelenorganismus zu einer Metamorphose des Gesamtorganismus. Der Seelenorganismus erscheint als derjenige Teil des Gesamtorganismus, welcher die Kräfte, die in diesem das Leben von der Geburt bis zum Tode zur Offenbarung kommen lassen, in intensiverer Weise zur Ausgestaltung bringt, so daß sie hier die Grundlage abgeben für das Vorstellungsleben. In den täglichen Verfall der Kräfte des Seelenorganismus hinein ergießt sich das schöpferische Gedankenwesen der Welt und wird so in dem Menschen zum Vorstellungsleben. Das Wesentliche ist, daß der Geistsucher die stoffliche Grundlage der Seelenvorgänge erkennt als die umgewandelten allgemeinen Stoffprozesse des ganzen Organismus. Es liegt die paradoxe Tatsache vor, daß man zunächst auf dem Wege zum Geist die materiellen Bedingungen des Seelenlebens schaut. Diese Tatsache kann der Ausgangspunkt für eine Versuchung sein. Man kann bei der Entdeckung stehenbleiben, daß die Seelenvorgänge sich in ihrer stofflichen Ausgestaltung offenbaren. Dann kann man, indem man den Geist sucht, in eine materialistische Weltauffassung hineingetrieben werden. Durchschaut man aber wirklich, was vorliegt, dann tritt das Entgegengesetzte ein. Man erkennt in der stofflichen Grundlage des Seelenlebens die wirksamen Geistesmächte, die sich durch die stofflichen Gestaltungen offenbaren, und bereitet sich dadurch die Möglichkeit vor, auch in dem Gesamtorganismus und seinem Lebensverlauf den zugrunde liegenden Geist zu erkennen.

Christian Rosenkreutz ist also vor die wichtige Erfahrung gestellt, die ihm eine im Naturprozeß sich vollziehende Alchimie enthüllt. Die stofflichen Vorgänge des Gesamt-Organismus wandeln sich vor seinem geistigen Auge um. Sie werden solche, aus denen die Seelenvorgänge aufleuchten wie das Licht, das sich bei dem äußeren Vorgang der Verbrennung offenbart. Aber diese Seelenvorgänge zeigen sich dadurch ihm auch an ihrer Grenze. Sie sind Vorgänge, die dem entsprechen, was im Gesamtorganismus zum Tode führt. Christian Rosenkreutz wird vor die «Könige» seines eigenen Seelenwesens, vor seine Erkenntniskräfte geführt. Sie erscheinen ihm als dasjenige, was der Gesamtorganismus aus sich heraus metamorphosiert. Aber die Wachstumskräfte des Lebens werden nur dadurch zu Erkenntniskräften umgestaltet, daß sie den Tod in sich aufnehmen. Und sie können deshalb auch nur das Wissen von dem Toten in sich tragen. – In alle Vorgänge der Natur ist der Tod eingegliedert dadurch, daß in allem das Unlebendige lebt. Nur auf dieses Unlebendige ist der gewöhnliche Erkenntnisvorgang gerichtet. Dieser erfaßt das Unorganische, weil es ein Totes ist; aber er erfaßt die Pflanze und ein jegliches Lebendige nur insoweit, als diese von dem Unlebendigen tingiert sind. Jede Pflanze enthält außer dem, was sie als Lebewesen ist, unorganische Prozesse. Diese erfassen in der gewöhnlichen Anschauung die Erkenntniskräfte; das Lebendige erfassen sie nicht. Dieses wird nur anschaulich, insofern es sich im Unlebendigen darlebt. Christian Rosenkreutz schaut den Tod seiner «Seelenkönige», seiner Erkenntniskräfte, wie sich diese aus der Metamorphose der stofflichen Kräfte des Gesamtorganismus ergeben, ohne daß der Mensch von der *Natur-Alchimie* zu der *Kunst-Alchimie* übergeht. Diese muß darinnen bestehen, daß der Mensch innerhalb des Seelischen seinen Erkenntniskräften einen Charakter verleiht, den sie durch die bloßen organischen Entwicklungsvorgänge nicht haben. Was im aufsteigenden Wachstum wesenhaft ist, woran der Tod noch nicht genagt hat, das muß in den Erkenntniskräften erweckt werden. Die Natur-Alchimie muß fortgesetzt werden.

Diese Fortsetzung der Natur-Alchimie bildet das fünfte Tagewerk der «Chymischen Hochzeit». Der Geistsucher muß schauend eindringen in die Vorgänge, welche die Natur bewirkt, indem sie das wachsende Leben hervorbringt. Und er muß dieses Naturschaffen in die Erkenntniskräfte einführen, ohne daß er beim Übergange von den Wachstums- zu den Seelenvorgängen den Tod walten läßt. Er empfängt die Erkenntniskräfte von der Natur als tote Wesenheiten; er muß sie beleben, indem er ihnen gibt, was die Natur ihnen genommen hat, als sie mit ihnen die alchimistische Umwandlung in Erkenntniskräfte vollzogen hat. Wenn er den Weg zu einem solchen Vorhaben betritt, naht sich ihm eine Versuchung. Er muß hinuntersteigen in das Gebiet, auf dem die Natur wirkt, indem sie durch die Kraft der Liebe das Leben aus dem zaubert, das durch sein Wesen nach dem Tode strebt. Er setzt sich dabei der Gefahr aus, daß sein Schauen von den Trieben erfaßt wird, die im niederen Gebiete des Stofflichen walten. Er muß kennenlernen, wie im Stoffe, dem der Tod eingeprägt ist, ein Liebe-verwandtes Element lebt, das jeder Erneuerung des Lebens zugrunde liegt. Dieser der Versuchung ausgesetzte Seelenvorgang wird von Andreae bedeutungsvoll geschildert, indem er Christian Rosenkreutz vor *Venus* treten und dabei Cupido sein Wesen treiben läßt. Und es wird deutlich darauf verwiesen, wie der charakterisierte Geistsucher nicht allein durch seine eigene Seelenkraft, sondern durch das Walten anderer Mächte durch die Versuchung nicht von seinem weiteren Wege zurückgehalten wird. Hätte Christian Rosenkreutz nur seinen eigenen Erkenntnisweg zu wandeln: dieser könnte mit der Versuchung auch abschließen. Daß dies nicht der Fall ist, weist auf dasjenige hin, was Andreae schildern will. Christian Rosenkreutz soll mit seinem Geistesweg aus einer verflossenen Epoche in eine anbrechende hinüberweisen. Es sind die im Zeitenlauf tätigen Mächte, die ihm dazu verhelfen, daß er sein «Ich» mit den Erkenntniskräften durchdringt, welche dem neuen Zeitabschnitt entsprechen. Dadurch kann er die Fahrt zu dem «Turm» antreten, in dem er sich an dem alchimistischen Prozeß beteiligt, durch den die toten Erkenntniskräfte ihre Auferstehung erleben. Dadurch auch ist ihm auf dieser Fahrt die Kraft eigen, den *Sirenengesang* von der Liebe zu hören, ohne seinen Verlockungen zu verfallen. Die geistige Urkraft der Liebe muß auf ihn wirken; von deren Offenbarungsweise auf dem sinnlichen Felde darf er sich auf seinem Wege nicht beirren lassen. Im *Turm Olympi* wird die Durchsetzung der toten Erkenntniskräfte mit den Impulsen vollzogen, die im gewöhnlichen Menschenorganismus nur in den Wachstumsvorgängen walten. Es wird darauf hingewiesen, wie Christian Rosenkreutz an diesem Vorgang sich beteiligen darf, weil seine Seelenentwicklung im Sinne der sich wandelnden Zeitkräfte erfolgen soll. Er geht, während er schlafen sollte, in den Garten, schaut nach dem

Sternenhimmel und sagt sich: «Weil ich also gute Gelegenheit hatte, der Astronomie besser nachzudenken, befand ich, daß auf gegenwärtige Nacht eine solche Konjunktion der Planeten geschehe, dergleichen nicht bald sonsten zu observieren.»

In den Erlebnissen des sechsten Tages werden im einzelnen die Imaginationen beschrieben, welche in der Seele des Christian Rosenkreutz anschaulich machen, wie sich die toten Erkenntniskräfte, die der Organismus auf dem gewöhnlichen Wege seines Lebenslaufes ausbildet, in die übersinnlich anschauenden umwandeln. Jede dieser Imaginationen entspricht einem Erlebnis, das die Seele in bezug auf ihre eigenen Kräfte durchmacht, wenn sie erfährt, wie dasjenige, was in ihr bisher sich nur mit dem Toten hat durchdringen können, fähig wird, Lebendiges erkennend in sich rege werden zu lassen. Die einzelnen Bilder würde ein anderer Geistsucher in anderer Art beschreiben als Andreae. Aber nicht auf den Inhalt der einzelnen Bilder kommt es dabei an, sondern darauf, daß die Umwandlung der Seelenkräfte im Menschen sich vollzieht, indem er den Verlauf solcher Bilder als die Spiegelung dieser Umwandlung in einer Folge von Imaginationen vor sich hat.

Christian Rosenkreutz wird in der «Chymischen Hochzeit» wie der Geistsucher geschildert, der das Herannahen des Zeitalters fühlt, in dem die Menschheit den Blick auf die Naturvorgänge anders richten will als in dem mit dem fünfzehnten Jahrhundert ablaufenden, in dem sie nicht mehr, die Natur betrachtend, in dieser Betrachtung selbst die geistigen Inhalte der Naturdinge und Naturvorgänge mitanschaut, in dem sie zu einer Verleugnung der geistigen Welt kommen kann, wenn sie nicht einen Erkenntnisweg für möglich hält, auf dem man die Stoff-Grundlage des Seelenlebens durchschauen und doch das Wesen des Geistes in die Erkenntnis aufnehmen kann. Um das zu können, muß man über diese Stoff-Grundlage das geistige Licht breiten können. Man muß schauen können, wie die Natur verfährt, indem sie ihre Wirkenskräfte zu einem Seelenorganismus gestaltet, durch den sich das Tote offenbart, um dann aus dem Wesen der Natur selbst das Geheimnis zu erlauschen, wie Geist dem Geist sich gegenüberstellen kann, wenn das schöpferische Wirken der Natur auf die Erweckung der toten Erkenntniskräfte zu einem höheren Leben gelenkt wird. Dadurch wird eine Erkenntnis entwickelt, welche als Geist-Erkenntnis in die Wirklichkeit hineingestellt wird. Denn eine solche Erkenntnis ist ein weiterer Sproß auf dem belebten Wesen der Welt; durch sie wird die Entwicklung der Wirklichkeit fortgesetzt, die bis zum Leben des Menschen herauf aus den Uranfängen des Daseins waltet. Es wird nur dasjenige als höhere Erkenntniskräfte entfaltet, was im Keime in der Natur veranlagt ist und was im Naturwirken selbst auf dem Punkte zurückgehalten wird, wo in der Metamorphose des Daseins sich die Erkenntniskräfte für das Tote entwickeln sollen. – Daß ein solches Fortsetzen der Naturwirksamkeit über dasjenige hinaus, was sie selbst in der menschlichen Organisation erreicht, aus der Wirklichkeit heraus und in das Wesenlose führe, ist kein Einwand, welchen derjenige machen wird, der die Entwicklung der Natur selbst durchschaut. Denn diese besteht überall darinnen, den Fortgang der Wachstumskräfte an bestimmten Punkten zu hemmen, um die Offenbarungen der unendlichen Gestaltungsmöglichkeiten auf gewissen Stufen des Daseins zu bewirken. So auch ist in der menschlichen Organisation eine Gestaltungsmöglichkeit festgehalten. Aber wie in dem grünen Laubblatt der Pflanze eine solche Möglichkeit festgehalten ist, und doch die Bildungskräfte des Pflanzenwachstums dann wieder über diese Gestaltung hinausschreiten, um das grüne Blatt in dem farbigen Blumenblatt auf einer höheren Stufe erstehen zu lassen, so kann der Mensch von der Gestaltung seiner auf das

Tote gerichteten Erkenntniskräfte zu einer höheren Stufe dieser Kräfte fortschreiten. Er erfährt den Wirklichkeitscharakter dieses Fortschreitens, indem er in sich gewahr wird, wie er dadurch das seelische Organ in sich aufnimmt, um den Geist in seiner übersinnlichen Offenbarung zu erfassen, gleichwie die Umwandlung des grünen Blattes in das farbige Blumenorgan der Pflanze die Fähigkeit vorbereitet, die sich in der Fruchtbildung auslebt.

Nach der Vollführung des kunst-alchimistischen Vorganges wird Christian Rosenkreutz zum *«Ritter des güldenen Steines»* ernannt. Man müßte sehr ausführlich in einer rein geschichtlichen Darstellung werden, wenn man aus der einschlägigen ernst zu nehmenden und der weit größeren schwindelhaften Literatur den Namen «güldener Stein» aufzeigen und auf seinen Gebrauch hindeuten wollte. Das liegt nicht in der Absicht, die mit diesem Aufsatz verfolgt wird. Doch darf auf dasjenige hingewiesen werden, was sich aus einem Verfolgen dieser Literatur als Ergebnis über diesen Gebrauch gewinnen läßt. Diejenigen ernst zu nehmenden Persönlichkeiten, die den Namen angewendet haben, wollten mit ihm auf etwas hindeuten, in dem die tote Steinnatur sich so anschauen läßt, daß man ihren Zusammenhang erkennt mit dem lebendigen Werden. Der ernst zu nehmende Alchimist glaubte, daß künstliche Naturvorgänge hervorgerufen werden können, zu denen Totes, Steinartiges verwendet wird, in denen sich aber, wenn sie recht angeschaut werden, etwas von dem erkennen läßt, was vorgeht, wenn die Natur selbst das Tote in das lebendige Werden hineinwebt. Durch die Anschauung von ganz bestimmten Vorgängen am Toten wollte man die Spuren der schöpferischen Naturtätigkeit und damit das Wesen des in den Erscheinungen waltenden Geistes erfassen. Das Sinnbild für das Tote, das als Offenbarung des Geistes erkannt wird, ist der «güldene Stein». Wer einen Leichnam in seiner unmittelbar gegenwärtigen Wesenheit erforscht, der wird gewahr, wie das Tote in den allgemeinen Naturprozeß eingeschaltet ist. *Diesem* allgemeinen Naturprozeß widerspricht aber die Gestaltung des Leichnams. Diese Gestaltung konnte nur ein Ergebnis des geistdurchsetzten Lebens sein. Der allgemeine Naturprozeß muß zerstören, was das geistdurchsetzte Leben gestaltet hat. Der Alchimist ist der Ansicht, daß die gewöhnliche menschliche Erkenntnis in der ganzen Natur etwas vor sich hat, wovon sie nur soviel erfaßt, als vom Menschen in einem Leichnam ist. Eine höhere Erkenntnis soll für die Naturerscheinungen finden, was sich zu ihnen verhält wie das geistdurchsetzte Leben zum Leichnam. Solches Streben ist das nach dem «güldenen Stein». Andreae spricht von diesem Sinnbild so, daß man bemerken kann, er meine, nur ein solcher könne erfassen, wie man mit dem «güldenen Stein» zu verfahren habe, der durch die Erlebnisse der von ihm geschilderten sechs Tagewerke gegangen ist. Er will andeuten, daß ein jeder, der von diesem Sinnbild spricht, ohne zu wissen, was die Umwandlung der Erkenntniskräfte dem Wesen nach ist, nur ein Trugbild im Auge haben kann. Er will in Christian Rosenkreutz eine Persönlichkeit zeichnen, die in berechtigter Art über etwas sprechen kann, wovon viele ohne Berechtigung sprechen. Gegen das Irrereden über das Suchen nach der geistigen Welt will er die Wahrheit verteidigen.

Christian Rosenkreutz und seine Genossen erhalten, nachdem sie wirkliche Bearbeiter des «güldenen Steines» geworden sind, ein *Denkzeichen mit den beiden Sprüchen:* «Die Kunst ist der Natur Dienerin» und «die Natur ist der Zeit Tochter». Im Sinne dieser Leitsätze sollen sie aus ihrer Geisterkenntnis heraus wirken. Die Erlebnisse der sechs Tage lassen sich in diesen Sätzen zusammenfassend charakterisieren. Die Natur enthüllt dem ihre Geheimnisse, der sich in die Lage versetzt, durch seine Kunst ihr Schaffen fortzusetzen. Aber diese Fortsetzung kann dem nicht gelingen, der für seine Kunst ihr nicht zuerst den Sinn ihres Wollens abgelauscht hat, der nicht erkannt hat, wie ihre Offenbarungen dadurch entstehen, daß ihre unendlichen Entwicklungsmöglichkeiten aus dem Schoße der Zeit in endlichen Gestaltungen geboren werden.

In dem Verhältnisse, in das am siebenten Tage Christian Rosenkreutz zum König gesetzt wird, ist gekennzeichnet, wie der Geistsucher nunmehr zu seinen umgewandelten Erkenntnisfähigkeiten steht. Es wird darauf verwiesen, wie er sie als «Vater» selbst geboren hat. Und auch seine Beziehung zu dem *«ersten Pförtner»* erscheint als eine solche zu einem Teile seines eigenen Selbstes, nämlich zu demjenigen, der vor Umwandlung seiner Erkenntniskräfte als «Astrologus» zwar auf der Suche nach den Gesetzen war, die das menschliche Leben bestimmen, der aber der Versuchung nicht gewachsen war, die sich ergibt, wenn der Geistsucher in eine Lage kommt, wie diejenige, in der Christian Rosenkreutz am Beginne des fünften Tages war, als er der Venus gegenüberstand. Wer dieser Versuchung verfällt, findet keinen Einlaß in die geistige Welt. Er weiß zu viel, um von ihr ganz entfernt zu werden, aber er kann auch nicht eintreten. Er muß vor dem Tore Wache halten, bis ein anderer kommt, welcher der gleichen Versuchung verfällt. Christian Rosenkreutz glaubt sich zunächst derselben verfallen und dadurch verurteilt zu sein, das *Amt des Wächters* übernehmen zu müssen. Aber dieser Wächter ist ja ein Teil seines eigenen Selbstes; und dadurch, daß er mit dem umgewandelten Selbst diesen Teil überschaut, kommt er in die Möglichkeit, ihn zu überwinden. Er wird zum Wächter seines eigenen Seelenlebens; aber dieses Wächteramt hindert ihn nicht, sein freies Verhältnis zur geistigen Welt herzustellen.

Christian Rosenkreutz ist durch die Erlebnisse der sieben Tage zum Geist-Erkenner geworden, der aus der Kraft heraus, die seiner Seele aus diesen Erlebnissen geworden ist, in der Welt wirken darf. Was er und seine Genossen im äußeren Leben vollbringen, das wird aus dem Geiste fließen, aus dem die Werke der Natur selbst fließen. Sie werden durch ihre Arbeit Harmonie in das Menschenleben bringen, die ein Abbild sein wird der in der Natur wirkenden Harmonie, welche die entgegenstehenden Disharmonien überwindet. Die Anwesenheit solcher Menschen in der *sozialen Ordnung* soll in dieser selbst ein fortwährend wirkender Anlaß zur Gesunderhaltung des Lebens sein. Auf Christian Rosenkreutz und seine Genossen verweist Valentin Andreae diejenigen, welche fragen: Welches sind die besten Gesetze für das Zusammenleben der Menschen auf Erden? Andreae gibt die Antwort: Nicht, was man in Gedanken ausdrückt, daß es in der einen oder andern Art geschehen solle, kann dieses Zusammenleben regeln, sondern was die Menschen sagen können, die danach streben, in dem Geiste zu leben, der sich durch das Dasein aussprechen will.

In *fünf Sätzen* wird zusammengefaßt, was Seelen leitet, die im Sinne des Christian Rosenkreutz im Menschenleben wirken möchten. Ihnen soll es ferne liegen, aus einem andern Geiste heraus zu denken als aus dem, der sich im Schaffen der Natur offenbart, und sie sollen das Menschenwerk dadurch finden, daß sie die Fortsetzer werden der Naturwerke. Sie sollen ihr Werk nicht in den Dienst der menschlichen Triebe stellen, sondern diese Triebe zu Vermittlern der Werke des Geistes machen. Sie sollen liebevoll den Menschen dienen, damit im Verhältnis von Mensch zu Mensch der wirkende Geist sich offenbare. Sie sollen sich durch nichts, was die Welt ihnen an Wert zu geben vermag, beirren lassen in dem Streben nach dem Werte, den der Geist aller menschlichen Arbeit zu geben vermag. Sie sollen nicht nach der Art schlechter Alchimisten dem Irrtum verfallen, das Physische mit dem Geistigen zu verwechseln. Solche vermeinen, daß ein physisches Mittel der Lebensverlängerung oder ähnliches ein höchstes Gut sei, und vergessen darüber, daß das Physische nur so lange Wert hat, als es durch sein Dasein sich als rechtmäßiger Offenbarer des ihm zu Grund liegenden Geistigen erweist.

Am Ende seiner Schilderung der «Chymischen Hochzeit» deutet Andreae an, wie Christian Rosenkreutz «heimkommen» ist. In allen Äußerlichkeiten der Welt ist er derselbe, der er vor seinen Erlebnissen war. Seine neue Lebenslage unterscheidet sich von der alten nur dadurch, daß er fortan seinen «höheren Menschen» als den Regierer seines Bewußtseins in sich tragen wird, und daß, was er vollbringen wird, dasjenige werden kann, was dieser «höhere Mensch» durch ihn wirken mag. Der Übergang von den letzten Erlebnissen des siebenten Tages zu dem Sich-wieder-Finden in der gewohnten Umgebung wird nicht mehr geschildert. «Hie manglen ungefähr zwei quart Blättlein». Man könnte sich vorstellen, daß es Menschen gibt, die besonders neugierig wären auf das, was auf diesen *fehlenden Seiten* eigentlich hätte stehen sollen. Nun, es ist dasjenige, was nur erfahren kann, wer das Wesen der Seelenumwandlung als sein individuelles Erlebnis kennt. Ein solcher weiß, daß alles, was zu diesem Erlebnis führt, eine allgemeinmenschliche Bedeutung hat, die man mitteilt, wie man die Erlebnisse einer Reise mitteilt. Der Empfang des Erlebten durch den gewöhnlichen Menschen hingegen ist etwas ganz Persönliches, ist auch bei jedem Menschen ein anderer und kann von niemandem in gleichem Sinne verstanden werden wie von dem Erleber. Daß Valentin Andreae die Schilderung dieses Überganges in die altgewohnte Lebenslage weggelassen hat, kann als weiterer Beweis dafür gelten, daß durch die «Chymische Hochzeit» sich wahre Kennerschaft über dasjenige ausspricht, was geschildert werden soll.

Die vorangehenden Ausführungen sind ein Versuch, zu kennzeichnen, was mit der «Chymischen Hochzeit» zum Ausdrucke gebracht ist, lediglich aus einer solchen Betrachtung ihres Inhaltes heraus, wie sie sich dem Verfasser dieser Darstellung ergibt. Es sollte das Urteil begründet werden, daß durch die von Andreae veröffentlichte Schrift in die Richtung gewiesen werden sollte, die man einzuhalten habe, wenn man von dem wahren Charakter einer höheren Erkenntnisart etwas wissen wollte. Und als Tatsache möchten diese Ausführungen erscheinen lassen, daß die besondere Art der seit dem fünfzehnten Jahrhundert geforderten Geisterkenntnis in der «Chymischen Hochzeit» geschildert ist. Wer den Inhalt dieser Schrift so auffaßt wie der Verfasser dieser Darstellung, für den ist sie eine *geschichtliche Nachricht von einer bis ins fünfzehnte Jahrhundert zurückreichenden geistigen Strömung in Europa*, die auf Erlangung von Erkenntnissen über einen hinter den äußeren Erscheinungen der Welt liegenden Zusammenhang der Dinge gerichtet ist.

Es besteht aber eine ziemlich umfangreiche Literatur über die Wirksamkeit Johann Valentin Andreaes, in der über die Frage gesprochen wird, ob die von diesem veröffentlichten Schriften als ein wirklicher Beweis für das Bestehen einer solchen geistigen Strömung gelten können. In diesen Schriften wird von dieser Strömung als von dem Rosenkreuzertum Mitteilung gemacht. Einzelne Forscher sind der Meinung, daß Andreae sich mit seinen Rosenkreuzerschriften nur einen literarischen Scherz erlaubt habe, durch den Schwarmgeister, die überall sich zeigen, wo in geheimnistuerischer Weise von höheren Erkenntnissen gesprochen wird, verhöhnt werden sollten. Das Rosenkreuzertum wäre dann ein Phantasiegebilde Andreaes, bestimmt, das Irrereden schwärmerischer oder schwindelhafter Mystiker zu verspotten. Mit vielem, was in dieser Richtung gegen den Ernst der Absichten Andreaes vorgebracht worden ist, glaubt der Verfasser dieser Ausführungen deshalb nicht vor seine Leser herantreten zu sollen, weil er meint, daß eine rechte Betrachtung des Inhaltes der «Chymischen Hochzeit» eine genügend begründete Ansicht darüber ermöglicht, was mit derselben gewollt ist. An dieser Ansicht können Zeugnisse, die von einem Gebiete genommen sind, das außerhalb dieses Inhaltes liegt, nichts ändern. Wer innere Gründe in ihrem vollen Gewichte zu erkennen glaubt, der ist der Ansicht, daß äußere Urkunden in ihrem Werte nach diesen Gründen, und nicht das Innere nach dem Äußeren bewertet werden soll. Stellen sich deshalb diese Ausführungen außerhalb der rein historischen Literatur über das Rosenkreuzertum, so soll damit kein absprechendes Urteil über die historische Forschung selbst angedeutet werden. Es ist nur gemeint, daß der hier eingenommene Gesichtspunkt eine ausführliche Besprechung der Rosenkreuzer-Literatur nicht nötig erscheinen läßt. Nur einige Bemerkungen seien noch angefügt. Es ist bekannt, daß die Handschrift der «Chymischen Hochzeit» schon 1603 vollendet war. Erschienen ist sie erst 1616, nachdem 1614 Andreae die andere Rosenkreuzerschrift «Fama Fraternitatis R.C.» veröffentlicht hatte. Diese Schrift vor allem hat Veranlassung dazu gegeben, zu glauben, daß Andreae nur im Scherze von dem Vorhandensein einer Rosenkreuzergesellschaft gesprochen hat. Dieser Glaube wird darauf gestützt, daß Andreae selbst in der Folgezeit das Rosenkreuzertum als etwas bezeichnet habe, wofür er nicht eintreten möchte. Manches in seinen späteren Schriften und Briefbemerkungen, die er gemacht hat, scheint gar nicht anders ausgelegt werden zu können, als daß er habe von einer solchen Geistesströmung nur fabeln wollen, um die Neugierigen und Schwarmgeister zu «foppen». In der Ausnützung solcher Zeugnisse wird aber gewöhnlich außer acht gelassen, welchen Mißverständnissen Schriften wie die von Andreae veröffentlichten ausgesetzt sind. Was er selbst später über sie gesagt hat, kann nur richtig beurteilt werden, wenn man bedenkt, daß er genötigt war zu sprechen, nachdem Gegner aufgetreten waren, welche die gekennzeichnete Geistesrichtung auf das ärgste verketzerten, daß sich «Anhänger» eingestellt hatten, die Schwärmer oder alchimistische Schwindler waren, und die alles entstellten, was mit dem Rosenkreuzertum gemeint war. Aber auch, wenn man alles dieses berücksichtigt, wenn man selbst annehmen wollte, daß der später mehr als pietistischer Schriftsteller sich zeigende Andreae bald nach dem Erscheinen der Rosenkreuzerschriften eine gewisse Scheu davor hatte, als der Bekenner dessen zu gelten, was in diesen Schriften zum Ausdruck kommt, eine genügend begründete Ansicht über das Verhältnis dieser Persönlichkeit zum Rosenkreuzertum kann man durch solche Betrachtungen nicht gewinnen. Ja, selbst wenn man so weit gehen wollte, die Verfasserschaft Andreaes bezüglich der «Fama» zu leugnen, gegenüber der «Chymischen Hochzeit» wird man dies aus geschichtlichen Gründen nicht tun wollen.

Es muß auch geschichtlich die Sache noch von einem andern Gesichtspunkte aus beobachtet werden. Die «Fama Fraternitatis» ist 1614 erschienen. Man lasse zunächst dahingestellt, ob Andreae mit dieser Schrift sich habe an ernsthafte Leser wenden wollen, um ihnen von der als Rosenkreuzertum bezeichneten Geistesrichtung zu sprechen. Aber zwei Jahre nach dem Erscheinen der «Fama» wird die «Chymische Hochzeit» veröffentlicht, die schon vor dreizehn Jahren vollendet war. Andreae war 1603 noch ein blutjunger Mensch (siebzehn Jahre alt). Sollte er schon als solcher die Lebensreife gehabt haben, um gegenüber den Schwarmgeistern seiner Zeit einen Spuk zu treiben, indem er ihnen ein Gebilde seiner Einbildungskraft als Rosenkreuzerei zum Spotte hinwarf? Und auch, wenn er in der «Fama», die übrigens auch schon 1610 als Handschrift in Tirol gelesen worden ist, von einem von ihm ernsthaft gemeinten Rosenkreuzertum zu sprechen gewillt war, wie kommt er dazu, als ganz junger Mann in der «Chymischen Hochzeit» diejenige Schrift zu verfassen, die er zwei Jahre nach der «Fama» als Mitteilung über das wahre Rosenkreuzertum dann veröffentlicht hatte? Es scheinen sich die Fragen in bezug auf Andreae in der Tat so zu verknoten, daß der rein historische Ausweg schwer wird. Man könnte wohl kaum einem bloß historischen Forscher viel einwenden, der versuchte, glaubwürdig zu machen, Andreae habe – etwa im Besitze seiner Familie – das Manuskript der «Chymischen Hochzeit» und der «Fama» vorgefunden, sie in der Jugend aus irgendwelchen Gründen veröffentlicht, aber selbst mit der in ihnen ausgesprochenen Geistesrichtung später nichts zu tun haben wollen. Wenn aber dies eine Tatsache wäre, warum hat Andreae nicht einfach Mitteilung von ihr gemacht?

Geisteswissenschaftlich kann man zu einem völlig andern Ergebnis kommen. Aus dem eigenen Urteilsvermögen und der Lebensreife Andreaes zur Zeit, als er die «Chymische Hochzeit» verfaßte, braucht man deren Inhalt nicht abzuleiten. Inhaltlich erweist sich diese Schrift als eine aus der *Intuition* heraus verfaßte. Solches kann geschrieben werden von dazu veranlagten Menschen, auch wenn deren eigenes Urteilsvermögen und Lebenserfahrung nicht in das hineinsprechen, was niedergeschrieben wird. Und das Niedergeschriebene kann trotzdem die Mitteilung von einem Wirklichen sein. Die «Chymische Hochzeit» als Mitteilung über eine wirklich vorhandene Geistesströmung in dem hier angedeuteten Sinne aufzufassen, das gebietet ihr Inhalt. Die Annahme, daß Valentin Andreae sie aus der Intuition heraus geschrieben hat, wirft ein Licht auf die Stellung, die er später zu dem Rosenkreuzertum eingenommen hat. Er war als junger Mann dazu veranlagt, von dieser Geistesströmung heraus ein Bild derselben zu geben, ohne daß seine eigene Erkenntnisart dabei mitsprach. Diese eigene Erkenntnisart aber ist in dem späteren pietistischen Theologen Andreae zur Entwicklung gekommen. Die für Intuitionen zugängliche Geistesart trat in seiner Seele zurück. Er hat später selbst über das philosophiert, was er in seiner Jugend niedergeschrieben hat. Schon 1619 in seiner Schrift «Turris Babel» tut er dies. Der Zusammenhang zwischen dem späteren Andreae und dem in der Jugend aus Intuitionen schreibenden ist ihm nicht in völliger Klarheit vor die Seele getreten. Man ist, wenn man die Stellung Andreaes zum Inhalte der «Chymischen Hochzeit» in der hier angedeuteten Art betrachtet, genötigt, dasjenige, was diese Schrift enthält, ohne Beziehung auf das ins Auge zu fassen, was ihr eigener Verfasser zu irgendeiner Zeit über sein Verhältnis zum Rosenkreuzertum geäußert hat. Was von dieser Geistesströmung zur Zeit Andreaes sich offenbaren konnte, das offenbarte sich durch eine dazu geeignete Persönlichkeit. Wer von vornherein des Glaubens ist, es sei unmöglich, daß in dieser Art das in den Welterscheinungen wirksame Geistesleben zur Offenbarung kommt, der wird allerdings das hier Gesagte ablehnen müssen. Es könnte aber doch auch Menschen geben, die, ohne von abergläubischen Vorurteilen auszugehen, gerade durch ruhige Betrachtung des «Falles Andreae» zu der Überzeugung von einer solchen Offenbarungsart kommen.

Die Schlußsätze bringen die merkwürdige Form der Autorschaft der *Chymischen Hochzeit* zum Ausdruck. Wir fügen hier noch eine Aussage Rudolf Steiners an, in der er die Autorschaft des Johann Valentin Andreä für diesen hochinspirierten Text noch etwas genauer charakterisiert, weil darüber auch in der Geschichtsforschung immer wieder gestritten worden ist.

So kam dann die Zeit, in der in gewissem Sinne eine Verfinsterung über das spirituelle Leben eingezogen war, in der man nur pochte auf den Verstand und die Sinne, und Philosophien begründete, die zeigen sollten, wie Verstand und Sinne irgendwie auf das Sein kommen oder zur Wahrheit gelangen könnten.

Und dann trat eben jenes Merkwürdige ein, daß die Menschen nicht mehr zugänglich waren den spirituellen Einflüssen. Und wo sollte man denn präziser, möchte ich sagen, sehen, wie die Menschen mit ihrem Bewußtsein nicht mehr zugänglich waren spirituellen Einflüssen, als bei dem, was den Menschen so gegeben wurde – ich habe das in der Zeitschrift *Das Reich* dargestellt –, wie etwa die *Chymische Hochzeit des Christian Rosencreutz* den Menschen gegeben wurde. Ich habe dazumal darauf aufmerksam gemacht, wie merkwürdig es doch zugegangen ist mit dieser *Chymischen Hochzeit.* Der Valentin Andreä ist der physische Schreiber dieser *Chymischen Hochzeit;* in dem Jahre unmittelbar vor dem Ausbruch des Dreißigjährigen Krieges ist diese *Chymische Hochzeit* hingeschrieben worden von Valentin Andreä. Aber kein Mensch, der die Biographie des Valentin Andreä kennt, wird im Zweifel darüber sein, daß der Valentin Andreä der später ein philiströser Pastor geworden ist und salbungsvolle andere Bücher schrieb, nicht die «Chymische Hochzeit» geschrieben hat. Es ist ein bloßer Unsinn, zu glauben, daß der Valentin Andreä die *Chymische Hochzeit* geschrieben hat. Denn vergleichen Sie nur einmal die *Chymische Hochzeit* oder die *Reformation der ganzen Welt* oder die anderen Schriften von Valentinus Andreä – physisch war es schon dieselbe Persönlichkeit – mit dem schmalzig Salbungsvollen, Fettig-Öligen, was der Pastor Valentin Andreä der nur denselben Namen trägt, in seinem späteren Leben dann geschrieben hat. Das ist doch ein höchst merkwürdiges Phänomen! Wir haben einen jungen Menschen, der überhaupt noch kaum erst die Schulzeit vollendet hat, der schreibt solche Dinge nieder wie die *Reformation der ganzen Welt, wie die Chymische Hochzeit*

Christiani Rosencreutz, und wir müssen uns anstrengen, den inneren Sinn dieser Schriften zu ergründen. Er selber versteht gar nichts davon, denn das zeigt er später: er wird ein salbungsvoller öliger Pastor. Das ist derselbe Mensch! Und man braucht nur dieses Faktum zu nehmen, so muß man plausibel finden, was ich dazumal dargestellt habe: daß eben die *Chymische Hochzeit* nicht von einem Menschen geschrieben ist, oder nur insofern von einem Menschen geschrieben ist, nun ja – wie der stets angsterfüllte geheime Sekretär von Napoleon seine Briefe geschrieben hat. Aber Napoleon war immerhin ein Mensch, der stark mit seinen Füßen, mit seinen Beinen auf dem Boden stand, war eben eine physische Persönlichkeit. Derjenige, der die *Chymische Hochzeit* geschrieben hat, war nicht eine physische Persönlichkeit, und er hat sich dieses «Sekretärs» bedient, der eben dann später der ölige Pastor Valentin Andreä geworden ist.

Denken Sie sich dieses wunderbare Ereignis, dem Dreißigjährigen Kriege ist es vorangegangen: ein junger Mensch, ein ganz junger Mensch gibt seine Hand einer geistigen Wesenheit, die niederschreibt so etwas wie die *Chymische Hochzeit!* Und was in diesem Falle nur in einem besonderen Exempel zutage tritt, das ist oftmals geschehen in jener Zeit. Die Dinge sind nur nicht so gut erkannt und aufbewahrt worden. Was überhaupt als Wichtiges der Menschheit gegeben worden ist in der damaligen Zeit, das ist den Menschen so gegeben worden, daß sie nicht fähig waren, mit ihrem Verstande es zu begreifen. Das war die fortflutende Spiritualität, die sich ihnen immer noch offenbarte, die die Menschen selber darstellen, aber nicht mehr in sich erleben konnten.

Und so ist es schon, daß in dieser Zeit, in der eigentlich, wenn die Bücher die entsprechende Dicke haben, lauter leere Seiten dastehen würden in den Geschichtsbüchern, daß in dieser Zeit die Menschheit wie in zwei Strömungen lebt: in derjenigen Strömung, die unten in der physischen Welt vor sich geht, wo die Menschen immer mehr und mehr nur daran glauben, was ihnen ihr Verstand sagt und was die Sinne sagen; aber darüber findet fortwährend eine durch den Menschen erfolgende, aber von den Menschen nicht verstandene spirituelle Offenbarung statt. Und eben zu den charakteristischsten Beispielen dieser spirituellen Offenbarung gehören solche Dinge, wie *Die Chymische Hochzeit Christiani Rosencreutz.*

Das alles aber, was sich da offenbarte, ging ja trotzdem durch Menschenköpfe, wenn diese Menschenköpfe das auch nicht verstanden; es ging durch Menschenköpfe, schwächte sich ab, verzerrte sich. Großartig Poetisches, gewaltig Poetisches wurde solches Gesäusel und Geplapper, wie es manchmal die Verse in der *Chymischen Hochzeit Christiani Rosencreutz* sind. Und dennoch sind sie Offenbarungen von etwas Großartigem: gewaltige makrokosmische Bilder, gewaltige Erlebnisse zwischen dem Menschen und dem Makrokosmos, die majestätisch erscheinen. Wenn man mit heutigem Schauen die *Chymische Hochzeit* liest, lernt man diese Bilder der *Chymi schen Hochzeit* verstehen; sie lösen sich auf, denn sie sind im Grunde genommen dennoch gefärbt von den Gehirnen, durch die das durchgegangen ist, und hinter ihnen erscheint das Grandiose.

Solche Dinge sind eben ein Beweis dafür, daß im Unterbewußten das, was einstmals die Menschheit erlebte, eigentlich fortgelebt hat. Und ganz versickert eben ist es dann in den ersten Zeiten des verheerenden Dreißigjährigen Krieges. In der ersten Hälfte des siebzehnten Jahrhunderts fließt ein dasjenige, was einmal große, majestätische spirituelle Wahrheit war. Und nur noch die Mystiker bewahren den Gemütseindruck davon. Aber die eigentliche Substanz, die spirituelle Substanz geht ganz verloren. Der Verstand siegt zunächst, bereitet das Zeitalter der Freiheit vor.

Die mittelalterliche Vorbereitung der heutigen Wirksamkeit

Bereits 1911 hat Rudolf Steiner, wie wir gesehen haben, einige historische Ausführungen zur Biographie des Rosenkreuzertums gemacht, wobei er sich ausschließlich auf die Individualität des Christian Rosenkreutz, dessen Einweihung und deren Folgen konzentrierte, weil diese auch für seine eigenen geisteswissenschaftlichen und künstlerischen Arbeiten von nicht zu unterschätzender Bedeutung waren.

Mit dem Ende des Ersten Weltkrieges brach auch für die anthroposophische Bewegung ein neues Zeitalter an, das Rudolf Steiner selbst durch seine bahnbrechenden Veröffentlichungen zur Dreigliederung des menschlichen und des sozialen Organismus einleitete. Denn wie er schon früher betont hatte, sollten die rosenkreuzerischen Erkenntnisse «nicht da [sein] für den Salon oder den Einsiedler, sondern für die ganze Menschheitskultur». Dieser Impuls, der 1917 seinen Ausgangspunkt nimmt, wurde begleitet durch den oben wiedergegebenen Aufsatz zur *Chymischen Hochzeit,* in der eben jene Erkenntnisart dargestellt war, wie Rudolf Steiner selbst sie für eine Erneuerung des sozialen Lebens anstrebte.

Nun ließen sich aber viele seiner Impulse nicht so umsetzen, wie er es erhofft hatte, weil es an genügend Menschen, die diese hätten weiter tragen können, fehlte. Nicht zuletzt auch darauf führte Rudolf Steiner den schmerzvollen Verlust des in der Sylvesternacht 1922/23 durch Brandstiftung vernichteten ersten Goetheanumbaus zurück. Um so mehr war es ihm anschließend darum zu tun, diesen physischen Verlust durch noch verstärkte geistige Anstrengungen zu ersetzen. Sie führten schließlich an Weihnachten 1923 zur Neubegründung der Anthroposophischen Gesellschaft.

In diesem Zusammenhang stehen die Äußerungen Rudolf Steiners, die hier nun folgen sollen. Sie führen noch einmal zurück in die Zeit der Vorläufer des historischen Rosenkreuzertums, weil es Rudolf Steiner darauf ankam, die neu zu begründende Anthroposophische Gesellschaft in einen immerwährenden, sich aber fortlaufend metamorphosierenden Mysterienstrom hineinzustellen. In diesem Mysterienstrom unterscheidet er Zeiten, in denen es auch äußerlich sichtbare Mysterienstätten gegeben hat, von solchen, in denen dies nicht mehr der Fall war, weil sich die Menschheit bereits auf dem Wege in ein mehr intellektuelles Zeitalter befand.

Ihm war nun mit der Neubegründung der Anthroposophischen Gesellschaft daran gelegen, in dieses intellektuelle Zeitalter wiederum äußerlich sichtbare Mysterien hineinzustellen. Dieser Impuls des Sichtbarmachens, der Veröffentlichung des vorher Verborgenen, war ja seit 1900 sein Bestreben gewesen – die Gründe dafür haben wir oben bereits kennengelernt. Damit aber trat nun auch das Rosenkreuzertum erstmals ganz öffentlich in Erscheinung, denn der erste Versuch zu Beginn des 17. Jahrhunderts war ja durch den Dreißigjährigen Krieg unterbunden worden. Eine neue Zeit brach jetzt an, was sich sehr bald am deutlichsten daran zeigte, daß mit der Waldorfschulbewegung, mit der Begründung einer anthroposophisch erweiterten Medizin und einer auf geisteswissenschaftliche Erkenntnisse gegründeten biologisch-dynamischen Landwirtschaft die Anthroposophie auch äußerlich sichtbar auf das soziale Leben der Menschheit einzuwirken begann. All diese Bestrebungen galt es als aus den erneuerten Mysterien herauskommende zu begründen.

Nachfolgende Textauszüge stellen das Rosenkreuzertum also in diesem Licht in historisch neuartige Zusammenhänge. Sie betonen dabei zunächst mehr das Tragische der rosenkreuzerischen Bemühungen des ausgehenden Mittelalters, weil bestimmte ältere Erkenntnisarten nicht mehr und neuere noch nicht zur Verfügung standen. Dabei erhalten wir erneut Einblick in das, was alchimistisch-rosenkreuzerische Praxis war.

Wenn man aber in einer ähnlichen Weise, wie ich es jetzt eben getan habe für einen Gesichtspunkt, für die antiken Mysterien, wenn man diese Mysterienschüler des Rosenkreuzertums charakterisieren wollte, so müßte man sagen: die wichtigsten dieser Persönlichkeiten, die im Mittelalter nach der Erkenntnis, nach der Erforschung der geistigen Welt gingen, hatten wahrhaftig nicht freudige, hatten wahrhaftig tief tragische Gesichter. Das ist so sehr eine Wahrheit, daß man schon sagen kann: diejenigen, die nicht tief tragische Gesichter hatten, waren ganz gewiß keine echten Menschen in diesem Streben. Und es war allerdings aller Grund vorhanden, tragische Gesichter an sich zu tragen.

Ich möchte Ihnen anschaulich machen an der Art und Weise, wie nach und nach die Menschen, die nach Erkenntnis gestrebt haben, zu den Geheimnissen der Natur und des Geistes anders stehen mußten, als man im Altertum in den alten Mysterien zu ihnen gestanden hat, in dieser Zeit, die dann hingipfelte zu dem Rosenkreuzertum des vierzehnten und fünfzehnten Jahrhunderts.

Ich habe ja schon gestern darauf aufmerksam gemacht: Naturerscheinungen, Naturvorgänge waren ja für den alten Menschen unmittelbar Göttervorgänge. So wie es niemandem einfallen würde, die Bewegung des menschlichen Auges für sich zu betrachten und nicht als die Offenbarung des Seelisch-Geistig-Leiblichen des Menschen, so wenig fiel es einem Menschen der alten Zeit ein, irgendeine Naturerscheinung abgesondert für sich zu betrachten. Er betrachtete sie als den Ausdruck des Gottes, der sich offenbarte durch die Naturerscheinungen. Die Erdoberfläche, sie war dem alten Menschen ebenso die Haut des erd-göttlichen Wesens, wie die Menschenhaut eben die Haut des beseelten Menschenwesens für den heutigen Menschen ist. Man versteht gar nicht, wie die Seelenstimmung eines alten Menschen war, wenn man eben nicht weiß, daß er so sprach, wie ich es gestern erwähnt habe: von der Erde als einem Götterleib, und von den Beziehungen der anderen Planeten unseres Planetensystems wie von Brüdern und Schwestern.

Dieses unmittelbare Verhältnis zu den Naturerscheinungen und Naturdingen, wo eben das einzelne Naturding, die einzelne Naturerscheinung die Offenbarung des Göttlichen für den Menschen war, diese Anschauung ging aber dann über in eine ganz andere, wo sozusagen für die Erkenntnis sich zurückgezogen hatte, was göttlich ist in den Naturerscheinungen. Denken Sie sich – wenn es sein könnte, daß das Furchtbare einträte –, irgendeiner von Ihnen würde sich irgendwo placieren, und es würde geschehen, daß man an ihm nur mehr den Leib sieht, so wie man die Erde sieht, für sich neutral, ohne Beseelung: es wäre ja schrecklich, etwas ganz Furchtbares!

Aber dieses Furchtbare ist für die Erkenntnis in der neueren Zeit eingetreten. Und dieses Furchtbare fühlten die Erkennenden des Mittelalters. Es ist so, wie wenn das Göttliche sich zurückgezogen hätte für das Erkennen aus den Naturerscheinungen und Naturvorgängen. Und während in der alten Zeit Naturdinge und Naturvorgänge Offenbarungen des Göttlichen sind, kommt diese mittlere Zeit, und da sind Naturdinge und -Vorgänge nur Bilder, nicht mehr Offenbarungen, sondern Bilder des Göttlichen.

Alte Zeit:	Naturdinge und -Vorgänge Offenbarungen des Göttlichen
Mittlere Zeit:	Naturdinge und -Vorgänge Bilder des Göttlichen

Aber der heutige Mensch hat nicht einmal mehr einen rechten Begriff, inwiefern Naturvorgänge und so weiter Bilder des Göttlichen sind. Ich möchte Ihnen an einem Beispiel, das auch heute natürlich jedem bekannt sein kann, der irgendwie ein bißchen Chemie gelernt hat, zeigen, wie bei denjenigen Menschen, die wenigstens noch drinnen standen in der Anschauung: Naturdinge und Naturvorgänge sind Bilder des Göttlichen, wie bei diesen Menschen der Betrieb der Naturwissenschaft war.

Nehmen Sie einen einfachen Versuch, der heute ja von dem Chemiker immer gemacht werden kann. Man nehme eine Retorte – ich will es ganz schematisch erklären –, gebe in die Retorte Oxalsäure hinein, die man aus dem Klee bekommen kann, und vermische diese Oxalsäure zu gleichen Teilen mit Glyzerin. Dann erhitze man diese Mischung von Glyzerin und Oxalsäure, und man bekommt – wie gesagt, ich zeichne schematisch – die hier weggehende Kohlensäure. Die Kohlensäure geht weg, und was hier übrig bleibt, das ist Ameisensäure. Die Oxalsäure verwandelt sich sozusagen unter Verlust der Kohlensäure in Ameisensäure.

Nun, bitte sehen Sie sich dieses Schema an: Oxalsäure, Ameisensäure; Kohlensäure geht fort. Sie können nun, indem Sie im Laboratorium die Retorte vor sich haben, diesen Versuch anstellen. Sie können nun davorstehen wie ein heutiger Chemiker, der eben bei diesem Versuch abschließt.

So war es bei dem mittelalterlichen Menschen vor dem dreizehnten, vierzehnten Jahrhundert nicht der Fall; sondern dieser Mensch blickte nun sogleich nach zweierlei hin. Er sagte: Oxalsäure, ja gewiß, am hervorragendsten ist sie im Klee, Kleesäure; aber Oxalsäure ist in gewissen Mengen im ganzen menschlichen Organismus, namentlich aber bei demjenigen Teil des menschlichen Organismus, der die Verdauungsorgane, Milz, Leber und so weiter umschließt. So daß, wenn Sie den menschlichen Organismus nehmen, Sie da, wo der Verdauungstrakt ist, vorzugsweise mit Vorgängen zu rechnen haben, die unter dem Einfluß der Oxalsäure stehen.

Aber das ist so, daß nun auf diese Oxalsäure, die namentlich im menschlichen Unterleibe vorhanden ist und dort ihre Bedeutung hat, durch den menschlichen Organismus selber eine solche Wirkung ausgeübt wird, oder eine ähnliche Wirkung wie in der Retorte auf die Oxalsäure durch das Glyzerin. Eine Glyzerinwirkung geschieht hier. Und denken Sie sich das Merkwürdige: Unter dem Einfluß der Glyzerinwirkung geht in Lunge und Atmungsluft das Verwandlungsprodukt der Oxalsäure über: Ameisensäure. Und der Mensch atmet Kohlensäure aus, die dort herauskommt. Sie stoßen mit der Atemluft nach außen; damit stoßen Sie die Kohlensäure heraus. Sie können zunächst ganz gut das hier (die Retorte mit der erhitzten Mischung von Glyzerin und Oxalsäure) als den menschlichen Verdauungstrakt ansehen; das, wo die Ameisensäure abfließt, als die Lunge, und das hier als die ausgeatmete Luft, die Kohlensäure aus der Lunge.

Nun ist der Mensch keine Retorte. Die Retorte zeigt eben auf tote Weise, was im Menschen lebendig und empfindend vorhanden ist. Aber das ist richtig: Würde der Mensch niemals Oxalsäure entwickeln in seinem Verdauungstrakt, so würde er überhaupt nicht leben können, das heißt, sein Ätherleib hätte gar keine Grundlage in seinem Organismus. Würde der Mensch aber nicht die Oxalsäure in Ameisensäure verwandeln, so hätte sein astralischer Leib keine Grundlage in seinem Organismus. Der Mensch braucht für seinen Ätherleib Oxalsäure, für seinen astralischen Leib Ameisensäure. Und er braucht nicht etwa diese Substanzen, sondern er braucht die Arbeit, die Tätigkeit im Innern, welche darinnen besteht, daß der Oxalsäure-Prozeß stattfindet, daß der Ameisensäure-Prozeß stattfindet. Das ist natürlich etwas, was die heutige Physiologie erst gewinnen muß, sie kann heute noch nicht so sprechen, denn sie spricht von dem, was im Menschen vorgeht, als wenn es äußerliche Prozesse wären.

Das war das eine, was derjenige, der dazumal Naturwissenschaft getrieben hat und vor seiner Retorte gesessen ist, sich fragte: Wie ist irgendein äußerer Vorgang, den ich in einer Retorte oder in einer anderen chemischen Anordnung wahrnehme, wie ist dieser Vorgang im Menschen?

Die zweite Frage war diese: Wie ist dieser Vorgang in der großen Natur draußen? Nun, für diesen Vorgang, wenn ich ihn als ein Beispiel wählen würde, würde sich der damalige Naturforscher gesagt haben: Ich wende nun den Blick hinaus auf die Erde, wo die Pflanzenwelt ausgebreitet ist. Allerdings – ausgesprochen, radikal, findet sich die Oxalsäure im Sauerklee, in den Kleearten überhaupt; aber in Wirklichkeit findet sich die Oxalsäure überall ausgebreitet in der Vegetation, wenn auch zuweilen in homöopathischer Dosis, aber sie ist überall da. Überall ist zugleich wenigstens ein Anflug, wenn auch manchmal ein homöopathischer Anflug von dem vorhanden, was zum Beispiel die Insektenart der Ameisen dadurch macht, daß die Ameisen noch herankommen an die Oxalsäure selbst im modernden Holze. Dieses Insektenheer, das dem Menschen oftmals so lästig wird, verwandelt das, was ausgebreitet ist als Oxalsäure über die Wiesen, über die Fluren, über den ganzen Vegetationsboden der Erde, in Ameisensäure. Und wir atmen tatsächlich die Ameisensäure, wenn auch in geringer Dosis, fortwährend aus der Luft ein, verdanken diese Ameisensäure, die in der Luft vorhanden ist, der Arbeit der Insekten an den Pflanzen, indem die Oxalsäure der Pflanzen in Ameisensäure umgewandelt wird.

So sagte sich der mittelalterliche Naturforscher: Im Menschen ist der Umwandlungsprozeß von Oxalsäure in

Ameisensäure vorhanden. Aber im Leben und Treiben der Natur ist ebenso dieser Umwandlungsprozeß vorhanden.

Diese zwei Fragen stellte sich der mittelalterliche Naturforscher bei jedem Vorgang, den er in seinem Laboratorium machte. Und nun war ihm etwas eigentümlich, diesem mittelalterlichen Naturforscher, was heute dem Menschen ganz abhanden gekommen ist. Heute denkt man, im Laboratorium kann ja jeder forschen, ob einer nun ein guter oder ein schlechter Mensch ist, darauf kommt es ja nicht an. Man hat die Formeln, man analysiert oder synthetisiert; das kann ja jeder machen. Damals, als in dieser Weise an die Natur herangegangen wurde, wo man die Natur genommen hat als Wirkung des Göttlichen, das heißt des Göttlichen im Menschen, wie ich es dargestellt habe, und des Göttlichen in der großen Natur, damals hatte man die Anforderung: Der Mensch, der so forscht, muß zu gleicher Zeit eine innere Frömmigkeit haben. Er muß in der Lage sein, seine Seele und seinen Geist hinrichten zu können zu dem Göttlich-Geistigen der Welt. Und man war sich klar darüber, denn es war eine Tatsache: Derjenige, der sich wie zu einer Opferhandlung vorzubereiten hatte zu seinem Experimentieren und wirklich innerlich warm geworden war von Übungen der Frömmigkeit für sein Experimentieren, der machte eben die Erfahrung, daß ihn das Experiment hineinführte auf der einen Seite in die Erforschung des Menschen, auf der anderen Seite hinausführte in die Erforschung der großen Natur. So daß man die innerliche Güte als Vorbereitung für das Forschen ansah, und man sah seine Laboratoriumsversuche so an, daß man die Fragen, die sie einem beantworteten, als von göttlich-geistigen Wesen gern beantwortet gehabt hätte.

Nun, damit habe ich Ihnen aber jenen Übergang charakterisiert, der stattgefunden hat von dem Geiste der alten Mysterien zu dem, was dann Mysterienwesen im Mittelalter hat sein können. Sehen Sie, traditionell hat sich ja manches von den alten Mysterien auch in das Mysterienwesen des Mittelalters herein bewahrt. Aber was die eigentliche Größe selbst der Spät-Mysterien, der von Samothrake oder von Hybernia war, was das eigentlich Große daran war, das konnte dennoch im Mittelalter nicht erreicht werden.

Traditionell hat sich so etwas ja bewahrt selbst bis in unsere Tage herein, was Astrologie genannt wird. Traditionell hat sich dasjenige bewahrt, was Alchemie genannt wird. Aber man weiß ja heute schon gar nicht, und man hat auch schon im zwölften, dreizehnten Jahrhundert kaum gewußt, welches die Bedingungen des wirklichen astrologischen Wissens und des wirklichen alchemistischen Wissens sind.

Sehen Sie, durch Nachdenken oder durch empirisches Forschen, wie man es heute nennt, kann ja niemand zur Astrologie kommen. Diejenigen Menschen, die in die alten Mysterien eingeweiht waren, hätten Ihnen, wenn Sie sie gefragt hätten, ob man durch Forschung, durch Nachdenken zur Astrologie kommen kann, geantwortet: Du kannst zur Astrologie kommen durch Nachdenken, durch empirische Forschung genau ebenso gut, wie du die Geheimnisse eines Menschen durch empirische Forschung und durch Nachdenken erfahren kannst, wenn er sie dir nicht sagt. Nehmen Sie an, es gäbe etwas, was nur ein Mensch weiß, was niemand weiß, als dieser Mensch; und jemand würde behaupten, er machte Experimente, um hinter das zu kommen, was der Mensch weiß, oder er denkt nach darüber, was der Mensch weiß – nicht wahr, absurd wäre das! Aber über astrologische Dinge etwas zu erfahren durch Nachdenken, oder durch Experimente, oder durch Beobachtungen, hätte ein alter Mensch ebenso absurd gefunden, wie heute ein Mensch es absurd findet, wenn man erforschen will, was man nur dadurch erfahren kann, daß es einem einer sagt. Denn die alten Menschen haben gewußt: Die Geheimnisse der Sternenwelten kennen nur die Götter, oder wie man es später genannt hat, die kosmischen Intelligenzen. Die kosmischen Intelligenzen, die wissen die Geheimnisse der Sternenwelten, die nur können es einem sagen. Daher muß man den Erkenntnisweg machen, der einen dazu führt, sich mit den kosmischen Intelligenzen verständigen zu können.

Wirkliche, wahrhaftige Astrologie beruht darauf, daß man in die Möglichkeit gelangt, die kosmischen Intelligenzen zu verstehen. Und wirkliche Alchemie? Wirkliche Alchemie beruht nicht darauf, daß man so forscht, wie der heutige Chemiker, eben auch experimentiert und nachdenkt, sondern Alchemie beruht darauf, daß man in den Naturprozessen die Naturgeister wahrnehmen kann, so daß man sich mit ihnen verständigen kann; daß einem die Naturgeister sagen, wie der Vorgang verläuft, was da eigentlich geschieht. Astrologie war in den ältesten Zeiten durchaus keine Spintisiererei und kein beobachtendes Forschen, sondern der Verkehr mit den kosmischen Intelligenzen. Alchemie war in den alten Zeiten durchaus kein beobachtendes Forschen, kein bloßes Nachdenken, sondern Verkehr mit den Naturgeistern. Das muß man zunächst wissen. Wäre man zu einem Ägypter der älteren Zeit, oder namentlich zu einem Chaldäer der älteren Zeit gekommen, so hätte einem der gesagt: Mein Observatorium habe ich dazu, um Zwiesprache halten zu können durch meine Instrumente und durch das, was ich aus meinem Geiste heraus mit Hilfe meiner Instrumente sprechen lasse – um Zwiesprache zu halten mit den kosmischen Intelligenzen. Und derjenige, der als frommer Naturforscher im Mittelalter vor die Retorte trat und an der Retorte auf der einen Seite naturwissenschaftlich das Innere des Menschen erforschte, auf der anderen Seite das Weben und Wesen der großen Natur, dieser mittelalterliche Forscher hätte gesagt: Ich experimentiere, weil durch das Experiment die Naturgeister zu mir sprechen. Der Alchemist war derjenige, der die Naturgeister beschwor. Alles, was später als Alchemie angesehen worden ist, ist eben dekadentes Produkt. Alles, was in älteren Zeiten Astrologie war, ist Ergebnis des Verkehrs mit den kosmischen Intelligenzen.

Nun, in dieser Zeit, in den ersten Jahrhunderten nach der Entstehung des Christentums, da war eigentlich schon die alte Astrologie, das heißt der Verkehr mit den kosmischen Intelligenzen, dahin. Man hatte die Tradition noch. Wenn die Sterne in Opposition, in Konjunktion standen und dergleichen, da rechnete man, nicht wahr, und so weiter. Man hatte alles das, was einem geblieben war als Tradition aus den Zeiten, da die Astrologen ihren Umgang mit den kosmischen Intelligenzen hatten. Aber während in dieser Zeit, ein paar Jahrhunderte nach der Entstehung des Christentums, die Astrologie eigentlich schon dahin war, blieb die Alchemie eigentlich noch vorhanden. Der Umgang mit den Naturgeistern war noch durchaus in späteren Zeiten möglich.

Und wenn wir jetzt hineinschauen in das, was im Mittelalter, sagen wir, im vierzehnten, aber sogar noch im fünfzehnten Jahrhundert ein wirklich rosenkreuzerisches alchemistisches Laboratorium war, da finden wir darinnen Instrumente, die verhältnismäßig manchmal sogar schon ähnlich sehen den heutigen Instrumenten, wenigstens kann man sich nach den heutigen Instrumenten schon Vorstellungen machen, was diese Instrumente der damaligen Zeit waren. Aber wenn wir dann geistig hineinschauen in diese rosenkreuzerischen Mysterien, so finden wir eigentlich überall drinnen, ich möchte schon sagen die ältere, noch ernstere und noch tiefer tragische Persönlichkeit, die dann zu dem Faust, namentlich zu dem Goetheschen Faust geworden ist. Und gegenüber dem, was in den rosenkreuzerischen Laboratorien steht als der Forscher mit dem tiefgründigen tragischen Gesichte, der eigentlich mit dem

Leben nicht mehr fertig wird, gegenüber dem, was uns da entgegentritt, ist eigentlich der Goethesche Faust auch so etwas Ähnliches, wie jener – ich habe gestern mit einem radikalen Ausdrucke gesagt – Journalartikel-Apollo von Belvedere gegen den Apollo, wie er aus dem dampfenden Opferrauche am Kabiren-Altar sich gebildet hat.

Man sieht im Grunde genommen, wenn man in diese alchemistischen Laboratorien des achten, neunten, zehnten, elften, zwölften, dreizehnten Jahrhunderts hineinschaut, in eine tiefe Tragik hinein. Und diese Tragik des Mittelalters, diese Tragik gerade der ernstesten Leute, die wird ja in keinem Geschichtsbuch in der richtigen Weise verzeichnet, denn man sieht nicht so recht in die Seelen hinein.

Alle diese wirklichen Forscher, die in dieser Art den Menschen und das Weltall als Natur an der Retorte suchen, alle diese Menschen sind gesteigerte faustische Naturen in dem älteren Mittelalter, denn sie fühlen eines tief: Wenn wir experimentieren, dann sprechen die Naturgeister zu uns, die Geister der Erde, die Geister des Wassers, die Geister des Feuers, die Geister der Luft. Sie hören wir in ihrem Raunen, in ihrem Lispeln, in ihren eigentümlich verlaufenden, summend beginnenden Lauten, die dann übergehen in Harmonien und Melodien, um in sich zurückzukehren. So daß Melodien ertönen, wenn Naturvorgänge stattfinden. Man hat eine Retorte vor sich; man vertieft sich, wie ich gesagt habe, als frommer Mann in dasjenige, was da vorgeht. Gerade bei diesem Vorgang, wo man die Metamorphose erlebt der Oxalsäure in die Ameisensäure, gerade da erlebt man, wie zunächst, wenn man den Vorgang nun frägt, einem das Naturgeistige antwortet, so daß man das Naturgeistige dann benützen kann für das innere Wesen des Menschen. Da beginnt zunächst die Retorte durch farbige Erscheinungen zu sprechen. Man fühlt, wie die Naturgeister des Irdischen, die Naturgeister des Wäßrigen aus der Oxalsäure aufsteigen, sich geltend machen, wie aber dann das Ganze übergeht in ein summendes Melodiegestalten, Harmonien, die dann wieder in sich zurückkehren. So erlebt man diesen Vorgang, der dann die Ameisensäure und die Kohlensäure ergibt.

Und lebt man sich so hinein in dieses Übergehen des Farbigen in das Tönende, dann lebt man sich auch hinein in dasjenige, was einem der Laboratoriumsvorgang über die große Natur und über den Menschen sagen kann. Dann hat man schon das Gefühl: es offenbaren die Naturdinge und Naturvorgänge noch etwas, was die Götter sprechen, sie sind Bilder des Göttlichen. Und man wendet es innerlich nutzbringend auf den Menschen an. In allen diesen Zeiten war ja noch im hohen Grade Heilkunde zum Beispiel mit dem Wissen der allgemeinen Weltanschauung innig verbunden.

Und um was es sich diesen alchemistischen Forschern handelte, die dieses Namens wert sind – denn natürlich ist mit diesen Dingen viel Schwindel, Dummheit und so weiter getrieben worden –, war immer dasjenige, was gesunde Natur des Menschen ist, in inniger Verbindung gedacht mit dem, was kranke Natur des Menschen war.

Aber all das führte eben zu nichts anderem, als zu dem Verkehre mit den Naturgeistern. Der mittelalterliche Forscher hatte also diese Empfindung: Ich verkehre mit den Naturgeistern. Da gab es aber alte Zeiten, da verkehrten die Menschen mit den kosmischen Intelligenzen. Die sind mir verschlossen.

Und im Grunde genommen war der Umstand, daß die Naturgeister-Erkenntnis den mittelalterlichen Alchemisten geblieben ist, und die Erkenntnis der kosmischen Intelligenzen verlorengegangen ist, die Ursache ihrer Tragik. Und es war auch wiederum die Ursache dazu, daß schon dieser mittelalterliche Naturforscher nicht mehr zu einer vollständigen Menschenerkenntnis kommen konnte. Aber er ahnte noch, wo eine vollständige Menschenerkenntnis war. Und man muß schon sagen: Es ist wie eine Reminiszenz an dasjenige, was mancher Laboratoriumsmann im Mittelalter fühlte, wenn der Goethesche Faust sagt: Da steh' ich nun, ich armer Tor, und bin so klug als wie zuvor – denn diese Lehre gaben im Grunde genommen gerade den Laboratoriumsmenschen die Naturgeister, zu denen sie vordrangen. Sie gaben aber auch keine rechte Seelenerkenntnis, diese Naturgeister.

Heute ist eben schon vieles auch an Tradition verlorengegangen; es muß aber wiedergefunden werden. Ich möchte sagen, die Nachricht von den wiederholten Erdenleben hatte dieser Forscher auch. Er stand in seinem Laboratorium; die Naturgeister hatten gerade das Eigentümliche, daß sie von allem Möglichen sprachen in der Beziehung der Substanzen, in der Schilderung der Geschehnisse der Welt, daß sie aber ganz und gar niemals sprachen von den wiederholten Erdenleben; sie hatten kein Interesse an den wiederholten Erdenleben.

Nun, meine lieben Freunde, ich habe Ihnen einige der Gedanken vor die Seele gestellt, die als Ausgangspunkte einer tragischen Grundstimmung bei diesen mittelalterlichen Naturforschern vorhanden waren. Und wir wollen auf diese eigentümliche Gestalt hinblicken, auf diesen rosenkreuzerischen Forscher, der in dem frühmittelalterlichen Laboratorium steht, mit seinem ernsten, oftmals so tiefgründigen, aber kummervollen Gesichte, mit keiner Verstandesskepsis, aber mit einer tiefen Ungewißheit des Gemütes, mit keiner Lähmung des Willens, aber mit dem Bewußtsein:

O, Wille, Wille ist in mir –
Wie leite ich ihn hinaus zu den Bahnen,
Die zu den kosmischen Intelligenzen führen?

Ja, da entstanden unzählige Fragen in dem Gemüte dieses mittelalterlichen Naturforschers! Und ein schwacher Abglanz davon ist der erste Faust-Monolog mit dem, was ihm folgt.

> Dieser Vortrag wurde unmittelbar vor der Neubegründung der Anthroposophischen Gesellschaft gehalten. An die hier geschilderten Motive knüpfen nun die folgenden, während der Weihnachtstagung 1923 gehaltenen Ausführungen an.

Die äußeren Heimstätten, die Begegnungsstätten waren zwischen Göttern und Menschen, verloren immer mehr und mehr ihre Bedeutung. Sie hatten sie fast vollständig verloren im 13., 14. nachchristlichen Jahrhundert. Denn wer den Weg finden wollte zum Beispiel zum Heiligen Gral, der mußte geistige Wege zu gehen verstehen. Physische Wege war man gegangen in der alten Zeit, vor dem Brande von Ephesus. Geistige Wege mußte man gehen im Mittelalter.

Insbesondere aber mußte man geistige Wege gehen, wenn es sich darum handelte, vom 13., 14. Jahrhundert, namentlich aber vom 15. Jahrhundert ab eine wirkliche Rosenkreuzer-Unterweisung zu erlangen. Denn die Tempel der Rosenkreuzer waren tief verborgen für das äußere physische Erleben. Viele wirkliche Rosenkreuzer waren Besucher der Tempel, aber kein äußeres physisches Menschenauge konnte die Tempel finden. Schüler aber konnte es geben, die kamen zu diesen alten Rosenkreuzern, die da und dort wie Eremiten des Wissens und der heiligen Menschentat zu finden waren, zu finden waren für denjenigen, der aus mildem Augenglanz Göttersprache vernehmen kann. Ich sage damit nichts Uneigentliches. Ich will kein Bild aussprechen, ich will durchaus eine Wirklichkeit aussprechen, die in der Zeit, auf die ich deute, wirklich eine recht bedeutsame Wirklichkeit war. Den Rosenkreuzer-Meister fand man, wenn man sich erst die Fähigkeit erworben hatte, im physischen milden Augenglanz die Himmelssprache vernehmen zu können. Dann fand man in anspruchslosester Umgebung, in anspruchslosesten menschlichen Verhältnissen, gerade im 14., 15. Jahrhundert in Mitteleuropa diese merkwürdigen Persönlichkeiten, die in ihrem Inneren gotterfüllt waren, die in ihrem Inneren zusammenhingen mit den geistigen Tempeln, die vorhanden waren, zu welchen aber der Zugang wirklich so schwierig war wie derjenige, der als Zugang zum Heiligen Gral in der bekannten Legende geschildert wird.

Dann, wenn man hinschaut auf dasjenige, was sich abspielte zwischen einem solchen Rosenkreuzer-Meister und seinem Schüler, dann kann man manches Gespräch belauschen, welches auch in der Form der neueren Zeit Götterweisheit auf Erden wandelnd darstellt. Die Unterweisungen waren durchaus tief konkret. Da wurde in seiner Einsamkeit ein Rosenkreuzer-Meister gefunden von einem Schüler, der es sich hat heiß werden lassen, ihn zu suchen und zu finden. Da schaute einer der Schüler in die mild blikkenden Augen, aus denen Göttersprache spricht, und da bekam er anspruchslos etwa die folgende Unterweisung.

Schaue hin, mein Sohn, auf deine eigene Wesenheit. Du trägst an dir jenen Körper, den deine äußeren physischen Augen sehen. Der Mittelpunkt der Erde schickt diesem Körper die Kräfte, die ihn sichtbar machen. Das ist dein physischer Leib. Aber schaue dich um in der Umgebung deiner selbst auf der Erde. Du siehst die Steine, sie dürfen für sich auf der Erde sein, sie sind heimatlich auf der Erde. Sie können, wenn sie eine Gestalt angenommen haben, diese Gestalt behalten durch die Erdenkräfte. Sieh den Kristall: er trägt seine Form in sich, er behält diese Form seiner eigenen Wesenheit durch die Erde. Das kann dein physischer Leib nicht. Verläßt ihn deine Seele, dann zerstört ihn die Erde, dann löst sie ihn in Staub auf. Die Erde hat keine Macht über deinen physischen Leib. Sie hat die Macht, die durchsichtigen, wunderbar gestalteten Kristallgebilde zu bilden und zu erhalten; sie hat keine Macht, die Gestalt deines physischen Leibes zu erhalten, sie muß ihn in Staub auflösen. Nicht von der Erde ist dein physischer Leib. Dein physischer Leib ist von hoher Geistigkeit. Seraphim, Cherubim, Throne, ihnen gehört dasjenige, was Form und Gestalt deines physischen Leibes ist. Nicht der Erde gehört dieser physische Leib, den höchsten dir zunächst zugänglichen geistigen Mächten gehört dieser physische Leib. Die Erde kann ihn zerstören, niemals kann sie ihn aufbauen.

Und innerhalb dieses deines physischen Leibes wohnt dein ätherischer Leib. Es wird der Tag kommen, da dein physischer Leib von der Erde zur Zerstörung angenommen wird. Dann wird dein ätherischer Leib in den Weiten des Kosmos sich auflösen. Die Weiten des Kosmos können diesen ätherischen Leib zwar auflösen, aber nicht aufbauen. Aufbauen können ihn nur jene göttlich-geistigen Wesenheiten, die der Hierarchie der Dynamis, Exusiai, Kyriotetes angehören. Ihnen verdankst du deinen ätherischen Leib. Du vereinigst mit deinem physischen Leib die physischen Stoffe der Erde. Was aber in dir ist, wandelt die physischen Stoffe der Erde so um, daß es in ihnen ungleich wird allem, was physisch in der Umgebung des physischen Leibes ist. Dein ätherischer Leib bewegt alles dasjenige in dir, was in dir Flüssigkeit, was in dir Wasser ist. Die Säfte, die da kreisen, die da zirkulieren, sie stehen unter dem Einflusse deines ätherischen Leibes. Aber sieh dein Blut: Exusiai, Dynamis, Kyriotetes, sie sind es, die dieses Blut als Flüssigkeit durch deine Adern kreisen lassen. Du bist nur als physischer Körper Mensch. In deinem Ätherleib bist du noch Tier, aber ein Tier, das durchgeistigt wird von der zweiten Hierarchie.

Dasjenige, was ich Ihnen hier, allerdings jetzt in wenigen Worten zusammenfasse, es war der Gegenstand eines langen Unterrichtes jenes Meisters, in dessen mildem Augen-Blick der Schüler die Sprache des Himmels vernahm. Dann wurde der Schüler hingewiesen auf das dritte Glied der menschlichen Wesenheit, das wir den astralischen Leib nennen. Dem Schüler wurde klargemacht, daß dieser astralische Leib die Impulse enthält zum Atmen, zu alledem, was Luft im menschlichen Organismus ist, zu alledem, was als Luft pulsiert im menschlichen Organismus. Aber obwohl das Irdische sich bemüht, durch eine lange Zeit, nachdem der Mensch durch die Pforte des Todes gegangen ist, gewissermaßen zu rumoren im Luftartigen und für einen hellsichtigen Blick in den atmosphärischen Erscheinungen der Erde jahrelang wahrzunehmen ist das Poltern der astralischen Leiber der Verstorbenen, so kann auch die Erde mit ihrem Umkreis doch nichts anderes tun gegenüber den Impulsen des astralischen Leibes als sie auflösen. Denn bilden können sie nur die Wesenheiten der dritten Hierarchie: Archai, Archangeloi, Angeloi.

Und so sagte, damit den Schüler tief ins Herz treffend, der Meister: Du gehörst deinem physischen Leibe nach, insofern du das Mineralreich in dich aufnimmst und es veränderst, insofern du das Menschenreich in dich aufnimmst und es verarbeitest, du gehörst den Seraphim, Cherubim, Thronen an. Insofern du ein ätherischer Leib bist, bist du im Ätherischen tierähnlich, aber du gehörst da den Geistern an, die da bezeichnet werden als die der zweiten Hierarchie: Kyriotetes, Dynamis, Exusiai, und insofern du im flüssigen Elemente waltest, gehörst du nicht der Erde an, sondern dieser Hierarchie. Und indem du im luftförmigen Elemente waltest, gehörst du nicht der Erde an, sondern der Hierarchie der Angeloi, Archangeloi, Archai.

Und nachdem in genügender Weise der Schüler diese Unterweisung erhalten hatte, fühlte er sich nicht mehr als ein Angehöriger der Erde. Er fühlte gewissermaßen von seinem physischen, ätherischen, astralischen Leib ausgehend die Kräfte, die ihn durch die Mineralwelt verbinden mit der ersten Hierarchie, durch die wässerige Erde verbinden mit der zweiten Hierarchie, durch den Luftkreis verbinden mit der dritten Hierarchie. Und klar war ihm: er lebt auf der Erde lediglich durch dasjenige, was er als Wärmeelement in sich trägt. Damit aber empfand der Rosenkreuzer-Schüler die Wärme, die er in sich trägt, die physische Wärme, die er in sich trägt, als das eigentliche Irdisch-Menschliche. Und immer mehr lernte er verwandt fühlen mit dieser physischen Wärme die Seelenwärme und die Geisteswärme. Und während der spätere Mensch immer mehr und mehr verkannt hat, wie mit dem Göttlichen zusammenhängen sein physischer Inhalt, sein ätherischer Inhalt, sein astralischer Inhalt durch Festes, Flüssiges, Luftförmiges, hat der Rosenkreuzer-Schüler dies recht gut gewußt und hat gewußt: das wahrhaft Irdisch-Menschliche ist das Wärmeelement. In dem Augenblicke, wo dem Schüler des Rosenkreuzer-Meisters dieses Geheimnis vom Zusammenhange des Wärmeelementes mit dem Menschlich-Irdischen aufgegangen war, in diesem Momente wußte er sein Menschliches an das Geistige anzuknüpfen.

Und in jenen oftmals recht anspruchslosen Heimen, in denen solche Rosenkreuzer-Meister wohnten, da war es, daß vor dem Eintritt auf eine oftmals ungesuchte, ja wunderbar erscheinende Weise die Schüler vorbereitet wurden, indem sie aufmerksam gemacht wurden – der eine auf diese, der andere auf jene Art, es schien oftmals äußerlich ein Zufall zu sein –, indem sie aufmerksam darauf gemacht wurden: Du mußt suchen, wo sich dein Geistiges an das Kosmisch-Geistige anschließen kann. – Und wenn der Schüler jene Unterweisung, von der ich Ihnen eben gesprochen habe, erhalten hatte, dann, ja dann konnte er seinem Meister sagen: Ich gehe jetzt von dir mit dem größten Troste, der mir auf Erden hat werden können. Denn dadurch, daß du mir gezeigt hast, daß der irdische Mensch sein Element wahrhaftig in der Wärme hat, dadurch hast du mir die Möglichkeit gegeben, mit meinem Physischen anzuknüpfen an das Seelische und Geistige. In die festen Knochen, in das flüssige Blut, in die luftförmige Atmung bringe ich nicht hinein das Seelische. In das Wärmeelement bringe ich es hinein.

Und eine ungeheure Ruhe war es, mit der die also Unterwiesenen in jenen Zeiten von ihren Meistern hinweggingen. Und aus der Ruhe des Antlitzes, die ausdrückte das Ergebnis des großen Trostes, aus der Ruhe des Antlitzes entwickelte sich allmählich jener milde Blick, aus dem die Sprache des Himmels sprechen kann. Und so war eine tief seelische Unterweisung im Grunde vorhanden bis in das erste Drittel des 15. Jahrhunderts herein, verborgen gegenüber jenen Vorgängen, von denen die äußere Geschichte berichtet. Aber eine Unterweisung fand da statt, welche den ganzen Menschen ergriffen hat, eine Unterweisung, welche die menschliche Seele an die Sphäre des Kosmisch-Geistigen hat anknüpfen lassen ihr eigenes Wesen.

Diese ganze geistige Stimmung, sie ist im Laufe der letzten Jahrhunderte dahingegangen. Sie ist nicht mehr in unserer Zivilisation enthalten. Und eine äußerliche, gottfremde Zivilisation hat sich über die Stätten ausgebreitet, die einstmals solches gesehen haben, wie ich es Ihnen jetzt eben geschildert habe. Man steht heute da mit der Erinnerung, die ja nur im Geiste, im Astrallichte heraufschaffen werden kann, an so manche Szene, die ähnlich derjenigen ist, die ich Ihnen eben geschildert habe. Das gibt die Grundstimmung, die man heute hat, wenn man zurückblickt in jene Zeiten, die oftmals als so finster geschildert werden, und dann blickt in unsere Zeit. Aber bei diesem Blick geht im Herzen auf aus den geistigen Offenbarungen, die seit dem letzten Drittel des 19. Jahrhunderts dem Menschen werden können, die tiefe Sehnsucht, in geistiger Art wiederum zu den Menschen zu sprechen. Und die geistige Art läßt sich nicht bloß sprechen durch abstrakte Worte, die geistige Art fordert mancherlei Zeichen, um in der umfassenden Weise zu sprechen. Und eine solche Sprache, die gefunden werden sollte für jene geistigen Wesenheiten, die zu der modernen Menschheit sprechen sollen, eine solche Sprachform waren die Formen unseres vor einem Jahre verbrannten Goetheanums. Wahrhaftig, in diesen Formen sollte weiter sprechen dasjenige, was vom Podium aus in Ideen zu den Zuhörern gesprochen worden ist. Und damit war in einer gewissen Weise mit dem Goetheanum etwas vorhanden, was wirklich an Altes in ganz neuer Form wieder erinnern konnte.

Auch hier betont Rudolf Steiner wieder die Schwierigkeiten, unter denen ganz im Verborgenen die Rosenkreuzerschüler ihre Wege finden mußten, und macht noch einmal auf die Bedeutung der seit dem 20. Jahrhundert möglichen Veröffentlichung des rosenkreuzerischen Weisheitsgutes insbesondere in der Bildsprache der künstlerischen Formen des ersten Goetheanumbaus aufmerksam.

Unmittelbar im Anschluß an die Weihnachtstagung setzte er diese Betrachtungen mit Vorträgen über «Mysterienstätten des Mittelalters – Rosenkreuzertum und modernes Mysterienwesen» fort. Hier greift er nun zurück auf die Zeit des 12. Jahrhunderts, die der in den Vorträgen über Christian Rosenkreutz geschilderten unmittelbar voran ging. Wie eine Art intime Vorstufe dessen, was dann im 13. Jahrhundert als die Einweihung des Christian Rosenkreutz stattgefunden hat, kann das Geschehen erscheinen, das Rudolf Steiner in den nachfolgenden Vorträgen dargestellt hat. Es sind dies einmalige Schilderungen eines mittelalterlichen Einweihungsgeschehens, die einen wie Traumbilder unmittelbar berühren können. Sie ergänzen die Neuchâteler Vorträge von 1911 auf wunderbare Weise.

Es handelt sich nämlich darum, daß ja durch das alte eigentliche Mysterienwesen in den Mysterienstätten in der Art, wie ich das während der Weihnachtstagung in den Abendvorträgen dargelegt habe, wirklich eine Begegnung der Menschen, der Initiierten und der zu Initiierenden, mit den Göttern stattfinden konnte, daß gewissermaßen in den Initiationsstätten die Möglichkeit vorhanden war, wenn ich den pedantischen Ausdruck gebrauchen darf, offizielle Orte zu finden, die eigens ihrer Lokalität nach dazu eingerichtet waren, eine solche Begegnung herbeizuführen.

Diese Einrichtungen, die zugrunde liegen als die eigentlichen Impulsgeber allen alten Zivilisationen, sind nach und nach hingeschwunden, und man kann sagen: In der alten Form fanden sie sich eigentlich nicht mehr seit dem 4. nachchristlichen Jahrhundert. Da und dort waren noch Nachzügler vorhanden, aber in dieser strengen alten Form fanden sie sich nicht mehr. Dagegen hat ja die Initiation im Grunde genommen niemals aufgehört; die Formen, in denen die zu Initiierenden ihren Weg fanden, die änderten sich. Und ich habe ja auch schon darauf hingewiesen, wie im Mittelalter die Sache so war, daß einzelne anspruchslose, in aller Bescheidenheit lebende Menschen da oder dort vorhanden waren, die nicht gerade offizielle Schülerkreise an bestimmten Orten um sich sammelten, sondern die so, wie es das Menschheits- und Volkskarma ergab, da oder dort ihre Schüler hatten. Ich habe ja einen solchen Fall bei der Besprechung des Johannes Tauler in meiner *Mystik im Aufgange des neuzeitlichen Geisteslebens* charakterisiert. Über diesen brauche ich nicht zu sprechen.

Dagegen möchte ich einen anderen Fall gerade heute besprechen als einen, ich möchte sagen, charakteristisch-typischen Fall, einen Fall, der von einem großen Einflusse war, der vom 12., 13. Jahrhundert an bis ins 15. Jahrhundert vieles bewirkt hat, was an spirituellen Strömungen bis ins 15. Jahrhundert vorhanden war. Ich möchte diesen Fall skizzenhaft charakterisieren.

Die Zeit, in der er stattgefunden hat, ist um das Jahr 1200 herum. Es gab in jener Zeit wirklich eine größere Anzahl von Menschen, jungen Menschen, die in sich den Drang nach höherem Wissen verspürten, nach einer Verbindung mit der geistigen Welt, man kann schon sagen, nach einer Begegnung mit den Göttern. Und es war ja eben durchaus nach der Lage der Zeitverhältnisse so, daß es oftmals fast wie zufällig aussah, wenn solch ein strebender Mensch seinen Lehrer fand, was ja damals nicht durch Bücher geschehen konnte, sondern was damals nur ganz persönlich geschehen konnte. Es war natürlich tiefe Schicksalsfügung darin und sah nur äußerlich wie ein Zufall aus. Von einem solchen Schüler möchte ich sprechen.

Er fand durch einen solchen scheinbaren Zufall in einem Orte des mittleren Europa einen Lehrer. Er traf mit einem älteren Menschen zusammen, demgegenüber er alsbald das Gefühl entwickelte, der könne ihn weiterleiten in dem Streben, das den tiefsten Drang seiner Seele bildete. Und ich möchte Ihnen zunächst sozusagen ein Gespräch skizzieren. Natürlich hat nicht nur ein solches Gespräch zwischen dem Lehrer und dem Schüler stattgefunden, aber ich fasse verschiedene Gespräche in eines zusammen.

Der Schüler sprach zu dem Lehrer, er strebe darnach, in die geistige Welt hinein Blicke tun zu können, aber es sei ihm so, als ob in der Tat die Menschennatur, so wie sie nun einmal in jener Zeit sei – im 12. Jahrhundert ist es ungefähr, wovon ich spreche –, als ob die Menschennatur nicht vordringen könne zu den geistigen Welten. Man müsse doch, sagte der Schüler, in der Natur etwas sehen, was Werk, Schöpfung der göttlich-geistigen Wesenheiten sei. Man müsse aus dem, wie die Naturdinge seien in ihrem tieferen Sinne, wie die Naturvorgänge verlaufen, erkennen können, wie hinter diesen Naturdingen und Naturschöpfungen das Wirken von göttlichgeistigen Wesenheiten stehe. Aber es sei so, als ob die Menschennatur in der Gegenwart nicht durchkönne. Und schon hatte es sich in dem Schüler, in dem jungen Menschen – ich meine, jungen Menschen von fünfundzwanzig oder achtundzwanzig Jahren – stark geformt zu Gefühlen: Das gegenwärtige Menschentum, der physische Leib in seiner besonderen Verbindung mit der Seele, könne nicht vordringen, habe in sich selber Hindernisse.

Da sagte ihm zunächst der Lehrer, um ihn auf die Probe zu stellen: Nun ja, du hast doch deine Augen, du hast doch deine Ohren; sieh mit deinen Augen hin auf die Naturdinge, höre mit deinen Ohren dasjenige, was geschieht, und du wirst durch Farbe und Ton, in denen sich ja Geistiges offenbart, du wirst durch sie hindurch das Geistige sich offenbaren fühlen müssen. – Da sagte der Schüler: Ja, wenn ich meine Augen gebrauche, wenn ich hinausschaue in die Welt, die farbig ist, da ist es mir, als wenn mein Auge die Farbe aufhielte, als wenn die Farbe an meinen Augen erstarrte. Und wenn ich hinhorche mit meinen Ohren auf die Töne, ist es, als wenn die Töne in meinen Ohren verknöcherten und wie wenn die erstarrten Farben und die verknöcherten Töne durch meine Sinne den Geist der Natur nicht hindurchließen. – Da sagte der Lehrer: Sieh aber doch, es gibt doch auch eine Offenbarung; es gibt die Offenbarung des religiösen Lebens. Da wird dir erzählt, wie Götter die Welt gestaltet haben, wie in die Zeitentwicklung der Christus eingetreten ist, Mensch geworden ist. Es gibt also außer der Natur noch die Offenbarung. Was dir die Natur nicht geben kann, kann dir denn das nicht die Offenbarung geben? – Da sagte der Schüler: Die Offenbarung spricht ja sehr stark zu meinem Herzen, aber eigentlich kann ich sie nicht fassen, eigentlich ist es mir unmöglich, dasjenige, was draußen in der Natur ist, in Verbindung zu bringen mit dem, was mir die Offenbarung sagt. Und so, indem ich die Natur nicht verstehe, indem die Natur mir nichts offenbart, verstehe ich auch die religiöse Offenbarung nicht.

Da sagte der Lehrer: Nun gut, so wie du jetzt in der Welt drinnenstehst, so wirst du allerdings – wenn du so sprechen mußt, wenn es dir so ums Herz und um die Seele ist, daß du so sprechen mußt – weder Natur noch Offenbarung verstehen können. Denn du lebst eben in einem Menschenleibe, der von der Sünde befallen ist – so war ja die Redensart dazumal –, und dieser von der Sünde befallene Menschenleib, der paßt eigentlich nicht zu der irdischen Umgebung, in der du lebst. Die irdische Umgebung gibt dir nicht die Bedingungen dazu, so deine Sinne zu gebrauchen und dein Gemüt zu gebrauchen, daß du Natur und Offenbarung als Erleuchtung, die von den Göttern kommt, ansehen könntest. Ich werde, wenn du willst, dich aus der Natur deiner irdischen Umgebung, die einfach nicht angepaßt ist an dein Wesen, hinwegführen und werde dir Gelegenheit geben, Offenbarung und Natur besser zu verstehen.

Und es wurde verabredet, wann der Lehrer den Schüler führen sollte. Und er führte ihn zunächst eines Tages einen hohen Berg hinauf, einen sehr hohen Berg, einen Berg hinauf, von dem aus man die gewöhnliche Erdoberfläche mit ihren Bäumen, Fluren und so weiter nicht mehr sehen konnte; sondern als der Schüler mit seinem Lehrer oben stand, konnte man nur noch – wie Sie das ja wohl auch aus dem Gebirge kennen – unten etwas wie ein Nebelmeer sehen, welches die gewöhnliche Erde bedeckte, und oben war man, wenigstens andeutungsweise, wie symptomatisch entrückt dem irdischen Treiben. Man sah nur hinschauend den Weltenraum mit seinen Wolkengebilden und unten etwas wie ein Meer, wie ein wogendes Meer, das eben aus Wolken bestand; Morgennebel, Morgenstimmung. Der Lehrer sprach Verschiedenes. Er sprach von Weltenweiten, von kosmischen Fernen, sprach davon, wie die Weite, in die der Blick herausgerichtet ist, in der Nachtzeit die Sterne aus sich herausleuchten läßt, sprach Verschiedenes, wodurch das Gemüt des Schülers ganz hingegeben ward an die Eigentümlichkeit des Naturdaseins, gewissermaßen erdentrückt ward.

Und so lange dauerte die Vorbereitung, bis in der Tat etwas von jener Seelenstimmung da war bei dem Schüler, die man damit vergleichen könnte, daß dem Schüler erschien – nicht für einen Augenblick, sondern für längere Zeit – alles das, was er jemals während seines irdischen Lebens in dieser Inkarnation auf Erden erlebt hatte, wie wenn er es geträumt hätte. Und so wenig mannigfaltig eigentlich dasjenige war, was er da überblickte – das wallende wogende Nebelmeer, Wolkenmeer, wenige in der Nähe befindliche Gipfel, die Weltenweiten, höchstens da und dort eben mit Wolkenbildungen auch besetzt, aber kaum, nur am Ende –, so arm an Inhalt gegenüber der Mannigfaltigkeit dessen, was er unten auf dem Erdboden immer hatte erleben können, dies alles war, so war ihm das doch wie der Inhalt seines tagwachen Bewußtseins. Und alles, was er jemals auf der Erde erlebt hatte, war ihm, wie wenn er es so in der Nacherinnerung eines Traumes hätte. Er kam sich wie erwacht vor. Und während er also immer mehr und mehr erwachte in dieser Situation, trat ihm aus einer Felsenspalte, die er vorher nicht bemerkt hatte, ein junger Knabe von etwa zehn, elf Jahren entgegen, der auf ihn einen merkwürdigen Eindruck machte; denn alsbald erkannte er in diesem Knaben sich selber in seinem zehnten, elften Jahre. Was ihm da erschienen war, es war der

Geist seiner Jugend. – Und Sie erraten wohl, meine lieben Freunde, daß in dieser Szene eine der Anregungen war, die mich veranlaßt haben, in dem einen Mysteriendrama die Gestalt von Johannes' Jugend einzuführen.[66] Das Motiv nur liegt da; Sie müssen nicht an Photographie denken. Die Mysterien sind auch kein okkulter Schlüsselroman.

Und er stand gegenüber dem Geiste seiner Knabenzeit, sich selber. Und er war auch da, mit seinen fünfundzwanzig bis achtundzwanzig Jahren war er da, neben dem Geiste seiner Jugend. Und ein Gespräch konnte stattfinden, das der Lehrer führte, das aber eigentlich stattfand zwischen dem Schüler und seinem eigenen jüngeren Selbst. Solch ein Gespräch verläuft – Sie können das aus dem Mysteriendrama, aus dem Stil, der dort beobachtet ist, ja ersehen –, solch ein Gespräch verläuft in einer recht eigenartigen Weise. Denn wenn man, was ja immer sein kann, dem Geiste seiner Jugend entgegentritt, dann gibt man etwas vom reifen Verstande den kindlichen Vorstellungen, die der Geist der Jugend hat, und der Geist der Jugend gibt etwas von seiner Frische, von seiner Kindlichkeit demjenigen, was man in älteren Jahren ist. Und gerade dadurch, daß solch ein Austausch stattfindet, wird ein solches Gespräch ganz besonders fruchtbar. Und dieses Gespräch, das führte dazu, daß der Schüler lernte, die Offenbarung, die religiöse Offenbarung zu verstehen.

Das Gespräch wurde vorzugsweise geführt über die Genesis, über den Anfang des Alten Testaments, und wurde geführt über die Menschwerdung Christi. Unter der Leitung des Lehrers und unter der besonderen Art der Fruchtbarkeit, die in diesem Gespräche waltete, endete eben dieses Gespräch für den Schüler damit, daß er sagte: Jetzt verstehe ich, welcher Geist in der Offenbarung wal-

[66] Vgl. *Der Seele Erwachen*, 2. und 10. Bild in GA 14, S. 431–433 und 508 f.

tet. Nur dann, wenn man in die Lage kommt, fern von dem Irdischen, wie in Ätherhöhen versetzt zu sein, um die Ätherhöhen ideell zu ergreifen mit der in die spätere Lebenszeit heraufragenden Kindheitskraft, nur dann versteht man recht die Offenbarung. Und jetzt verstehe ich, daß die Götter den Menschen die Offenbarung gegeben haben, weil die Menschen in der Lage, in der sie auf der Erde sind, durch die Werke der Natur hindurch nicht die Werke der Götter erforschen können. Und so gaben sie ihnen die Offenbarung, die ja natürlich gar nicht zu verstehen ist gerade im reifen Lebensalter, die aber verstanden werden kann, wenn real lebendig wird Kindheit im reifen Lebensalter. Also eigentlich ist es etwas Abnormes, die Offenbarung zu verstehen. – Das machte einen gewaltigen Eindruck auf den Schüler. Der Eindruck blieb. Er blieb ihm unvergeßlich. Der Geist der Jugend verschwand wiederum. Die erste Phase der Unterweisung war das.

Es sollte eine zweite folgen. Die zweite, die verlief in der folgenden Art. Wiederum führte der Lehrer den Schüler einen Weg. Jetzt führte er ihn nicht einen Berg hinauf, sondern jetzt führte er ihn an einen Berg, zu dem der Lehrer den Eingang durch ein Höhle wußte, in tiefe innere Bergesklüfte, weit hinunter bis in Bergwerksschächte, so daß der Schüler mit dem Lehrer in der Erdentiefe war, jetzt nicht in Ätherhöhen hoch oben über der Oberfläche der Erde, sondern in Erdentiefen, wie versenkt gegenüber der Oberfläche der Erde.

Wiederum wurde es dem Bewußtsein des Schülers so, als ob ihm nachging alles dasjenige, was er auf der Erde jemals erlebt hatte, wie Träume. Denn er lebte unten in einer Umgebung, in der jetzt sein Bewußtsein besonders erwachte. Verwandt wurde er mit den Erdentiefen. Sehen Sie, es spielte sich da etwas ab, was dann zugrunde lag solchen Sagen wie etwa die von dem Leben des Kaisers Barbarossa im Kyffhäuser oder des Kaisers Karl des Großen im

Untersberg bei Salzburg. So etwas spielte sich, wenn auch für kurze Zeit, wirklich ab, solch ein Leben in den Erdentiefen, fern von dem irdischen Leben des Menschen. Und wiederum konnte der Lehrer durch besondere Redeführung dieses Verbundensein mit den Erdentiefen ins Bewußtsein des Schülers hineinbringen. Aus einer Wand kam jetzt dem Schüler ein Greis entgegen, der ihm allerdings weniger bekannt war als der Geist seiner eigenen Jugend, den er aber fühlte als den, der er sein wird nach Jahrzehnten. Er fühlte sich selber im zukünftigen Greisenalter. Und nun entspann sich ein ähnliches Gespräch zwischen dem Schüler und seinem eigenen älteren Selbst, seinem greisenhaften Selbst, wiederum unter der Führung des Lehrers.

Und nun kam aber aus diesem Gespräch etwas ganz anderes hervor als aus dem ersten Gespräche, denn jetzt fing an, in dem Schüler ein Bewußtsein aufzusteigen von seiner eigenen physischen Organisation. Er fühlte wie sein Blut in sich kreisen, jedes einzelne Blutteilchen, so war es ihm, fühlte er in sich kreisen, er begleitete die Blutäderchen, die Nervenstränge, und die einzelnen Organe des menschlichen Organismus fühlte er in ihrer sinnvollen Bedeutung für den gesamten Organismus. Und er fühlte in sich dasjenige hereinwirken, was draußen im Kosmos ist und verwandt mit dem Menschen ist. Er fühlte in sich hereinwirken das Blühende in den Pflanzen, das Wurzelhafte in den Pflanzen, das Mineralische in dem Erdboden in seinen Wirkungen im menschlichen Organismus. Er fühlte da in den Erdentiefen die Kräfte der Erde selber, in Organisation gebracht, in seinem eigenen Wesen zirkulierend, schaffen, sich umwandeln, Substanzen vernichten und gestalten. Er fühlte das Schaffen und Weben und Wesen der Erde in sich selber. Und das Ergebnis dieses Gespräches war, daß der Schüler, nachdem der alte Mann, der er selbst war, verschwunden war, sagen konnte: Jetzt hat wirklich die Erde, in der ich inkarniert bin, durch ihre

Wesenhaftigkeit zu mir gesprochen, jetzt habe ich einen Moment gehabt, durch den ich hindurchgesehen habe durch die Naturdinge und Naturprozesse auf dasjenige, was Werk der Götter hinter diesen Erdendingen und hinter diesen Erdenprozessen ist.

Der Lehrer führte den Schüler wieder heraus, und ehe er ihn für diesmal verabschiedete, sagte er ihm: Sieh einmal, so wenig passen der heutige Mensch und die heutige Erde zusammen, daß du die Offenbarung der Religion empfangen mußt von dem Geiste deiner eigenen Jugend hoch auf dem Berge über der Erde und daß du die Offenbarung der Natur empfangen mußt tief unter der Erde, in den Klüften der Erde unter ihrer Oberfläche. Und wenn es dir gelingt, mit dem Lichte, das deine Seele vom Berge geholt hat, zu beleuchten dasjenige, was deine Seele empfunden hat in der Erde Höhlenklüften, dann wirst du zur Weisheit gelangen.

Sehen Sie, in dieser Form wurde dazumal – um das Jahr 1200 war es, wovon ich spreche – die Vertiefung, die Weisheitserfüllung der menschlichen Seele bewirkt. Dieser Schüler war dadurch ja tatsächlich in die Einweihung, in die Initiation hineingestellt, und er wußte nun, welche Kraft er anwenden müsse in der Seele, um regsam zu machen das Licht der Höhen und das Gefühl der Tiefen. Und einige weitere Anleitungen gab ihm der Lehrer, die im wesentlichen darinnen bestanden, daß er dem Schüler sagte: Selbsterkennen besteht eigentlich immer darin, daß man im eigenen Menscheninnern dasjenige auf der einen Seite wahrnimmt, was hoch über dem Erdenmenschen liegt, und dasjenige, was tief unter dem Erdenmenschen liegt. Die müssen sich im Menscheninnern begegnen. Dann findet der Mensch in seinem eigenen Innern die Kraft des schaffenden Gottes.

Von solchen Einweihungen, wie die ist, die ich Ihnen hier als eine charakteristisch-typische erzählt habe, ging das Bestreben aus, das man dann mittelalterliche Mystik nennen kann in der späteren Zeit, das hintendierte nach Selbsterkenntnis, aber um im eigenen Selbst den Weg zum Göttlichen zu finden. Es ist nur diese Mystik dann in der späteren Zeit abstrakt geworden. Jene konkrete Verbindung mit der Außenwelt, wie sie gegeben war für diese Schüler in dem Entrücktsein in Ätherhöhen und in Erdentiefen, die wurde nicht mehr gesucht. Daher wurde auch die innere Erschütterung, die ganze Intensität des inneren Erlebnisses nicht mehr erreicht. Aber gesucht wurde dennoch unter solchen Anregungen, unter solchen Impulsen im Innern. Im Innern wurde der Gott, das göttliche Schaffen gesucht. Und im Grunde genommen ist alles das, was gesucht worden ist von dem Meister Eckhart, von Johannes Tauler und den späteren Mystikern, die ich dargestellt habe in meinem Buche *Die Mystik im Aufgange des neuzeitlichen Geisteslebens,* impulsiert von solchen wirklichen mittelalterlichen Einweihungen. Aber diejenigen, die nun wahrhaftig im Sinne solcher mittelalterlichen Einweihungen gewirkt haben, die wurden vielfach verkannt. Und man gerät eigentlich nur sehr schwer an dasjenige heran, was diese Schüler der mittelalterlichen Eingeweihten in Wirklichkeit waren.

Man kann ja wirklich ziemlich weit kommen in der Verfolgung der Wege in die geistige Welt hinein. Und diejenigen, welche solche Dinge wirklich ganz energisch befolgen, wie sie in meinem Buche *Wie erlangt man Erkenntnisse der höheren Welten?* stehen, die finden schon den Weg in die geistigen Welten hinein. Alles, was in der Vergangenheit physisch real war, ist ja natürlich heute nur durch die geistige Welt zu finden, also auch solche Szenen, wie ich sie eben geschildert habe, denn es gibt ja keine physischen Dokumente, die über solche Szenen berichten würden. Aber es gibt eben solche Gebiete, die schwer zugänglich sind auch für ein schon weit vorgeschrittenes geistiges Vermögen. Man muß wirklich, um diese Gebiete zu erforschen, dahin gekommen sein, mit den Wesenheiten der geistigen Welt in selbstverständlicher Weise Umgang zu haben wie mit Menschen. Dann ergibt sich aber auch der Zusammenhang zwischen diesen Eingeweihten, von denen ich Ihnen eben erzählt habe, und ihren Schülern, zum Beispiel einem solchen Schüler, der durch das, was historisch vermittelt ist, ja recht fragwürdig erscheint, Raimundus Lullus, der vom Jahre 1234 bis 1315 lebte.

Was Sie von Raimundus Lullus durch historische Dokumente kennenlernen können, ist ja herzlich wenig. Aber was man von ihm kennenlernen kann, wenn man – verzeihen Sie, daß ich den paradoxen Ausdruck gebrauche, aber Sie werden nach dem, was ich in den letzten Tagen und seit vierzehn Tagen hier dargestellt habe, den Ausdruck doch nicht mehr als paradox empfinden –, wenn man sozusagen ein persönliches Verhältnis gewinnt zu Raimundus Lullus, dann stellt er sich doch noch als etwas anderes dar, als das ist, was die historischen Dokumente aus ihm machen. Da stellt er sich in der folgenden Weise dar. Er ist im eminentesten Sinne eine Persönlichkeit, die unter Anregung gerade desjenigen Eingeweihten, von dem ich hier als dem Schüler des anderen gesprochen habe, dazu kam, mit aller Kraft wiederum so etwas in seiner Zeit erneuern zu wollen, wie es im Altertum die Mysterien des Wortes, des Logos waren. Er wollte die Mysterien des Logos wieder erneuern. Und er wollte sie wieder erneuern durch die Selbsterkenntnis, von der ich Ihnen ja gesagt habe, daß sie in einer so mächtigen Weise angeregt worden ist im 12., im 13. Jahrhundert. Und von diesem Gesichtspunkte aus ist die sogenannte «Ars magna» des Raimundus Lullus zu beurteilen. Er sagte sich: Wenn der Mensch spricht, so ist im Sprechen eigentlich auch ein Mikrokosmos gegeben. Dasjenige, was der Mensch spricht, ist eigentlich der ganze Mensch, konzentriert auf die Sprachorgane. Aber das Geheimnis jedes Wortes liegt im ganzen Menschen, und wiederum, weil es im ganzen Menschen liegt, liegt es eigentlich in der Welt.

Und so kam er darauf, daß man eigentlich das Geheimnis der Sprache erst im Menschen suchen müsse, indem man tief untertaucht von den bloßen Sprachorganen zu der Gesamtorganisation des Menschen, und dann im Kosmos, indem man wiederum die Gesamtorganisation des Menschen aus dem Kosmos heraus begreift. Zum Beispiel, sagen wir, jemand wolle den Laut A in seiner wirklichen Bedeutung begreifen. Da handelt es sich darum, daß der Mensch darauf kommt, daß der Laut A, der im geformten Aushauch zum Vorschein kommt, auf einer gewissen inneren Attitüde des Ätherleibes beruht, auf einer Attitüde des Ätherleibes, die Sie heute kennenlernen können. Durch die Eurythmie sehen wir, auf welcher Attitüde des Ätherleibes der Laut A beruht, denn diese Attitüde wird auf den physischen Leib übertragen und gilt dann als die eurythmische Geste für den A-Laut.

Ganz klar wurde das dem Raimundus Lullus nicht, sondern alles blieb bei ihm Ahnung. Aber seine Ahnung kam so weit, daß er nun die innere Attitüde, die innere Geste des Menschen gewissermaßen hinausverfolgte in den Kosmos, zum Beispiel daß er sagte: Richtest du die Blickrichtung nach dem Löwen, nach dem Sternbilde des Löwen, und richtest du die Blickrichtung nach der Waage, dann gibt dir der Zusammenhang der beiden Blickrichtungen das A. Richtest du den Blick nach dem Saturn, so hält der Saturn deine Blickrichtung auf. Und wenn der Saturn zum Beispiel vor dem Widder steht, so mußt du mit dem Saturn dich um den Widder herumdrehen. Das gibt dir aus dem Kosmos heraus die Empfindung des O.

Und aus solchen Ahnungen heraus fand Raimundus Lullus gewisse Figuren, an deren Ecken und Seiten er die

Buchstaben schrieb. Und nun war er sich klar darüber: Wenn man aus seinen Empfindungen heraus Linien zieht in den Figuren, durch Diagonalen oder dergleichen meinetwegen in einem Fünfeck a b c d e irgendwie verbindet – das ist nur schematisch –, dann muß man darin Lautverbindungen sehen, und diese Lautverbindungen sprechen gewisse Geheimnisse des Weltenalls, des Kosmos aus.

Also Raimundus Lullus suchte eine Art Renaissance der Geheimnisse des Logos, wie sie üblich waren in den alten Mysterien. Diese Sache wird ja entstellt dargestellt in den historischen Dokumenten. Aber wenn man eben nach und nach sozusagen in ein persönliches Verhältnis zu Raimundus Lullus kommt, so kommt man darauf, daß Raimundus Lullus versuchte, durch solche Bestrebungen das Weltenwort wiederum zu enträtseln. Und in diesen Bestrebungen lebten eigentlich die Schüler der mittelalterlichen Eingeweihten noch einige Jahrhunderte fort. Es war ein ganz intensives Bemühen, erst in den Menschen unterzutauchen und dann durch das Untertauchen in den Menschen hinauszukommen über den Menschen in die Geheimnisse des Kosmos hinein.

In dieser Weise versuchten diese – man darf sie Weise nennen –, diese Weisen, zu verbinden die Offenbarung mit der Natur. Und sie glaubten, auf diese Weise – und vieles von ihrem Glauben war ja tief begründet –, sie glaubten, auf diese Weise hinter die Offenbarung des Religiösen und hinter die Offenbarung der Natur zu kommen. Denn sie waren sich klar darüber, daß eben der Mensch, so wie er nun einmal in ihrer Zeit auf der Erde lebte, eigentlich bestimmt war, die vierte Hierarchie zu werden, daß er aber einen Fall getan habe, durch den er unter sein eigentliches Wesen heruntergekommen ist und tiefer drinnen steckt in dem physischen Dasein, als er eigentlich sollte, daß er aber dennoch wiederum für dieses tiefe Drinnenstecken nicht die Kraft hat, sein Geistig-Seelisches entsprechend spirituell auszubilden. Und aus solchen Bestrebungen heraus entstand ja dann das Rosenkreuzer-Bestreben.

An einer Lehrstätte der Rosenkreuzer, der ersten ursprünglichen Rosenkreuzer, war es, daß einmal gerade die Szenen, die ich Ihnen heute schilderte, die Szene hoch oben auf dem Berge zwischen dem Lehrer und dem Schüler und unten tief in den Erdenklüften, daß diese Szenen wie in einer Art zeitlicher Fata Morgana auftauchten, man möchte sagen, wie als Gespenst wiederkamen, sich spiegelten als Vision innerhalb einer Rosenkreuzer-Lehrstätte. Und daraus erkannte man, daß der Mensch durch innerliches Streben zweierlei erreichen müsse, um zur wirklichen Selbsterkenntnis zu kommen, um wiederum seine Anpassung an die Erde zu finden, um dahin zu gelangen, wirklich ein Angehöriger der vierten Hierarchie zu werden. Denn aus alledem, was nun innerhalb der Rosenkreuzer-Schule möglich war, erkannte man, was mit dem Schüler, als er den Geist seiner eigenen Jugend leibhaftig vor sich gesehen hat, vorgegangen war. Mit dem war vorgegangen eine Loslösung des astralischen Leibes, die stärker ist, als sie sonst irgendwie im menschlichen Leben ist. Und in dieser Loslösung des astralischen Leibes hat er den Sinn der Offenbarung erkannt. Und wiederum wurde in dieser Rosenkreuzer-Schule klar, was vorgegangen war mit dem Schüler in den Tiefen der Erde. Da war der astralische Leib ganz in das Innere zurückgezogen. Da war er völlig zusammengezogen, so daß der Schüler die Geheimnisse des eigenen Menscheninnern wahrnahm. Und jetzt wurden innerhalb der Rosenkreuzerei Exerzitien, Übungen gefunden, die verhältnismäßig einfach waren, die in symbolischen Figuren bestanden, denen man das Gemüt hingab, über die man meditierte. Und durch die Kraft, die in den menschlichen Seelenbesitz kam durch die Hingabe an solche Figuren, erreichte man, daß man auf der einen Seite den astralischen Leib loslöste und wurde wie der Schüler auf Bergeshöhe, in Ätherhöhen, daß man auf der andern Seite, indem sich der astralische Leib zusammenkrampfte, zusammenzog, wurde wie der Schüler in Erdenklüften. Und dann konnte man, indem man nicht die äußere Umgebung hatte, sondern eine starke innere Übung machte, in das menschliche Innere kommen.

Sehen Sie, ich schildere Ihnen damit etwas, was ich nur ganz leise angedeutet habe in dem neuen Vorwort zu der letzten Auflage meiner *Mystik im Aufgange des neuzeitlichen Geisteslebens.* Da habe ich ja gesagt, daß dasjenige, was aufgetreten ist bei Meister Eckhart, Johannes Tauler, bei Nikolaus Cusanus, dem Kardinal, bei Valentin Weigel und den anderen, das Spätprodukt war eines kolossalen ursprünglichen Menschheitsstrebens, das vorangegangen ist. Und dieses ursprüngliche Menschheitsstreben, das dem Streben des Meister Eckhart, dem Streben des Johannes Tauler vorangegangen ist, dieses konkrete Streben im Geiste, dieses Suchen nach Selbsterkenntnis beim Menschen im Zusammenhange mit Offenbarung und Naturerleuchtung, dieses wollte ich Ihnen heute schildern als eine der Strömungen, die da liefen im sogenannten finsteren Mittelalter, wo es aber wirklich in der Finsternis, die der moderne Mensch heute hineinphantasiert, recht erleuchtete Geister gab, so erleuchtete Geister, daß die heute erleuchtetsten Geister das Licht dieser Erleuchteten eben nicht verstehen und daher finster bleiben. Aber das ist ja überhaupt vielfach das Charakteristikum der heutigen Zeit, daß man das Licht finster und die Finsternis hell findet.

Aber ein merkwürdiger, gewaltiger Eindruck bleibt zurück, wenn man in die Hintergründe desjenigen schaut, was in der Literatur wie in einem Abglanze dieser Zeit gelebt hat. Einiges von dem wollte ich Ihnen heute schildern; einiges von dem, was dann das Bild ergänzen, zu einem Ganzen abrunden wird, werde ich Ihnen morgen schildern.

Ich sprach Ihnen gestern von der besonderen Form, die die Mitteilung geisteswissenschaftlicher Ergebnisse in dem Mittelalter angenommen hat. Und diese Form, sie war im Grunde genommen ein Letztes, das sich abspielte, bevor für die menschliche Geistesentwicklung ein Tor geschlossen worden ist, das ja durch Jahrhunderte geöffnet war: das Tor eines gewissen, durch natürliche Begabung kommenden Eintrittes in die geistige Welt. Dieses Tor ist ja geschlossen worden zu der Zeit, in der die Menschen gewissermaßen mit ihren unwillkürlichen Fähigkeiten herausgestellt werden sollten aus dem Bereiche des sie beherrschenden göttlich-geistigen Willens und in ihrem Innersten, in dem eigenen Willen finden sollten die Möglichkeit, Freiheit in der Seele zu entwickeln, bewußte Freiheit. Alle Entwicklungsbewegungen geschehen aber langsam und allmählich, nach und nach. Und so ist es denn auch gekommen, daß dasjenige, was zwar nicht mehr in der Form der alten Mysterien, aber in der Form des Hinaufführens in Ätherhöhen, des Hinunterführens in Erdenklüfte unmittelbar im Zusammenhange mit dem menschlichen Erleben der Natur, wenn auch nicht auf der Erdoberfläche selber, erreicht werden konnte, nun in der Folgezeit in einer mehr unbewußten Form an die Menschen herangetreten ist. Denken Sie sich nur einmal, wie es jenen Persönlichkeiten gegangen ist, die nach Erkenntnis gestrebt haben, um das Jahr 1200 und in dem folgenden 13. Jahrhundert, die ja natürlich Nachricht gehabt haben davon, daß Schüler noch solche Lehrer wie den, von dem ich gestern gesprochen habe, vor kurzer Zeit hatten finden können, denken Sie nur, wie es denen ergangen ist, die diese Nachricht gehabt haben und die nunmehr eigentlich darauf angewiesen waren, Erkenntnis nur mehr durch das menschliche Denken zu finden.

Wir sehen ja dann in der Folgezeit des Mittelalters mehr in größerem Kreise dieses menschliche Denken in einer wirklich imponierenden Weise ausgebildet. Wir sehen dieses menschliche Denken Wege nehmen, die aus innerstem Eifer, aus einer wirklichen Hingabe der ganzen Seele der Menschen gegangen worden sind. Das waren so mehr die Wege der größeren Kreise von erkenntnissuchenden Menschen. Aber das eigentlich Geisteswissenschaftliche setzte sich doch auch fort. Und wir kommen dann, indem wir wenige Jahrhunderte weitergehen, in die Zeit hinein, in der das eigentliche Rosenkreuzertum begründet worden ist. Aber dieses Rosenkreuzertum hängt eben mit einer Umänderung in der ganzen geistigen Welt in bezug auf den Menschen zusammen. Und ich werde Ihnen diese Umänderung wiederum am besten schildern, wenn ich auch hier Ihnen ein Bild gebe.

Mysterien im alten Sinne des Wortes waren nicht mehr möglich seit jenem Zeitpunkte, von dem ich Ihnen gesprochen habe; aber Menschen, die nach Erkenntnis lechzten im Sinne dieser alten Mysterien und die schwere Seelenkämpfe erlebten, wenn sie hörten von der Führung auf den Berg, von der Führung in Erdenklüfte, diese Menschen, sie entwickelten in ihren Seelen alle möglichen inneren Methoden, Anstrengungen, um die Seele aufzurufen, nun dennoch den Weg zu finden. Und derjenige, der solche Sachen sehen kann, sieht hinein, wie gesagt, nicht in Mysterienstätten, aber in von einer Atmosphäre von Frömmigkeit durchwärmte Versammlungsstätte von Erkenntnis suchenden Menschen. Und eigentlich ist dasjenige, was dann später sowohl die gute Rosenkreuzerei war wie auch die entartete, die scharlatanhafte, ausgegangen von solchen Menschen, die im Zusammensein, in anspruchslosem Zusammensein versuchten, ihre Seelen so zu arten, daß nun wirklich geistige Erkenntnisse noch hätten zustande kommen können. Und bei einer solchen Versammlung, die wirklich in recht anspruchsloser Umgebung, in dem einfachen Wohnraum eines schloßartigen Hauses stattgefunden hat, in einer solchen Versammlung von wenigen Menschen begab es sich einmal, daß diese Menschen durch gemeinsame Exerzitien, die halb denkerisch-meditativ, halb gebetartig waren, in Gemeinsamkeit eine Art mystischer Stimmung entwickelten, jene mystische Stimmung, die dann viel gepflegt worden ist von den sogenannten «Brüdern des gemeinsamen Lebens», gepflegt worden ist später von den Anhängern des Comenius und vielen anderen Bruderschaften, die sich aber ganz besonders intensiv einmal in einem solchen kleineren Kreise ausgeprägt hat. Und während mit einer wirklichen Hingabe des gewöhnlichen Bewußtseins, mit einer Hingabe des ganzen Intellektes in intensiv mystischer Stimmung diese wenigen Menschen beisammen waren, geschah es, daß zu ihnen ein Wesen trat, aber jetzt ein Wesen, das nicht Fleisch und Blut hatte wie jener Lehrer, dem der Schüler begegnete zu der Führung nach dem Berge, nach den Erdenklüften, sondern ein Wesen, das eigentlich nur im ätherischen Leibe in dieser kleinen Gemeinschaft erscheinen konnte. Und dieses Wesen enthüllte sich als dasselbe, das jenen Schüler um das Jahr 1200 geführt hatte. Aber es war im Post-mortem-Zustande. Es war aus der geistigen Welt zu diesen Menschen herniedergestiegen, die es angezogen hatten durch ihre fromm-mystisch, meditativ-denkerische Stimmung.

Damit ja kein Mißverständnis entsteht, betone ich ausdrücklich: Irgendwelche medialen Kräfte waren dabei nicht im Spiele, denn gerade jene kleine Gemeinschaft, die da versammelt war, hätte aus gewissen Voraussetzungen, die altehrwürdiger Tradition angehörten, jede Verwendung medialer Kräfte, auch jeden Anklang an mediale Kräfte als etwas tief Sündhaftes betrachtet. Gerade in jenen Gesellschaften, von denen ich da spreche, wurde Mediumschaft und alles, was damit verwandt war, nicht nur als etwas Schädliches angesehen, sondern als etwas tief, tief Sündhaftes, aus dem Grunde sündhaft, weil ja gewußt wurde von jenen Menschen, daß Mediumschaft zusammenhängt mit einer besonderen Konstitution auch des physischen Leibes, daß dem Medium der physische Leib seine Kräfte, seine geistigen Kräfte gibt. Der physische Leib wurde aber von jenen Menschen als der Sünde verfallen betrachtet, und man hätte unter allen Umständen Kundgebungen mit Hilfe von medialen Kräften als ahrimanische oder luziferische Kräfte angesehen. Diese Dinge wurden in jener Zeit eben noch genau gewußt, und so war nichts irgendwie Mediumhaftes verwendet worden. Dagegen war es rein die mystisch-meditative Stimmung; und jene Verstärkung der mystisch-meditativen Stimmung, die durch die Gemeinsamkeit der Seelen erzeugt wird, die war es, welche hereinzauberte durch die eigene Willkür jenen entkörperten Menschen, jenes rein geistige, aber menschliche Wesen in diesen Kreis.

Und dieses Wesen sagte in einer sehr feierlichen Art: Ihr seid ja gerade auf mein Erscheinen nicht vorbereitet, aber ich bin unter euch, entkörpert, ohne physischen Leib, weil die Zeit gekommen ist, in der Eingeweihte der alten Art eine kurze Periode des Erdendaseins im physischen Leibe nicht erscheinen können. Diese Zeit wird wieder kommen, wenn die Michael-Periode anbrechen wird. Ich bin zu euch gekommen, um euch zu offenbaren, daß das Menscheninnere unverwandelt geblieben ist, daß das Menscheninnere, wenn es sich in der richtigen Weise verhält, den Weg zum göttlich-geistigen Dasein finden kann. Aber es wird eine Zeitlang der menschliche Verstand so beschaffen sein, daß er unterdrückt werden muß, damit Geistiges zur Menschenseele wird sprechen können. Darum bleibet in eurer mystisch-frommen Stimmung. Ich konnte euch, indem ihr von mir das gemeinsame Bild, die gemeinsame Imagination empfanget, auf dasjenige, was sich mit euch vollziehen wird, nur hinweisen, aber ihr werdet die Fortsetzung desjenigen, was ihr erlebt habt, weiter erfahren.

Und siehe da, drei aus dem Kreise, der da versammelt war, waren wirklich dazu ausersehen, nunmehr eine besondere Verbindung mit der geistigen Welt herzustellen, wiederum niemals durch irgendwelche medialen Kräfte, sondern durch Fortführung jener mystisch-meditativ-frommen Stimmung. Und bei diesen dreien, die dann besonders behütet wurden von den andern dieses Kreises, wirklich innig gepflegt wurden, bei diesen dreien stellte sich heraus, daß sie von Zeit zu Zeit eine Art Geistesabwesenheit erlebten. Sie wurden in bezug auf ihre äußerliche Körperlichkeit wunderschön, erlangten etwas wie ein glänzendes Antlitz, sonnenleuchtende Augen, und während dieser Zeit schrieben sie symbolische Offenbarungen, die sie aus der geistigen Welt heraus erhielten, auf. Diese symbolischen Offenbarungen waren die ersten Bilder, in denen den Rosenkreuzern geoffenbart worden ist, was sie wissen sollten über die geistige Welt. In diesen symbolischen Offenbarungen war enthalten eine Art Philosophie, eine Art Theologie, eine Art Medizin.

Und dieses Merkwürdige stellte sich heraus: Die anderen – es scheint mir, als ob die anderen viere gewesen wären, so daß das Ganze eine Gemeinschaft von sieben gewesen war –, die anderen, sie konnten durch dasjenige, was sie erlebt hatten an den sonnenglänzenden Augen, an dem strahlenden Antlitz ihrer drei Brüder, in der gewöhnlichen Sprache dasjenige wiedergeben, was in den Symbolen lag. Die zum Herausholen dieser Symbole aus der geistigen Welt bestimmten Brüder, sie konnten nur diese Symbole hinschreiben, und sie konnten nur sagen, als sie wiederum in ihren gewöhnlichen Bewußtseinszustand zurückkehrten: Wir sind gewandelt unter Sternen und Sternengeistern und haben da die alten Lehrer des Geheimwissens gefunden. – Sie konnten selbst nicht in gewöhnliche Menschensprache diese symbolischen Bilder umsetzen, die sie aufzeichneten. Die anderen konnten es und taten es. Und vieles von dem, was dann übergegangen ist zum Teil in die philosophisch-theologische – aber nicht mehr in die kirchlich-theologische, sondern in die profan-theologische – und in die medizinische Literatur, ist ursprünglich diesem eben gekennzeichneten Quell entsprossen. Und in kleineren Kreisen, die durch die ersten Rosenkreuzer organisiert worden sind, ist dann dasjenige verbreitet worden, was an solchen Symbolen aus der geistigen Welt erhalten worden ist.

Und immer wieder und wiederum kamen Möglichkeiten, in kleinsten Kreisen solches zu erleben zwischen dem 13. und 15. Jahrhundert. Es ist viel aus der geistigen Welt auf eine solche oder ähnliche Art zwischen dem 13. und 15. Jahrhundert den Menschen geoffenbart worden. Nicht immer waren diejenigen, die dann das in Bildern Geoffenbarte übersetzen sollten, in der Lage, es wirklich treu wiederzugeben. Daher hat manches, was Sie ja heute noch aus der Philosophie dieser Zeit überliefert finden können, einen in sich nicht ganz klaren Charakter, und man muß dann das, was es eigentlich bedeutet, selbst wiederum aus der Welt des Geistes heraus suchen. Aber immerhin war die Möglichkeit vorhanden bei denjenigen, die um diese Art der Offenbarung von seiten der geistigen Welt wußten, anzuknüpfen an solche Offenbarungen.

Aber Sie müssen sich ja denken, wie sonderbar allmählich die Stimmung der Menschen werden mußte, die diese höchsten Erkenntnisse – denn als solche wurde dasjenige, was ihnen gegeben wurde, anerkannt –, die solche höchsten Erkenntnisse von einer Seite her bekommen mußten, die ihnen eigentlich allmählich unheimlich wurde, weil sie ja nicht hineinschauten in die Welt, aus der ihnen diese Geheimnisse kamen, weil das gewöhnliche Bewußtsein nicht hineinreichte. Daher war es auch so naheliegend, daß solche Dinge sehr leicht zum Scharlatanhaften, ja zum Schwindelhaften führen konnten. Und in keiner Zeit der menschlichen Entwicklung ist eigentlich Scharlatanhaftes und Höchstes in der Offenbarung so nahe beieinander gewesen wie in dieser Zeit. Und schwierig ist für diese Zeit, das Echte von dem Falschen zu unterscheiden, daher auch von vielen die ganze Rosenkreuzerei als eine Scharlatanerie angesehen wird. Man kann es begreifen, daß es so geschieht, denn die wahren Rosenkreuzer sind unter den Scharlatanen außerordentlich schwer zu finden, und die ganze Sache wird dadurch besonders fragwürdig, daß man eben immer die Voraussetzung machen mußte, die geistige Offenbarung stamme aus Quellen heraus, die zunächst ihrer eigentlichen Beschaffenheit nach eben verborgen blieben.

Und es war so, daß diejenigen, die allmählich sozusagen gesammelt wurden von den ersten Rosenkreuzern zu einer größeren Brüderschaft, immer eigentlich als Unbekannte in der Weise auftraten, daß sie in der Welt da und dort erschienen, zumeist in der damaligen Zeit im Arztberuf, Kranke heilten, und bei dieser Gelegenheit, indem sie den Arztberuf ausübten, zu gleicher Zeit Erkenntnisse verbreiteten. Es war schon so, daß vieles, vieles an Erkenntnissen damals verbreitet worden ist, von dem man sagen muß: Es hat die Verbreitung einen etwas peinlichen Charakter, weil ja die Menschen, die diese Verbreitung betrieben, gar nicht sagen konnten, wie der Zusammenhang mit der geistigen Welt ist, in dem sie standen.

Aber es bildete sich ein anderes aus innerhalb dieses Betriebes geistiger Forschung, geistiger Erkenntnis. Es ist ja etwas ungeheuer Schönes, wenn man so sieht: Da sind drei Brüder und vier andere, drei Brüder, die eigentlich in dem, was sie der Welt bieten können, nur ein Zweckvolles erreichen können, wenn die andern viere mit ihnen zusammenarbeiten. Sie sind unbedingt aufeinander angewiesen. Die dreie bekommen ihre Offenbarungen aus der geistigen Welt, die viere können es in die gewöhnliche

Menschensprache übersetzen. Das, was die dreie geben, wären ganz unverständliche Bilder, wenn die vier anderen sie nicht übersetzen könnten. Und wiederum, die vier anderen würden gar nichts haben zum Übersetzen, wenn die dreie nicht ihre Offenbarungen in Bildform aus der geistigen Welt empfingen.

Dadurch bildete sich innerhalb solcher Gemeinschaften dasjenige aus, was gerade in diesen Jahrhunderten in gewissen Kreisen als etwas angesehen wurde, das ein Höchstmenschliches ist: innerliche seelische Bruderschaft, Bruderschaft in der Erkenntnis, Bruderschaft im geistigen Leben. Solche kleinen Kreise lernten gerade durch ihr Streben den realen Wert der Bruderschaft kennen. Und sie empfanden allmählich immer mehr und mehr, daß die Entwicklung der Menschheit zu der Freiheit hin so ist, daß das Band zwischen den Menschen und den Göttern ganz zerreißen würde, wenn es nicht aufrechterhalten würde durch solche Bruderschaft, wo wirklich einer auf den andern angewiesen ist.

Was man da zu schildern hat, ist etwas seelisch außerordentlich Schönes. Und über manchem, was damals geschrieben worden ist, liegt ein Zauber, der erst verständlich wird, wenn man weiß, daß diese Atmosphäre von Menschenbruderschaft, die in dieser Zeit durch das geistige Leben vieler Kreise Europas ging, in dieses Schrifttum herrlich hineingeleuchtet hat. Aber das Ganze war eben – und immer mehr und mehr zeigte sich das – bei denjenigen, die so nach Erkenntnis strebten, in eine Stimmung getaucht, die die Leute ängstlich machte. Weil man nicht an die Quellen der geistigen Offenbarung herankam, so konnte man zuletzt gar nicht mehr wissen, ob diese Offenbarungen guter Art oder böser Art sind. Und eine gewisse Ängstlichkeit vor gewissen Einflüssen machte sich neben allem Guten in diesen Strömungen in dieser Zeit ganz besonders geltend. Diese Ängstlichkeit ging dann ja auf große Kreise des Volkes über, die Furcht hatten, starke Furcht hatten vor aller Erkenntnis.

Man kann diese Stimmung besonders gut studieren bei zwei Menschen. Der eine ist der im 15. Jahrhundert lebende, etwa 1430 geborene Raimund von Sabunda. Raimund von Sabunda ist ein merkwürdiger Mensch. Wenn man sich in dasjenige, was er gedacht hat, was er hinterlassen hat, vertieft, so hat man das Gefühl: Es ist fast dieselbe Offenbarung, die jener Berg- und Erdenklüftelehrer seinem Schüler um das Jahr 1200 übermacht hat, in vollem Bewußtsein übermacht hat. – Und doch wiederum, das Ganze ist in unbestimmtere und unpersönlichere Redensarten getaucht – philosophischer, theologischer, medizinischer Art – bei Raimund von Sabunda im 15. Jahrhundert. Das aber rührt davon her, daß Raimund von Sabunda eben auch seine Offenbarungen empfangen hatte auf dem Umweg durch die wahre Rosenkreuzerei, also auf jenem Wege, der dadurch eröffnet war, daß der große Eingeweihte vom 12. Jahrhundert, dessen Wirkungen ich Ihnen geschildert habe, weiter inspirierend wirkte für all das, was ich heute gekennzeichnet habe, aus der geistigen Welt her. Denn im Grunde genommen ging von ihm und denjenigen, die mit ihm in der geistigen Welt waren, all jene Offenbarung aus, die dann durch die Rosenkreuzerei so zog, wie ich es für die Rosenkreuzerei öfters beschrieben habe. Die Stimmung gab er. Aber Ängstlichkeit bemächtigte sich doch nun solcher Geister. Raimund von Sabunda war ein mutiger, ein kühner Geist, einer von jenen Menschen, die Ideen zu würdigen vermögen, die in Ideen zu leben verstehen. Daher merkt man bei ihm zwar etwas von dem Unbestimmten, das davon herrührt, daß ja die Offenbarungen eben aus der geistigen Welt heraus sind, aber man merkt nichts bei ihm von irgendeiner Ängstlichkeit, von einer Erkenntnis-Ängstlichkeit. Um so mehr tritt einem dasjenige, was aus jener Geistesströmung in dieser Art hervorging, besonders charakteristisch entgegen bei einem anderen Geist, bei Pico de Mirandola im 15. Jahrhundert.

Der frühverstorbene Pico de Mirandola ist ein sehr merkwürdiger Geist. Vertieft man sich in dasjenige, was er erdacht und ersonnen hat, so sieht man in seinem Denken, in seinem Sinnen überall dieselbe Inspiration wirksam, die ich eben charakterisiert habe: die Fortsetzung der Weisheit jenes alten Eingeweihten auf dem Umwege durch die Rosenkreuzerströmung. Aber man sieht wie eine Art Zurückweichen bei Pico de Mirandola, ein Zurückweichen vor dieser Erkenntnis. Er versichert zum Beispiel: Alles, was auf Erden geschieht, daß auf Erden Steine entstehen, daß auf Erden Pflanzen leben, wachsen, Früchte tragen, daß auf Erden Tiere leben, das alles rührt nicht von den Kräften der Erde her. – Wenn jemand glauben würde, da sei die Erde, und die Kräfte der Erde bewirken dasjenige, was auf der Erde ist, so habe er eine falsche Anschauung. Die richtige Anschauung nach Pico de Mirandola ist, daß es die Sterne sind, und dasjenige, was auf der Erde geschieht, alles abhängt von den Sternen. Das Kleinste, was auf Erden geschieht, ist nach Pico de Mirandola abhängig von den Sternen. Man muß zum Himmel hinaufschauen, wenn man begreifen will, was auf der Erde geschieht. Und es ist schon im Sinne von Pico de Mirandola geredet, wenn man sagt: Du gibst mir die Hand, mein Menschenbruder, aber es ist nicht nur dein Gefühl die Ursache davon, daß du die Hand gibst, sondern es ist der Stern, der über dir steht, der dir den Impuls gibt, mir die Hand zu geben. – Zuletzt ist alles bewirkt von demjenigen, was im Himmlischen, im Kosmischen begründet ist, und der Abglanz davon allein geschieht auf Erden.

Als bestimmte Überzeugung spricht das Pico de Mirandola aus, und zugleich sagt er: Aber die Menschen sind verpflichtet, nicht auf diese Sternenursachen zu sehen, sondern allein die nächste Ursache auf Erden zu berücksichtigen. – Von diesem Gesichtspunkte aus bekämpft Pico de Mirandola – das ist außerordentlich charakteristisch – die ihm überkommene Astrologie. Er weiß, daß die alte, wirkliche, echte Astrologie in den Schicksalen der Menschen sich ausspricht. Das weiß er, das hält er für eine Wahrheit. Allein er sagt, man solle nicht Astrologie treiben, man solle nur die nächsten Ursachen suchen.

Merken Sie, was da eigentlich vorliegt? Da liegt zum erstenmal in einer ganz eigentümlichen Art die Idee von den Grenzen der Erkenntnis vor, aber, ich möchte sagen, in der Form, in der sie ganz menschlich ist. Wenn Sie später bei Kant, bei Du Bois-Reymond nachschauen, da wird Ihnen gesagt: Der Mensch kann nicht die Grenzen der Erkenntnis überschreiten, es beruhe auf einer inneren Notwendigkeit. – Das ist bei Pico de Mirandola im 15. Jahrhundert nicht der Fall, sondern der sagt: Ja, dasjenige, was hier auf der Erde ist, ist von kosmischen Ursachen bewirkt, aber der Mensch soll verzichten, diese kosmischen Ursachen zu erkennen. Der Mensch soll sich auf die Erde beschränken. – Und so tritt uns im 15. Jahrhundert der freiwillige Verzicht auf die höchste Erkenntnis bei einer so charakteristischen Persönlichkeit wie Pico de Mirandola entgegen. Das ist eine kulturhistorische Geistestatsache von der denkbar weittragendsten Bedeutung. Dazumal vollzog es sich eben, daß Menschen sich gesagt haben: Wir wollen verzichten auf Erkenntnis. – Und in der Tat, dasjenige, was sich in solch einer Persönlichkeit, wie Pico de Mirandola ist, äußerlich abspielt, das hat wieder sein Gegenbild im Spirituellen.

Wiederum war es in einer jener anspruchslosen Versammlungswohnungen der Rosenkreuzer, wo bei einer Kultushandlung, die eigens zu diesem Zwecke angestellt worden ist, in allerfeierlichster Form im 15. Jahrhundert, in der zweiten Hälfte des 15. Jahrhunderts, das Opfer dargebracht worden ist der Sternenerkenntnis. Und man möchte sagen: Dasjenige, was sich bei jener einmal vollzogenen, in besonderer Feierlichkeit vollzogenen Kultushandlung zugetragen hat, das ist dieses. Menschen standen vor einer Art von Altar und sagten: Wir wollen uns jetzt verantwortlich fühlen nicht allein für uns oder unsere Gemeinschaft oder unser Volk oder die Menschheit der Gegenwart, wir wollen uns verantwortlich fühlen für alle Menschen, die jemals auf Erden gelebt haben. Wir wollen uns als Angehörige der ganzen Menschheit fühlen. Und wir fühlen, daß die Menschheit etwas durchgemacht hat, was ein Verlassen des Ranges der vierten Hierarchie ist, ein zu tiefes Hinuntersteigen in die Materie – so wurde der Sündenfall aufgefaßt. Deshalb, damit die Menschheit wiederum zurückkommen kann zu ihrem Range der vierten Hierarchie und im freien Willen dasjenige finden könne, was früher Götter für sie und mit ihr versucht haben, sei geopfert die höhere Erkenntnis für eine gewisse Zeit. – Und gewisse Wesenheiten der geistigen Welt, die nicht menschlicher Art sind, nicht in menschlicher Inkarnation zur Erde herabkommen, haben das Opfer entgegengenommen, um gewisse Ziele in der geistigen Welt zu erreichen, von denen hier zu sprechen zu weit führen würde, was ein anderes Mal geschehen soll. Den Menschen aber wurde dafür der Impuls zur Freiheit aus der geistigen Welt möglich.

Ich führe diese Kultusszene aus dem Grunde an, weil ich durch sie Ihnen sagen möchte, daß eigentlich alles, was im äußeren physisch-sinnlichen Leben geschicht, geistige Gegenbilder hat, die wir nur suchen müssen da, wo sie sind. Denn zuweilen bedeutet irgendeine einzelne Kultushandlung, die von, ich will jetzt in diesem Zusammenhange nicht sagen Wissenden, sondern die von solchen Persönlichkeiten vollzogen wird, die mit der geistigen Welt im Zusammenhang stehen, bisweilen bedeutet sie etwas, wovon die Impulse für eine ganze Kultur oder Zivilisationsströmung ausstrahlen. Derjenige, der wissen will das Grundkolorit einer Zeitepoche, der muß den entsprechenden geistigen Ausstrahlungspunkt für die Kräfte suchen, die diese Zeitperiode durchströmten.

Das Folgende dann, was an Geistigem, an wirklich Geistig-Spirituellem produziert wurde, war ein Nachklang eines solchen Schaffens aus unbekannten geistigen Welten heraus. Und man hat bis ins 19. Jahrhundert herein neben dem, was sich an äußerem Materialismus entwikkelte, immer einzelne Geister kennenlernen können, die unter der Nachwirkung jenes Verzichtes auf die höhere Erkenntnis gelebt haben.

Einen Menschentypus, der vom 15. Jahrhundert durch das 16., 17., 18. lebte, den möchte ich Ihnen wenigstens mit ein paar Strichen charakterisieren. Einen Menschentypus, den man irgendwo auf dem Dorfe draußen fand als Sammler von Kräutern für Apotheken, als irgendwie anders in einem anspruchslosen Berufe drinnen. Irgend solch eine Persönlichkeit müssen wir uns vorstellen. Man trifft sie, wenn man selber Interesse hat an besonderen Gestaltungen des Menschenwesens in dieser oder jener Individualität, man trifft sie, diese Persönlichkeit. Zunächst ist sie außerordentlich zugeknöpft, redet wenig oder lenkt die Aufmerksamkeit von dem, was man in ihr suchen möchte, dadurch ab, daß sie unbedeutende, absichtlich ganz triviale Redensarten führt, durch die sie den Glauben erwecken will, es sei nicht der Mühe wert, sich mit ihr zu unterhalten. Wenn man aber versteht, nicht immer auf den Inhalt der Worte zu sehen, die ein Mensch sagt, sondern auf den Klang seiner Worte, auf die Art und Weise, wie sie von ihm kommen, dann hörte man einem solchen Menschen dennoch weiter zu. Und wenn er dann aus irgendeinem karmischen Zusammenhang heraus den Eindruck bekam, er solle reden, dann fing er an, vorsichtig zu sprechen, und man entdeckte, daß man eine Art von Weisen in ihm hatte. Aber dasjenige, was er sagte, war nun nicht Sternenweisheit. Das, was er sagte, war auch nicht irdische Weisheit. Es war überhaupt nicht viel von dem in ihm enthalten, was man jetzt Geisteswissenschaft nennt, aber es waren warme Herzensworte, Moralanweisungen weittragender Art, die aber unsentimental vorgebracht wurden, sprichwörtliche Redensarten.

Man konnte hören so etwas wie: Gehen wir zu jenem Baume. Meine Seele kann in die Nadeln hineinkriechen, in die Tannenzapfen hineinkriechen, denn meine Seele ist überall. Wenn sie in die Tannenzapfen und in die Nadeln hineinkriecht, dann schaut sie durch die Tannenzapfen und Nadeln hinaus in die Weltentiefen und Weltenfernen, und dann wird man eins mit der ganzen Welt. Und das ist wahre Frömmigkeit, wenn man so eins wird mit der ganzen Welt. Wo ist Gott? In jedem Tannenzapfen ist Gott. Und wer nicht Gott in jedem Tannenzapfen anerkennt, wer Gott irgendwo anders sucht als in jedem Tannenzapfen, der erkennt den wirklichen Gott nicht. – Ich will nur charakterisieren, wie etwa solche Menschen sprachen, die man auf diese Weise fand, wie ich es geschildert habe. So sprachen solche Menschen. Sie sagten etwa auch: Ja, und dann, wenn man in die Tannenzapfen und in die Nadeln hineinkriecht, dann findet man, wie der Gott sich freut über die Menschen in der Welt. Wenn man aber in das eigene Herz ganz tief hinuntersteigt, in die Abgründe der Innerlichkeit der Menschennatur tief hinuntersteigt, dann findet man auch den Gott, aber dann lernt man ihn erkennen, wie er traurig wird über die Sünden der Menschen.

In solcher Art sprachen diese anspruchslosen Weisen. Eine große Zahl dieser anspruchslosen Weisen hatte gewisse – ich möchte in der heutigen Sprache sagen – Ausgaben der alten Rosenkreuzerfiguren. Sie zeigten sie ebensolchen Menschen, die ihnen so entgegentraten, daß sie sich aussprachen. Aber gerade, wenn über diese Figuren, die in anspruchslosen, recht schlechten Drucken unter diesen Leuten lebten, gesprochen wurde, da entwickelten sich die Gespräche auf eine merkwürdige Art. Manche Menschen waren dann, trotzdem sie Interesse faßten an dem anspruchslosen Weisen, von einer gewissen Neugierde befallen, was diese merkwürdigen Rosenkreuzerbilder eigentlich bedeuteten, fragten, und man bekam dann von diesen als Sonderlinge angesehenen einzelnen Weisen keine rechte, genaue Antwort, sondern nur den Hinweis: Wenn man sich so recht vertieft, dann kann man wie durch ein Fenster durch diese Figuren in die geistige Welt hineinschauen. – Sie beschrieben mehr, was sie an ihnen gefühlsmäßig erleben konnten, als daß sie irgendwelche Deutungen oder Interpretationen der Figuren gaben. Und manchmal konnte man, wenn man solche Aussprüche des Fühlens der Personen bei diesen Figuren schildern gehört hatte, nicht recht zurechtkommen mit Gedanken, denn es waren keine Gedanken, die sie gaben. Aber es hatte eine ungeheuer bedeutende Nachwirkung. Man ging nicht nur mit einer warmen Seele davon, sondern man ging davon mit der Empfindung: Du hast eine Erkenntnis bekommen, die in dir lebt, die du gar nicht in Begriffe bringen kannst.

Und das war einer der Wege neben den andern, die ich Ihnen geschildert habe, wie auf gefühlsmäßige Weise in diesem Zeitalter vom 14., 15. Jahrhundert bis zum Ende des 18. Jahrhunderts Menschlichkeit, Göttlichkeit in weiten Kreisen verkündet und verbreitet worden ist. Man kann nicht ganz sagen, wortlos, man kann aber sagen, ideenlos, jedoch deshalb nicht inhaltlos. Es ist in diesem Zeitalter viel durch Gedankenstummheit zwischen den Menschen verhandelt worden. Und niemand bekommt eigentlich einen rechten Begriff von dem Charakter dieses Zeitalters, der nicht weiß, wieviel in diesem Zeitalter durch Gedankenstummheit, indem die Menschen ihre Seelen gewechselt haben, nicht bloß ihre Worte, bewirkt worden ist.

Beachtenswert ist, daß Rudolf Steiner in diesen Vorträgen den Namen Christian Rosenkreutz nie explizit ausspricht, daß er ihn aber dennoch mit dem Hinweis erwähnt, «daß der große Eingeweihte vom 12. Jahrhundert, dessen Wirkungen ich Ihnen geschildert habe, weiter inspirierend wirkte für all das, was ich heute gekennzeichnet habe, aus der geistigen Welt her. Denn im Grunde genommen ging von ihm und denjenigen, die mit ihm in der geistigen Welt waren, all jene Offenbarung aus, die dann durch die Rosenkreuzerei so zog, wie ich es für die Rosenkreuzerei öfters beschrieben habe.»

Wenn wir genauer hinschauen, dann können wir in den Schilderungen über die Brüderschaft und in der Art ihres Zusammenwirkens auch das Zustandekommen der *Figuren der Rosenkreuzer* erkennen. Am Ende dieser Ausführungen kommt Rudolf Steiner dann nochmals auf die sogenannten *Figuren der Rosenkreuzer* zu sprechen, die er ja bereits in den Neuchâteler Vorträgen besprochen und als direkte Wirkungen des Ätherleibes des Christian Rosenkreutz gekennzeichnet hatte. Dabei ist interessant, daß er über den Menschentyp, der ältere Ausgaben dieser Rosenkreuzertafeln noch besaß und sie einem zeigte, so spricht, wie wenn er einem solchen Menschen selbst begegnet wäre. In dem autobiographischen Vortrag vom 4. Februar 1913[67] erwähnt Rudolf Steiner in diesem Zusammenhang, daß er als junger Student einem solchen weisen Kräuter-

[67] Neu herausgegeben in dem Band *Selbstzeugnisse. Autobiographische Dokumente,* Dornach 2007.

sammler begegnet sei. Er nannte ihn hier nur «Felix», in den Mysteriendramen ist er dargestellt in der Figur des Felix Balde. Spätere Nachforschungen durch Emil Bock[68] ergaben, daß dieser Mann Felix Kogutzki hieß. Dieser besaß, so Rudolf Steiner in jenem Vortrag, eine große Menge esoterisch-okkulter Literatur und habe ihm tiefe Einsichten in die Natur vermittelt, er sei aber nur der Vorbote einer anderen Persönlichkeit gewesen, die er Eduard Schuré gegenüber als «Meister» bezeichnet hat.[69] Dieser Meister habe ihn anhand von Fichtes Philosophie eingeweiht. Es war dies die einzige Meisterbegegnung, über die Rudolf Steiner je gesprochen hat und in der wir wohl eine direkte Quelle für die mündliche Überlieferung rosenkreuzerischer Weisheit an Rudolf Steiner zu sehen haben. Über die Art solcher Unterweisung hat Rudolf Steiner in dem oben S. 224 ff. abgedruckten Vortrag vom 31. Dezember 1923 während der Weihnachtstagung gesprochen.

[68] Vgl. Emil Bock, *Rudolf Steiner. Studien zu seinem Lebensgang und Lebenswerk*, Stuttgart 1990.

[69] Eduard Schuré hatte das Drama von Eleusis rekonstruiert, das dann, durch Marie von Sivers übersetzt und von Rudolf Steiner in rhythmische Verse gebracht, beim Münchner Kongreß aufgeführt wurde. Für eine französische Ausgabe des Buches *Das Christentum als mystische Tatsache* hatte Schuré Steiner um autobiographische Notizen gebeten. Diese haben sich in dem «Document de Barr» von 1907 erhalten und sind ebenfalls in dem Band *Selbstzeugnisse. Autobiographische Dokumente* abgedruckt. Aus dem Zusammenhang der dortigen Schilderung kann man schließen, daß es sich bei dem Meister um Christian Rosenkreutz gehandelt hat, von dem Rudolf Steiner ja im Vortrag vom 27.9.1911 angibt, daß er in der damaligen Gegenwart inkarniert gewesen sei (siehe oben S. 98).

Die Forschungsart der Rosenkreuzer und das Evolutionsgedächtnis der Menschheit

Die nachfolgenden Darstellungen bilden den Abschluß dieser Auswahl von Texten Rudolf Steiners zum Rosenkreuzertum. Sie stehen auch am Ende seines Werkes. Der erste Text schließt unmittelbar an die Darstellung der mittelalterlichen Mysterienstätten an und macht aufmerksam auf die eigentümliche Art der Forschung der Rosenkreuzer während der Zeit der sich entwikkelnden Naturwissenschaften. Diese Eigentümlichkeit besteht darin, daß die übersinnlichen Einsichten noch nicht von einem voll erwachten, geläuterten Denken begleitet werden. So spricht Rudolf Steiner an einer Stelle von «Gedankenstummheit». Erst ihm selber war es dann möglich, das denkende Bewußtsein mit dem Übersinnlichen in Beziehung zu bringen. Und das hängt mit jenem Geistwesen, den er als den Zeitgeist unserer Epoche immer wieder gekennzeichnet hat, mit dem Erzengel Michael zusammen, der seit 1879 regiert. In den hier folgenden Ausführungen berührt Steiner nun erstmals den Zusammenhang der Rosenkreuzer mit Michael. Dessen Mission, das zeigen die Darstellungen Rudolf Steiners vom Jahr 1924, besteht im Wesentlichen darin, das, was ursprünglich «kosmische Intelligenz» war, in seiner Entwicklung bis in die menschliche Intelligenz hinein zu begleiten, ohne dabei mit dem Materiellen in Berührung zu kommen.[70] Michaels Intention ist es, die Intelligenz in den Kosmos zurückzugeleiten, aber in einer durch die Menschen spirituali-

[70] Vgl. dazu Rudolf Steiners Darstellungen in den sogenannten «Karmavorträgen» (GA 235–240) und in seinen «Briefen an die Mitglieder» (in GA 26), die insbesondere dieser «Michael-Mission» gewidmet sind.

sierten Weise. Diese Aufgabe kann die Menschheit nur dann im Sinne Michaels erfüllen, wenn sie sich ihrer Verbindung mit dem Christus-Impuls bewußt wird.

Von dieser Mission wußten auch die Rosenkreuzer, und daher, so die Darstellung Rudolf Steiners, suchten sie besonders die Nähe Michaels. Darin ist die besondere Eigenart ihrer Forschung mitbegründet, bei deren Charakterisierung Steiner wieder auf Christian Rosenkreutz selber zu sprechen kommt. Es ergibt sich nun auch eine Beziehung zu den Aussagen von 1909 hinsichtlich der Vorbereitung der modernen Form des Rosenkreuzertums durch Christian Rosenkreutz (siehe das Kapitel «Die Schulung der Rosenkreuzer»). Dort war davon die Rede, daß Christian Rosenkreutz vorausgesehen hatte, daß ein neues Zeitalter auch neue Formen der Vermittlung der übersinnlichen Erkenntnisse benötigen würde. Wie diese neuen Formen in Anknüpfung an die modernen Naturwissenschaften nun konkret vorbereitet wurden, erfahren wir abschließend in dem nachfolgenden Vortrag.

Die Michael-Periode, in welche die Welt ja schon seit dem letzten Drittel des 19. Jahrhunderts eingetreten ist und in welche die Menschen mit ihrem Bewußtsein immer mehr und mehr werden eintreten müssen, unterscheidet sich von früheren Michael-Perioden ganz beträchtlich. Es ist ja in der Entwicklung der Menschheit auf Erden so, daß in dieses Menschenleben von Zeit zu Zeit die einzelnen von den sieben großen Archangeloi-Geistern eingreifen, so daß nach bestimmten Perioden sich eine solche Weltenlenkung wie die durch Gabriel, Uriel, Raphael, Michael und so weiter wiederholt. Aber unsere Zeitperiode ist doch eine wesentlich andere als die frühere Michael-Periode. Es beruht dies darauf, daß der Mensch seit dem ersten Drittel des 15. Jahrhunderts in einem ganz anderen Verhältnisse zur geistigen Welt steht, als er jemals früher gestanden hat. Und dieses Stehen zur geistigen Welt bedingt auch ein besonderes Verhältnis zu dem das Menschengeschick lenkenden Geist, den man eben mit dem alten Namen Michael bezeichnen kann.

Dasjenige, was ich auch jetzt wieder als das Rosenkreuzertum bezeichnet habe, hat ja, wie ich bemerklich gemacht habe, nach den verschiedensten Seiten hin zur Scharlatanerie getrieben, und das meiste von dem, was auf die Menschheit gekommen ist als Rosenkreuzerei, ist ja eigentlich Scharlatanerie. Aber wie ich in früheren Auseinandersetzungen dargelegt habe, es hat eine solche Individualität gegeben, die man mit dem Namen Christian Rosenkreutz bezeichnen kann und die in gewisser Weise tonangebend ist für die Art und Weise, wie beim Heraufkommen der neueren Menschheitsphase ein erleuchteter Geist, ein erkennender Geist in ein Verhältnis zur geistigen Welt sich setzen kann.

Man möchte sagen, Christian Rosenkreutz war es beschieden, die verschiedensten, denkbar höchsten Fragen, Rätselfragen an das Dasein zu stellen, zu stellen gegenüber früheren Erfahrungen der Menschen in einer ganz neuen Weise. Denn während das Rosenkreuzertum heraufkam und mit dem, was man später faustisches Streben nannte, mit faustischem Streben nach der geistigen Welt hin den Menschensinn lenkte, kam ja auf der anderen Seite die abstrakte und naturalistische Wissenschaft herauf. Und anders standen die – allerdings durchaus selbstverständlich anerkennenswerten – Träger dieser neueren Geistesrichtung, ein Galilei, ein Giordano Bruno, ein Kopernikus, ein Kepler zur Welt als diejenigen, die nicht bloß eine formell-abstrakte, sondern eine wahre Erkenntnis der Dinge bewahren wollten. Denn die letzteren merkten an ihrem ganzen Menschensein, wie die Zeit und damit das Verhältnis der Götter zur Menschheit anders geworden war.

Man kann sagen, bis ins 12., 13. Jahrhundert herein noch rudimentär, aber bis ins 4. nachchristliche Jahrhundert herein ganz deutlich konnte der Mensch reale Erkenntnisse über die geistige Welt aus sich heraus schöpfen. Der Mensch konnte, indem er diejenigen Übungen durchmachte, die die Übungen der alten Mysterien waren, aus sich heraus die Geheimnisse des Daseins schöpfen. Und es war wirklich für diese ältere Menschheit so, daß die Eingeweihten das, was sie der Menschheit zu sagen hatten, aus den Tiefen ihrer Seele an die Oberfläche ihres Denkens, ihrer Ideenwelt zogen. Sie hatten das Bewußtsein, daß sie ihre Erkenntnisse aus dem Inneren der Menschenseele heraus schöpften.

Die Übungen, die durchgemacht wurden, gingen ja darauf hin, das Menschengemüt im stärksten Maße zu erschüttern, dem Menschengemüte Erfahrungen beizubringen, die man im gewöhnlichen Leben nicht macht. Dadurch wurden gewissermaßen die Geheimnisse der Götterwelt aus dem menschlichen Inneren herausgeholt. Aber der Mensch kann nicht die Geheimnisse, die er aus sich herausholt, indem er sie aus sich herausholt, auch schauen. Und auch während des alten instinktiven Hellsehens hat man ja die Geheimnisse der Welt geschaut, geschaut in Imagination, schauend gehört in Inspiration, man hat sich mit ihnen verbunden in Intuition – aber das alles ist nicht möglich, wenn der Mensch gewissermaßen bloß allein dasteht. Es ist das ebensowenig möglich, wie ich ein Dreieck zeichnen kann, wenn ich keine Tafel habe. Das Dreieck, das ich auf die Tafel zeichne, das versinnlicht mir dasjenige, was ich rein geistig in mir habe. Also das ganze Dreieck, alle Gesetze des Dreiecks sind in mir, aber ich zeichne das Dreieck auf die Tafel; dadurch bringe ich mir dasjenige, was eigentlich in mir ist, nahe. Nun, das ist eine äußere Zeichnerei. Wenn es sich darum handelt, reale Erkenntnisse nach Art der alten Mysterien aus dem Menschen heraus zu schaffen, dann müssen diese Erkenntnisse in gewissem Sinne irgendwo hingeschrieben werden. Sie müssen nämlich eingetragen werden, damit sie geschaut werden können, in das von alters her so genannte Astrallicht, in die feine Substantialität des Akasha.[71] Da muß alles hineingeschrieben werden. Aber man muß diese Fähigkeit entwickeln können, in das Astrallicht hineinzuschreiben.

Und diese Fähigkeit hing im Laufe der Menschheitsentwicklung von verschiedenerlei ab. Ich will zunächst von ganz alten Zeiten absehen. Von der ersten nachatlantischen Epoche, der urindischen, will ich absehen, da war die Sache etwas anders. Aber ich will mit der urpersischen Epoche beginnen, in dem Sinne, wie ich sie in meinem «Umriß einer Geheimwissenschaft»[72] beschrieben habe. Da gab es instinktives Hellsehen, da gab es Erkenntnisse über die göttlich-geistige Welt, und sie konnten dadurch ins Astrallicht hineingeschrieben werden, so daß der Mensch sie auch schauen konnte, dadurch daß die Erde, die feste Erde, einen Widerstand gab. Das Schreiben geschieht natürlich mit den Geistorganen, aber die Geistorgane brauchen einen Widerstand. Nicht auf die Erde wird selbstverständlich dasjenige geschrieben, was in dieser Weise geschaut wird, in das astralische Licht wird es geschrieben, aber die Erde bildet einen entsprechenden Widerstand. Und dadurch, daß der Widerstand der Erde in der urpersischen Epoche von den Erkennenden gefühlt werden konnte, dadurch waren in ihnen die Erkenntnisse, die sie aus ihrem Innern schöpften, auch zu Schauungen geworden.

In der nächsten Epoche, in der ägyptisch-chaldäischen Epoche, konnte alles, was an Erkenntnissen von den Eingeweihten aus der Seele heraus geschöpft wurde, durch

[71] Vgl. Anm. 26, S. 69.

[72] GA 13.

das flüssige Element in das Astrallicht eingeschrieben werden. Sie müssen sich das jetzt nur richtig vorstellen. Der Eingeweihte der urpersischen Epoche schaute auf die feste Erde hin, und überall, wo Pflanzen waren, wo Steine waren, spiegelte ihm das Astrallicht seine eigene Anschauung zurück. Der Eingeweihte der ägyptisch-chaldäischen Epoche schaute ins Meer, in den Fluß, er schaute auch in den herabströmenden Regen, in den aufsteigenden Nebel. Er sah, wenn er in den Fluß, wenn er in das Meer sah, die dauernden Geheimnisse. Diejenigen Geheimnisse, die sich auf Vergängliches beziehen, auf das Schaffen der Götter im Vergänglichen, die schaute er in dem herabströmenden Regen, in dem aufsteigenden Nebel. Sie müssen nur durchaus sich bekannt machen mit der Vorstellung, daß jene prosaisch nüchterne Art, wie wir heute Regen und Nebel wahrnehmen, nicht die der Alten war. Den Alten sagten Regen und Nebel viel; sie enthüllten ihnen die Geheimnisse der Götter.

Und in der griechisch-lateinischen Periode, da waren die Schauungen wie eine Fata Morgana in der Luft. Der Grieche sah auch seinen Zeus, seine Götter im Astrallichte, aber er hatte das Gefühl, daß das Astrallicht ihm die Götter spiegelte unter den entsprechenden Umständen. Daher versetzte er seine Götter an Orte, an denen eben die Luft in entsprechender Weise einen Widerstand für die Einschreibungen in das Astrallicht bieten konnte. Und so blieb es bis ins 4. nachchristliche Jahrhundert.

Es waren durchaus sogar unter den ersten Kirchenvätern, namentlich den griechischen Vätern, viele – das kann sogar noch aus ihren Schriften nachgewiesen werden –, welche diese Fata Morgana der eigenen Schauungen durch den Widerstand der Luft im Astrallichte schauten, welche also eine klare Erkenntnis davon hatten, daß aus dem Menschen heraus durch die Natur sich das göttliche Wort, der Logos, offenbarte. Dann nur wurde das immer schwächer und schwächer. Und Nachklänge waren noch vorhanden bei einigen besonders begnadeten Menschen bis ins 12., 13. Jahrhundert herein. Als aber die abstrakte Erkenntnis kam, als die Zeit kam, in der die Menschen nur angewiesen waren auf die logische Gedankenfolge und dasjenige, was sich aus der Sinnesbeobachtung ergibt, da boten nicht Erde und nicht Wasser und nicht Luft einen Widerstand für das Astrallicht, sondern einzig und allein das Element des Wärmeäthers.

Sehen Sie, das wissen natürlich diejenigen nicht, die ganz in abstrakten Gedanken aufgehen, daß diese abstrakten Gedanken doch auch eingeschrieben werden ins Astrallicht. Sie werden es. Aber indem sie eingeschrieben werden, bietet für sie einzig und allein das Element des Wärmeäthers das Widerstehende.

Nun ist folgendes der Fall. Erinnern wir uns, daß in der urpersischen Epoche die Menschen die feste Erde als Widerlage hatten, um die Eintragungen ins Astrallicht zu sehen. Dasjenige, was in solcher Weise im Astrallichte enthalten ist, daß die feste Erde die Widerlage bietet, das strahlt weiter. Aber es strahlt nur bis zur Mondensphäre. Weiter geht es nicht. Von da aus strahlt es wieder zurück, so daß es sozusagen bei der Erde bleibt. Man sieht die Geheimnisse sich spiegeln durch die Erde. Sie bleiben, weil die Mondensphäre drückt. Gehen wir nach der ägyptisch-chaldäischen Periode: Das Wasser auf der Erde spiegelt; dasjenige, was da gespiegelt wird, geht bis zur Saturnsphäre. Die drückt; dadurch ist die Möglichkeit vorhanden, daß der Mensch mit seinen Schauungen auf der Erde zusammen bleibt.

Gehen wir in die griechisch-lateinische Periode, also noch bis ins 12., 13. Jahrhundert, so waren die Schauungen im Astrallicht durch die Luft eingetragen. Das geht eigentlich bis zum Ende der Weltensphäre, dann kehrt es um. Es ist am flüchtigsten, es ist am undichtesten, aber es ist doch noch so, daß der Mensch vereinigt bleibt mit seinen Schauungen. Die Eingeweihten aller dieser Zeiten konnten jederzeit sich sagen: Dasjenige, was wir als Schauung gehabt haben durch Erde, Wasser, Luft, das ist da, das gibt es. – Als aber jetzt die neueste Zeit kam, da war nur das Element des Wärmeäthers noch das Widerstehende. Aber das Element des Wärmeäthers trägt alles das, was in es eingeschrieben wird, in die Weltenweiten hinaus, aus dem Raume hinaus in die geistigen Welten hinein. Es ist nicht mehr da.

Und es ist schon so: Wenn Sie den allerpedantischsten Professor heute sehen, der Ideen hat – Ideen muß er allerdings haben, das müßte ja immer erst untersucht werden im einzelnen Falle, weil er sie sehr selten hat –, aber wenn er Ideen hat, sind sie durch den Wärmeäther im Astrallicht eingetragen. Aber der Wärmeäther ist etwas Flüchtiges, Verfließendes. Alles geht gleich durcheinander. Die Dinge gehen hinaus in die Weltenweiten.

Solch eine Persönlichkeit wie Christian Rosenkreutz wußte um die Tatsache, daß die Eingeweihten der alten Zeiten mit ihren Schauungen zusammengelebt haben, daß sie sich dasjenige, was sie geschaut hatten, dadurch bekräftigt haben, daß sie wußten: Es ist da, es reflektiert sich irgendwo am Himmel, sei es in der Monden-, sei es in der Planetensphäre, sei es am Weltenall-Ende. Es reflektiert sich. – Nun reflektierte sich nichts. Nichts reflektierte sich für das unmittelbare wache Anschauen. Die Leute konnten jetzt Ideen finden über die Natur, das Kopernikanische Weltensystem konnte entstehen, alle Ideen konnten gefunden werden: sie versprühen im Wärmeäther in die Weltenweiten hinaus.

Da kam es denn, daß Christian Rosenkreutz auf die Eingebung eines höheren Geistes den Weg fand, doch nun die Rückstrahlung wahrzunehmen, trotzdem es sich handelte um Rückstrahlung durch den Wärmeäther.

Das geschah dadurch, daß andere dumpfe, unterbewußte, schlafähnliche Zustände des Bewußtseins zu Hilfe genommen wurden, Zustände, in denen der Mensch auch normalerweise außer seinem Leibe ist. Da konnte man wahrnehmen, daß zwar nicht im Raume, aber doch in der Welt, in der geistigen Welt das eingeschrieben ist, was mit den modernen abstrakten Ideen über die Dinge erkundet wird. Und so stellte sich für die Rosenkreuzerei das Merkwürdige heraus, daß wie in einem Übergangsstadium diese Rosenkreuzer sich bekannt machten mit allem, was über die Natur in der Zeitepoche erforscht werden konnte. Das nahmen sie in sich auf, verarbeiteten es so, wie nur ein Mensch es verarbeiten kann. Sie hatten wirklich dasjenige, was die anderen nur zur Wissenschaft machten, bis zur Weisheit getrieben. Dann bewahrten sie es in ihrer Seele und versuchten, in einer möglichsten Reinheit nach intimen Meditationen hinüberzuschlafen. Und dann geschah es, daß ihnen die geistig-göttlichen Welten – nicht das Weltenende, aber die geistig-göttlichen Welten – zurückbrachten dasjenige, was in abstrakten Ideen erfaßt wurde, in einer geistig konkreten Sprache.

In Rosenkreuzerschulen wurde schon das Kopernikanische Weltensystem gelehrt; aber in besonderen Bewußtseinszuständen kamen die Ideen desselben so zurück, wie ich es in diesen Tagen hier erklärt habe. So daß in der Tat gerade von den Rosenkreuzern eingesehen wurde, daß dasjenige, was man zunächst in der modernen Erkenntnis erhält, erst gewissermaßen den Göttern entgegengetragen werden muß, damit sie es in ihre Sprache umsetzen und es den Menschen wiedergeben.

Daß das sein kann, ist ja bis in die Gegenwart geblieben. Denn es ist so, meine lieben Freunde: Studieren Sie heute, indem Sie von dem hier gemeinten rosenkreuzerischen Initiationsprinzip berührt worden sind, den Haeckelismus mit all seinem Materialismus, studieren Sie ihn, und lassen Sie sich durchdringen von dem, was Erkenntnismethoden sind nach *Wie erlangt man Erkenntnisse der höheren Welten?:* Was Sie in Haeckels *Anthropogenie* über die menschlichen Vorfahren in einer Sie vielleicht abstoßenden Weise lernen, lernen Sie es in dieser abstoßenden Weise, lernen Sie alles dasjenige darüber, was man durch äußere Naturwissenschaft lernen kann, und tragen Sie das dann den Göttern entgegen, und Sie bekommen dasjenige, was in meinem Buche *Geheimwissenschaft* über die Evolution erzählt ist. Das ist, sehen Sie, der Zusammenhang zwischen dem schwachen, matten Wissen, das der Mensch mit seinem physischen Leibe hier erwerben kann, und dem, was ihm mit der gehörigen Gesinnung, mit der gehörigen Vorbereitung durch dieses Gelernte die Götter geben können. Aber der Mensch muß ihnen dasjenige, was er auf der Erde lernen kann, entgegenbringen, denn die Zeiten sind eben andere geworden.

Noch ein anderes ist ja eingetreten. Heute kann ein Mensch so viel er will streben: so aus sich heraus schöpfen, wie es die alten Eingeweihten getan haben, kann er nicht mehr. Es gibt die Seele nicht in derselben Weise noch etwas her, wie sie es hergegeben hat dem alten Eingeweihten. Das wird alles unrein, das wird alles von Instinkten durchdrungen, wie es bei den spiritistischen Medien zutage tritt, wie es auch sonst in krankhaften, pathologischen Zuständen zutage tritt. Dasjenige, was nur aus dem Innern kommt, das wird alles unrein, denn die Zeit für dieses Aus-dem-Innern-Schöpfen ist vorüber. Sie war schon vorüber mit dem 12., 13. Jahrhundert, denn es ist so, daß man das, was geschehen ist, annähernd in folgender Art ausdrücken kann.

Die Eingeweihten der urpersischen Epoche haben ja vieles in das Astrallicht mit Hilfe des Widerstandes der Erde hineingeschrieben. So war denn, als der erste Eingeweihte der urpersischen Epoche auftrat, eigentlich das ganze für die Menschen bestimmte Astrallicht wie eine unbeschriebene Tafel. Wie gesagt, ich werde später noch sprechen von der urindischen Epoche, aber ich will heute nur bis zu der urpersischen zurückkehren. Es war die ganze Natur, alle Elemente, Festes, Flüssiges, Luftförmiges, Wärmeartiges eine unbeschriebene Tafel. Nun schrieben die Eingeweihten der urpersischen Epoche so viel auf diese Tafel, als man schreiben kann durch den Widerstand der Erde. Da waren zunächst die von den Göttern an die Menschen kommen sollenden Geheimnisse in das Astrallicht hineingeschrieben. Die Tafel war bis zu einem gewissen Maße beschrieben, zu einem anderen Maße noch leer. Es konnten die Eingeweihten der ägyptisch-chaldäischen Epoche kommen und konnten auf ihre Art weiterschreiben, indem sie ihre Schauungen durch den Widerstand des Wassers erlangten. Ein anderer Teil der Tafel wurde beschrieben.

Es kamen die griechischen Eingeweihten. Sie beschrieben den dritten Teil der Tafel. Nun ist die Naturtafel vollgeschrieben. Sie war mit dem 13., 14. Jahrhundert ganz vollgeschrieben. Man fing an, in den Wärmeäther hineinzuschreiben. Der aber versprüht. Man schrieb eine Zeitlang in den Wärmeäther hinein, bis ins 19. Jahrhundert herein. Man ahnte gar nicht, daß das auch im Astrallichte steht. Aber jetzt ist die Zeit, wo die Menschen einsehen müssen: Nicht aus sich heraus im alten Sinne können sie die Geheimnisse der Welt finden, sondern dadurch, daß sie ihr Gemüt so vorbereiten, daß sie nun das, was schon ganz vollgeschrieben ist auf der Tafel, nun lesen können. Dazu muß man sich heute vorbereiten, dazu muß man sich heute reif machen, daß man nicht aus sich heraus schöpft wie die alten Eingeweihten, sondern daß man im Astrallichte lesen kann, was darinnen steht. Dann wirkt inspirierend gerade dasjenige, was man aus dem Wärmeäther heraus bekommt. Und dann wirkt das, was man aus dem Wärmeäther bekommt, dadurch, daß einem die Götter entgegenkommen und einem in der Realität entgegentragen, was man sich hier auf der Erde erarbeitet hat, dann wirkt es wiederum zurück auf dasjenige, was auf der geschriebenen Tafel steht durch Luft, Wasser, Erde.

Und so ist tatsächlich heute die Naturwissenschaft die Grundlage für das Schauen. Lernt man erst durch Naturwissenschaft die Eigentümlichkeiten von Luft, Wasser, Erde kennen und erlangt man die inneren Fähigkeiten, dann strömt heraus, indem man schaut in das Luftige, in das Wäßrige, indem man schaut in das Erdige, es strömt heraus das Astrallicht. Aber es strömt nicht heraus wie ein unbestimmter Nebel, es strömt so heraus, daß man die Geheimnisse des Weltendaseins und des Menschenlebens drinnen lesen kann. Was lesen wir denn?

Wir lesen heute als Menschheit dasjenige, was wir selber hineingeschrieben haben. Denn was heißt denn das: die alten Griechen, die alten ägyptisch-chaldäischen, die alten persischen Menschen haben es eingeschrieben? Das heißt ja: Wir selber haben es hineingeschrieben in unseren früheren Erdenleben.

Sehen Sie, geradeso wie unser Gedächtnis, unser inneres Gedächtnis für die gewöhnlichen Dinge, die wir im Erdenleben erfahren, uns bewahrend ist, so ist es das astralische Licht mit dem, was wir hineingeschrieben haben, was um uns herum sich ausbreitet, was eine beschriebene Tafel darstellt mit Bezug auf die Geheimnisse, die wir selber hineingeschrieben haben. Das ist zugleich dasjenige, was wir lesen müssen, wenn wir wiederum auf die Geheimnisse kommen wollen. Es ist eine Art von Evolutionsgedächtnis, das da auftreten muß in der Menschheit. Und es muß allmählich ein Bewußtsein davon entstehen, daß ein solches Evolutionsgedächtnis da ist, daß eigentlich heute die Menschheit in bezug auf ihre früheren Kulturepochen im Astrallichte so lesen muß, wie wir im späteren Alter in unserer Jugend lesen durch unser gewöhnliches Gedächtnis. Weil dies zum Bewußtsein der Menschen kommen soll, habe ich gerade die Vorträge, die ich während der Weihnachtszeit hier gehalten habe, so gehalten, daß Sie daran sehen konnten: Es handelt sich wirklich darum, Geheimnisse, die wir heute brauchen, aus dem Astrallichte heraus zu holen. – Es ist also die alte Einweihung wesentlich auf das Subjektive gegangen. Die neue Einweihung geht auf das Objektive. Das ist der große Unterschied. Denn das Subjektive ist alles in die äußere Welt hineingeschrieben, was Götter in den Menschen hineingeheimnißt haben. Was sie hineingeheimnißt haben in seinen Empfindungsleib, es ist herausgekommen während der urpersischen Epoche. Was sie hineingeheimnißt haben in seine Empfindungsseele, es ist herausgekommen während der ägyptisch-chaldäischen Periode. Was sie hineingeheimnißt haben in seine Gemüts- oder Verstandesseele, es ist herausgekommen während der griechischen Epoche. Aber die Bewußtseinsseele, die wir nun entwickeln sollen, sie ist selbständig, sie setzt nichts mehr aus sich heraus. Aber sie steht gegenüber demjenigen, was schon da ist. Wir müssen als Menschen unsere Menschheit im Astrallichte wiederfinden.

Das ist das Eigentümliche der Rosenkreuzerei, daß diese Rosenkreuzerei in einer Übergangszeit dabei stehenbleiben mußte, in gewisse traumhafte Zustände hineinzukommen und gewissermaßen die höhere Wahrheit desjenigen zu träumen, was die Wissenschaft nüchtern hier in der Natur findet. Das ist aber das Eigentümliche seit dem Beginn der Michael-Epoche, seit dem Ende der siebziger Jahre im letzten Drittel des 19. Jahrhunderts, daß dasselbe, was während der alten Rosenkreuzerzeit in der geschilderten Weise erreicht worden war, nun in bewußter Weise erreicht werden kann. So daß man heute sagen kann: Es braucht nicht mehr jenen anderen Zustand, der halbbewußt ist, aber es braucht einen höheren bewußten

Zustand. Und dann, dann kann man mit den Naturerkenntnissen, die man sich erwirbt, hineintauchen in die höhere Welt, und das, was man sich als Naturerkenntnis erworben hat, das taucht einem entgegen aus der höheren Welt; indem man das ins Astrallicht Eingeschriebene wieder liest, taucht es einem entgegen in geistiger Realität. Und das, was man da tut, daß man hinausträgt in eine geistige Welt die hier errungenen Naturerkenntnisse oder auch die Schöpfungen der naturalistischen Kunst oder auch die Empfindungen der naturalistisch im Innern der Seele wirkenden Religion – denn im Grunde ist ja auch die Religion naturalistisch geworden –, indem man das alles hinaufträgt, begegnet man in der Tat, wenn man die Fähigkeiten dazu entwickelt, Michael. Und so kann man sagen: Die Rosenkreuzerei ist dadurch gekennzeichnet, daß ihre erleuchtetsten Geister eine starke Sehnsucht hatten, Michael zu begegnen. Sie konnten es nur wie im Traume. Seit dem Ende des letzten Drittels des 19. Jahrhunderts können die Menschen in bewußter Weise dem Geiste Michael begegnen.

Man schaut tief in das Charakteristische dieser Zeit hinein,[73] wenn man den Kardinal Nicolaus Cusanus ins Auge faßt. (Man lese über ihn in meinem Buche *Die Mystik im Aufgange des neuzeitlichen Geisteslebens.*) Seine Persönlichkeit ist wie eine Merksäule der Zeit. Er möchte Ansichten zur allgemeinen Geltung bringen, die die Mißstände der physischen Welt nicht in schwarmgeistigen Tendenzen bekämpfen, sondern durch den gesunden Menschensinn das, was aus dem Geleise gekommen ist, wieder in dieses zurückführen. Man sehe sein Wirken auf dem Basler Konzil und auch sonst innerhalb seiner kirchlichen Gemeinschaft; und man wird dieses bemerken.

[73] Rudolf Steiner meint hier das ausgehende Mittelalter.

Ist der Cusaner damit dem Umschwung der Entwicklung mit der Entfaltung der Bewußtseinsseele voll zugeneigt, so sieht man ihn andrerseits Anschauungen offenbaren, die Michaels Kräfte in leuchtender Art an sich zeigen. Er stellt in seine Zeit die guten alten Ideen hinein, die den Menschenseelensinn zur Entfaltung von Fähigkeiten für das Wahrnehmen der wesenhaften Intelligenzen im Kosmos führten, als Michael noch die Welt-Intellektualität verwaltete. Die «gelehrte Unwissenheit», von der er spricht, ist ein über dem auf die Sinneswelt gerichteten Wahrnehmen gelegenes Begreifen, das das Denken über die Intellektualität – das gewöhnliche Wissen – hinaus in eine Region führt, wo – im Unwissen – dafür aber im erlebenden Schauen das Geistige erfaßt wird.

So ist der Cusaner diejenige Persönlichkeit, die in dem eigenen Seelenleben die Störung des kosmischen Gleichgewichtes durch Michael empfindend intuitiv möglichst viel dazu beitragen möchte, daß diese Störung zum Heile der Menschheit hin orientiert werde.

Zwischen dem, was auf diese Art geistig zutage trat, lebte im Verborgenen ein anderes. Einzelne Persönlichkeiten, die Sinn und Verständnis für die Stellung der Michael-Kräfte im Weltenall hatten, wollten die Kräfte ihrer Seele so zubereiten, daß sie den bewußten Zugang zu dem an den Erdbereich angrenzenden Geistbereich fanden, in dem Michael seine Anstrengungen für die Menschheit macht.

Sie suchten sich die Berechtigung zu diesem geistigen Unterfangen dadurch zu erwerben, daß sie äußerlich im Leben beruflich und auch sonst sich so verhielten, daß ihr Dasein von dem anderer Menschen nicht zu unterscheiden war. Dadurch, daß sie so gegen das Irdische im ganz gewöhnlichen Sinne ihre Pflichten in Liebe vollführten, konnten sie das Innere ihres Menschentums frei dem gekennzeichneten Geistigen zuwenden. Was sie nach dieser Richtung taten, war ihre und derjenigen Sache, mit denen sie sich «im Geheimen» verbanden. Die Welt wurde mit Bezug auf das, was im Physischen geschah, zunächst scheinbar gar nicht von diesem Geiststreben berührt. Doch war dies alles notwendig, um die Seelen in die nötige Verbindung mit der Michael-Welt zu bringen. Es handelte sich nicht um «Geheimgesellschaften» in irgendeinem schlimmen Sinne, nicht um irgend etwas, das das Verborgene aufsucht, weil es das Licht des Tages scheut. Es handelte sich vielmehr um das Zusammenfinden von Menschen, die in diesem Zusammenfinden sich überzeugen, daß, wer zu ihnen gehört, ein rechtes Bewußtsein der Michael-Mission hat. Die so Zusammenarbeitenden sprechen dann nicht von ihrer Arbeit vor denen, die durch Verständnislosigkeit nur ihre Aufgaben stören könnten. Diese Aufgaben lagen ja zunächst in dem Wirken in Geistesströmungen, die nicht innerhalb des irdischen Lebens verlaufen, sondern in der angrenzenden Geist-Welt, die aber in das irdische Leben ihre Impulse hineinwerfen.

Es ist damit auf die Geist-Arbeit von Menschen verwiesen, die innerhalb der physischen Welt stehen; aber die mit Wesen der Geist-Welt zusammenwirken; mit Wesen, die selbst nicht die physische Welt betreten, sich nicht in derselben verkörpern. Was – recht wenig tatsachengemäß – als die «Rosenkreuzer» vor der Welt genannt wird, darauf ist hier verwiesen. Das wahre Rosenkreuzertum liegt durchaus in der Linie der Wirksamkeit der Michael-Mission. Es half Michael auf der Erde vorzubereiten, was er als seine Geistarbeit für ein späteres Zeitalter vorbereiten wollte.

Was damit geschehen konnte, wird man ermessen, wenn man den Sinn auf das Folgende lenkt.

Die Schwierigkeiten, ja Unmöglichkeiten Michaels, in Menschenseelen hineinzuwirken, die charakterisiert worden sind, hängen damit zusammen, daß er selbst mit seinem Wesen in keinerlei Berührung mit der physischen Gegenwart des Erdenlebens kommen will. Er will in den Kräftezusammenhängen verbleiben, die für Geister seiner Art und für Menschen *in der Vergangenheit* bestanden haben. Jede Berührung mit dem, womit als im gegenwärtigen physischen Erdenleben der Mensch in Berührung kommen *muß, könnte* Michael nur als eine Verunreinigung seiner Wesenheit betrachten. Nun wirkt ja im gewöhnlichen Menschenleben das geistige Erleben der Seele in das physische Erdenleben herein und umgekehrt, dieses wirkt auf jenes zurück. Ein Zurückwirken, das sich namentlich in der Stimmung des Menschen und in der Orientierung auf irgend etwas Irdisches hin zum Ausdruck bringt. Ein derartiges Ineinanderwirken ist in der Regel – nicht immer – insbesondere bei den Persönlichkeiten der Fall, die in der Öffentlichkeit stehen. Daher waren die Hemmungen für Michaels Wirken bei manchen Reformatoren wirklich sehr groß.

Das Schwierige von dieser Seite bezwangen die Rosenkreuzer dadurch, daß sie ihr äußeres Leben im Sinne der Erdenpflichten ganz abseits hielten von ihrem Arbeiten mit Michael. Wenn dieser mit seinen Impulsen auf das aufstieß, was ein Rosenkreuzer in seiner Seele für ihn zubereitete, so fand er sich in keiner Weise der Gefahr ausgesetzt, auf Irdisches aufzutreffen. Denn dies ward ja eben von dem, was den Rosenkreuzer mit Michael verband, durch die besonders hergestellte Seelenverfassung ferngehalten.

Dadurch bildete *für Michael* das echte Rosenkreuzerwollen den auf der Erde befindlichen Weg zu *seiner* kommenden Erden-Mission.

Durch diese Darstellung läßt Rudolf Steiner noch einmal deutlich werden, daß das wahre Rosenkreuzertum auch dazu diente, die Wirksamkeit der Anthroposophie vorzubereiten, und daß sich die Anthroposophie als die wahre Fortsetzerin dieses Wirkens versteht.

Dieses Wirken benötigt heute im Zeichen der voll erwachten Intellektualität nun keine Geheimhaltung mehr, es möchte aber denselben Zielen dienen, nämlich die intellektuellen Kräfte des Menschen zu spiritualisieren durch ihre Durchdringung mit dem Christus-Impuls. Dabei wird gewissermaßen das, was Rudolf Steiner als Evolutionsgedächtnis der Menschheit bezeichnet, wiedergefunden und erneuert. Hier schließt sich der Kreis zu jenen Darstellungen über die Sphäre des Heiligen Geistes (siehe Kapitel «Das rosenkreuzerische Zusammenwirken von Lebenden und Verstorbenen»), die sich aus den durchchristeten Ätherleibern der Lebenden und der Verstorbenen heraus zu bilden beginnt.

In der Grabkammer des Christian Rosenkreutz, wie sie in der *Fama Fraternitatis* beschrieben ist, hatten auf einer Messingplatte die Worte gestanden: «Jesu mihi omnia» (Jesus ist mir alles). Rudolf Steiner hat durch die Beschreibung der Einweihung des Christian Rosenkreutz und dessen durch das Nacherleben des Ereignisses von Damaskus besonders konservierten Ätherleibes die intime Nähe dieses gewaltigen Geistes zum Christus-Impuls deutlich zum Ausdruck gebracht. Bei der Neubegründung der Anthroposophischen Gesellschaft, die zugleich eine Neubegründung der christlichen Mysterien darstellte, stand deshalb das alte dreigliedrige Rosenkreuzerwort im Mittelpunkt des in mantrischer Form gegebenen Grundsteinspruches. Es umfaßt wie *in nuce* alles, was das Streben der Rosenkreuzer auszeichnet, und weist den Menschen von seiner kosmischen Vergangenheit über seine Entwicklungsmöglichkeit in der irdischen Gegenwart auf eine vom ihm selbst zu gestaltende kosmische Zukunft hin. Mit der von Rudolf Steiner stammenden deutschen Übertragung dieser Rosenkreuzer-Worte soll diese Auswahl seiner Texte zum Rosenkreuzertum beschlossen werden.[74]

Aus dem Göttlichen weset die Menschheit.
In dem Christus wird Leben der Tod.
In des Geistes Weltgedanken erwachet die Seele.

[74] Der Grundsteinspruch wurde zu Beginn der Weihnachtstagung am 25. 12. 1923 von Rudolf Steiner als die eigentliche Grundsteinlegung der neu begründeten Anthroposophischen Gesellschaft gesprochen (siehe dazu GA 260). Die deutsche Fassung der darin lateinisch zitierten Rosenkreuzerworte stammt aus dem Bericht Rudolf Steiners über die Weihnachtstagung, den er am 13. 1. 1924 in der Wochenschrift *Das Goetheanum* veröffentlichte.

Quellenverzeichnis

Erwähnte und zitierte Bände der Rudolf Steiner Gesamtausgabe (GA), Rudolf Steiner Verlag, Dornach:

3 Wahrheit und Wissenschaft
Vorspiel eine «Philosophie der Freiheit»
4 Die Philosophie der Freiheit
7 Die Mystik im Aufgange des neuzeitlichen Geisteslebens und ihr Verhältnis zur modernen Weltanschauung
9 Theosophie. Einführung in übersinnliche Welterkenntnis und Menschenbestimmung
10 Wie erlangt man Erkenntnisse der höheren Welten?
11 Aus der Akasha-Chronik
13 Die Geheimwissenschaft im Umriß
26 Anthroposophische Leitsätze – Das Michaelmysterium
34 Lucifer – Gnosis
35 Philosophie und Anthroposophie
55 Die Erkenntis des Übersinnlichen in unserer Zeit
57 Wo und wie findet man den Geist?
93 Die Tempellegende und die Goldene Legende
94 Kosmogonie
98 Natur- und Geistwesen – ihr Wirken in unserer sichtbaren Welt
99 Die Theosophie des Rosenkreuzers
100 Menschheitsentwickelung und Christus-Erkenntnis
109/111 Das Prinzip der spirituellen Ökonomie im Zusammenhang mit Wiederverkörperungsfragen
112 Das Johannes-Evangelium im Verhältnis zu den drei anderen Evangelien
114 Das Lukas-Evangelium
123 Das Matthäus-Evangelium

130	Das esoterische Christentum und die geistige Führung der Menschheit
131	Von Jesus zu Christus
139	Das Markus-Evangelium
141	Das Leben zwischen dem Tode und der neuen Geburt
167	Gegenwärtiges und Vergangenes im Menschengeiste
175	Bausteine zu einem Verständnis des Mysteriums von Golgatha
177	Die spirituellen Hintergründe der äußeren Welt
232	Mysteriengestaltungen
233	Die Weltgeschichte in anthroposophischer Beleuchtung
233a	Mysterienstätten des Mittelalters – Rosenkreuzertum und modernes Einweihungsprinzip
235–240	Esoterische Betrachtungen karmischer Zusammenhänge
265	Zur Geschichte und aus den Inhalten der erkenntniskultischen Abteilung der Esoterischen Schule 1904 bis 1914
266/2	Aus den Inhalten der esoterischen Stunden. Band II: 1910–1912
266/3	Aus den Inhalten der esoterischen Stunden. Band III: 1913 und 1914, 1920–1923
284	Bilder okkulter Siegel und Säulen. Der Münchner Kongreß Pfingsten 1907 und seine Auswirkungen

Rudolf Steiner, *Selbstzeugnisse. Autobiographische Dokumente*, herausgegeben von Walter Kugler. Dornach 2007.

Nachweise

Seite

18 *Was hier vorgebracht werden soll:* Vortrag 22. Mai 1907, GA 99, S. 11–14.

22 *Wir wissen, daß die Rosenkreuzer-Einweihung:* Vortrag 6. Oktober 1911, GA 131, S. 57–62.

28 *So dringen ganz sporadisch:* A.a.O., S. 64 f.

30 *die wahre, echte Rosenkreuzerei ist:* GA 55, S. 177.

31 *Sie wissen, daß Theosophie dasjenige ist:* Vortrag 3. Juni 1909, GA 109, S. 155–159.

37 *Nun möchte ich Ihnen zwei charakteristische Dinge angeben:* Vortrag 22. Mai 1907, GA 99, S. 14–19.

42 *Die äußere Welt ist immer wieder hingewiesen worden:* Vortrag 14. März 1907, GA 55, S. 176–206.

44 *Geheimnisvoll am lichten Tag:* Goethe, *Faust I*, «Nacht».

45 *die Welt im Innersten zusammenhält:* A.a.O.

56 *In Lebensfluten, im Tatensturm:* A.a.O.

72 *Und solang du das nicht hast:* Aus Goethes Gedicht *Selige Sehnsucht.*

Von der Gewalt, die alle Wesen bindet: Aus Goethes Gedicht Die Geheimnisse.

73 *Es soll nur ein Beispiel der inneren Versenkung:* GA 13, S. 309–314.

78 *So waren im elften bis dreizehnten Jahrhundert:* Vortrag 6. Mai 1909, GA 57, S. 437–441.

85 *Es erfüllt mich mit tiefer Befriedigung:* Vortrag 27. September 1911, GA 130, S. 57–68.

101 *Untersuchen wir jetzt die Situation des Menschen:* Vortrag 7. Juni 1906, GA 94, S. 75 f.

105 *Ich habe mich seit meinem achtzehnten, neunzehnten Jahr:* Vortrag 24. April 1917, GA 175, S. 330–331.

107 *Wenn Sie sich also eine gewisse Zeit:* Vortrag 6. Juli 1909, GA 112, S. 248 f.

110 *Heute wird es nun meine Aufgabe sein:* Vortrag 28. September 1911, GA 130, S. 69–71.

113 *Ich habe hier öfter darauf hingewiesen:* Vortrag 5. November 1912, GA 141, S. 16–19.

117 *Um nun weiter in die Sache einzudringen:* Vortrag 28. September 1911, GA 130, S. 71–79.

130 *Wir wollen heute wiederum etwas von dem Charakter:* Vortrag 18. Dezember 1912, GA 130, S. 314–325.

145 *Im Laufe der Verhandlungen des Kongresses:* Vortrag 3. Juni 1909, GA 109/111, S. 160–161.

148 *Ich habe mich in der letzten Zeit viel:* Vortrag 30. September 1917, GA 177, S. 35–38.

154 *Die Chymische Hochzeit des Christian Rosenkreutz:* Aufsatz, GA 35, S. 332–390.

206 *So kam dann die Zeit:* Vortrag 9. Dezember 1923, GA 232, S. 142–145.

210 *nicht da [sein] für den Salon oder den Einsiedler:* Siehe oben, S. 146.

212 *Wenn man aber in einer ähnlichen Weise:* Vortrag 22. Dezember 1923, GA 232, S. 192–203.

224 *Die äußeren Heimstätten:* Vortrag 31. Dezember 1923, GA 233, S. 138–143.

231 *Es handelt sich nämlich darum:* Vortrag 5. Januar 1924, GA 233a, S. 27–40.

246 *Ich sprach Ihnen gestern von der besonderen Form:* Vortrag 6. Januar 1924, GA 233a, S. 41–54.

264 *Die Michael-Periode:* Vortrag 13. Januar 1924, GA 233a, S. 83–93.

276 *Man schaut tief in das Charakteristische dieser Zeit:* Aufsatz, am 6. Dezember 1924 in Das Goetheanum erschienen, GA 26, S. 143–147.

281 *Aus dem Göttlichen weset die Menschheit:* am 13. Januar 1924 in *Das Goetheanum erschienen,* GA 268, S. 241.